Rudi Anschober

PANDEMIA

Einblicke und Aussichten

Paul Zsolnay Verlag

Kontakt zum Autor:
www.anschoberbeizsolnay.at

2. Auflage 2022

ISBN 978-3-552-07288-6
© 2022 Paul Zsolnay Verlag Ges.m.b.H., Wien
Textnachweis S. 181/182: Slavoj Žižek: »Pandemie! Covid-19 erschüttert
die Welt.« Übersetzt von Aaron Zielinski © Wien 2020, Passagen Verlag;
S. 184: Copyright 1974 by Georg Danzer. Aus dem Buch »Der Tätowierer
und die Mondprinzessin« mit freundlicher Genehmigung der
Erbengemeinschaft von Georg Danzer
Satz: Nele Steinborn, Wien
Umschlag: Anzinger und Rasp, München
Foto © Philipp Horak
Druck und Bindung: CPI books GmbH, Leck
Printed in Germany

PANDEMIA

VORBEMERKUNG

Am 7. Jänner 2020 wurde ich zum Minister für Soziales, Gesundheit, Pflege und Konsumentenschutz der Republik Österreich angelobt. Wenige Wochen später brach eine globale Krise aus, die von Fachleuten als die schwerste seit dem Zweiten Weltkrieg bezeichnet wird. Covid-19 begann die Welt und Europa mit unglaublicher Wucht zu überrollen und bestimmt seither unser aller Leben. Hunderte Millionen Menschen wurden von dem neuartigen Virus infiziert, Millionen sind daran gestorben, Abermillionen leiden unter den Langzeitfolgen. Zur Eindämmung der Pandemie mussten Schutzmaßnahmen ergriffen werden, die in einer Demokratie zuvor in vielerlei Hinsicht absolut undenkbar gewesen wären: Lockdown, Ausgangsbeschränkungen, Impf- und Maskenpflicht …

Wir haben in dieser Zeit Hoffnung und Enttäuschung erlebt, Fehler gemacht und daraus gelernt. Die Wissenschaft musste Rückschläge hinnehmen und konnte bahnbrechende Erfolge feiern. Viele Bürgerinnen und Bürger haben großartiges Engagement an den Tag gelegt und Solidarität bewiesen, andere haben sich verzweifelt zurückgezogen oder sind in Zonen radikaler Irrationalität abgetaucht.

Pandemia ist die Summe meiner subjektiven Erfahrungen mit der Pandemie: eigene Erlebnisse, Geschichten von und über Betroffene sowie Sachinformationen, die ich in den vergangenen zwei Jahren gesammelt habe und hier auf mehreren Ebenen aufarbeite.

Da sind zunächst einmal die »Berichte aus dem Maschinenraum«: Sie beschreiben, chronologisch gereiht, wie Politik und Politiker in Österreich seit dem Ausbruch von Covid-19 Entscheidungen vorbereitet und getroffen haben und was abseits der medialen Berichterstattung hinter den Kulissen passiert ist.

Dazu kommen die Lebenswege von drei fiktiven Figuren, die ich aus Dutzenden Gesprächen mit Personen in Deutschland, der Schweiz und Österreich zusammengefasst habe: Eine Oberärztin, eine Forscherin und eine Buchhändlerin führen durch ihre Arbeit und ihren Alltag während der Pandemie.

Die Schilderungen von Erkrankten und Hinterbliebenen, die anonymisiert zu Wort kommen, sollen über die fast zur Routine gewordenen, täglichen Statistiken hinaus spürbar machen, wie dramatisch und brutal das Virus das Leben vieler Menschen individuell verändert hat.

Schließlich beschäftigt sich das Buch ausführlich mit den Ursachen für die Pandemie und den Gründen, warum die Welt so schlecht auf das Virus vorbereitet war; mit dem Zusammenhang zwischen Pandemie und Klimawandel; mit der Frage, warum weltumspannende Krisen unser Denken und unsere Politik überfordern und wie wir dies ändern können.

Pandemia macht sichtbar, wie sich die Gesellschaft durch die Krise verändern wird und was wir daraus machen können. Und schließlich formuliere ich eine Strategie, wie wir diese Pandemie und jene, die in Zukunft auf uns zukommen, kontrollieren können.

Pandemia ist keine Abrechnung, sondern Beginn einer Aufarbeitung, die mir selbst gutgetan hat, die wir aber auch als Gesellschaft benötigen; ein Impuls für Veränderung, damit wir hinkünftig vorbereitet sind auf ähnliche Herausforderungen und Fehler nicht wiederholen.

ES IST DA

10. März 2020
Andrea
Das ist keine Grippe

Nur ganz langsam kommt sie aus dem Tiefschlaf zu sich. Sie kann sich nicht sofort orientieren. Was ist mit mir? Der Kopf, die Füße, überall Schmerzen. Ein stechender Schmerz in der Brust. Sie öffnet die Augen. Dunkelheit. Langsam dreht sie den Kopf nach links zum Wecker: kurz nach vier Uhr. Jede Bewegung tut weh und strengt sie an.

Langsam erinnert sie sich, dass sie am Abend mit einem leichten Unwohlsein zu Bett gegangen ist. Es fröstelte sie wie vor einer sich anbahnenden Erkältung. Nichts Ungewöhnliches, ein Zustand wie schon oft zuvor. Sie hat sich früher hingelegt – mit einer Wärmflasche auf dem Bauch war sie rasch eingeschlafen. Morgen würde alles wieder gut sein. Wie so oft.

Langsam beginnt sie sich im Bett aufzurichten. Der Schmerz in der Brust ist stärker geworden. Als ob etwas Schweres auf ihrem Brustkorb liegen würde. Sie sinkt wieder zurück in den verschwitzten Polster, spürt den Pyjama auf der Haut kleben. Sie fröstelt, sie zittert.

Was ist los mit mir?

Und dann kommt der Husten, ein trockener, anstrengender Husten. Beim zweiten Versuch gelingt es ihr aufzustehen. Ein paar Schritte ins Wohnzimmer, die Schachtel mit den Medikamenten aus dem Kasten gezogen, das Fieberthermometer gesucht und gefunden.

Schweißnass vor Erschöpfung schleppt sie sich wieder ins Bett. Nach wenigen Augenblicken piepst das Fieberthermometer: knapp über 39 Grad. Für Andrea, die seit Jahren an leichter Untertemperatur leidet, ein Schock.

Wirre Gedanken gehen ihr durch den Kopf. Sie erinnert sich an die Fernsehbilder der Corona-Krise in Italien: überfüllte Intensivstationen in den Spitälern der Lombardei, Menschen hinter Schutzkleidung, Leichensäcke, abgesperrte Städte, eine Kolonne von Militärfahrzeugen, die anrückt und die Toten aus Bergamo abtransportiert. Die Medien berichten fast ohne Unterbrechung, die Leute sprechen nur mehr darüber.

Angst ist in ihr, Angst hält sie wach. Erst Stunden später, als es längst Tag ist, schläft sie ein. Nach dem Aufwachen ist ihr Zustand nicht besser. Sie erinnert sich an die Aufforderung, im Fall eines Verdachts auf Covid-19 bei der medizinischen Hotline anzurufen. Sie wählt die Nummer. Immer wieder. Stundenlang. Besetzt. Keine Chance durchzukommen. Dann erreicht sie endlich ihre Hausärztin. Sie erzählt von ihren Symptomen.

Andrea, warst du in Italien oder in Asien?

Nein, schon lange nicht mehr.

Dann mach dir keine Sorgen, ich glaube nicht, dass es Covid ist. Ruh dich aus, trink viel Salbeitee, Grippemedikamente hast du ja.

Aber was ist dann los? Sie fühlt sich elend. Als Sportlerin hat sie immer auf ihren Körper geachtet, war selten krank und wenn, dann niemals schwer. So vergehen die nächsten zwei Tage: Sie schluckt Hausmittel, schläft, trinkt Tee, schläft …

Drei Tage lang versucht sie bei der medizinischen Hotline jemanden zu erreichen. Dazwischen hört sie Radio, sieht fern:

Die Weltgesundheitsorganisation (WHO) spricht inzwischen von einer Pandemie, Todesfälle werden auch aus den Nachbarländern Italiens gemeldet, Reisewarnungen ausgesprochen, erste Einschränkungen der Bewegungsfreiheit der Bürger erlassen. Zehntausende registrierte Infektionen in ganz Europa. Und das dürfte erst der Beginn sein.

Irgendwann wird sie dann doch zu einem Mitarbeiter der Hotline durchgestellt und kann ihm ihre Symptome schildern. Auch der vermutet letztlich Grippe. Doch damit will sie sich nicht abfinden, es ist etwas anderes, sie weiß es. Und ruft immer wieder an, in der Hoffnung, einen anderen Mitarbeiter zugeteilt zu bekommen. Viele Stunden lang, bis man ihr zusagt, einen Sanitäter für einen Covid-Test zu schicken. Endlich.

Während sie wartet, sitzt sie an ihrem Küchentisch, trinkt weiter Salbeitee. Er schmeckt anders, milder, eigentlich schmeckt er nach gar nichts mehr. Später an diesem Tag kommen zwei freundliche Sanitäter in Andreas Wohnung. Sie nehmen sich Zeit, fragen nach den Symptomen, ob sie in einer Risikoregion gewesen sei. Obwohl Andrea laut sämtlichen Berichten inzwischen selbst in einer Risikoregion lebt. Aber sie fühlt sich ernst genommen, fasst Vertrauen.

Das wird jetzt ein bisschen unangenehm, sagen die Sanitäter, aber langsam kriegen wir Übung. Sie nehmen einen Abstrich aus Rachen und Nase und kündigen das Ergebnis der Auswertung für die nächsten Tage an. Zehntausende wollen jetzt getestet werden, darauf sei man nicht vorbereitet. Wir werden überrollt. Es fehlt an Test-Kits, an Schutzmasken, an Laborkapazität. Aber wir geben alle unser Bestes. Den schwersten Job hätten die Telefonistinnen und Telefonisten an der Hotline. Bis vor kurzem gab es nur ein paar hundert Anrufe in der Woche. Jetzt sind es Zehntausende pro Tag.

Sie ist so erleichtert, dass sie getestet wird und sich endlich jemand um sie kümmert, dass ihr die Tränen in die Augen schießen. Ich kann euch gar nicht sagen, wie froh ich bin, dass es euch gibt. Und dann legt sie sich wieder hin, schläft.

Die nächsten Tage vergehen wie hinter einem Schleier: dahindämmern, Pressekonferenzen der Regierung im Fernsehen, schlafen, Telefonate mit ihrer Ärztin und mit Freunden, wieder wegdämmern. Hoffen, dass rasch ein Testergebnis kommt. Hoffen auf Klarheit. Denn eine Grippe ist das mit Sicherheit nicht.

Zwölf Tage nach den ersten Symptomen, zwölf Tage voller Angst und Schmerz, dann läutet endlich das Telefon: Covid-19-positiv, verpflichtende Quarantäne, teilt ihr die Amtsärztin selbst mit, sie ist zwar gestresst, aber freundlich.

Andrea ist beinahe erleichtert und hat zugleich Angst. Erleichtert, weil endlich Klarheit gegeben ist. Aber die Angst ist nicht weg, weil sie weiß, dass das Virus tödlich sein kann. Wieder schläft sie, jetzt aber anders, tiefer und ruhiger. Dann, in einer dieser kaum mehr unterscheidbaren Nächte, schreckt sie auf. Der Druck auf ihre Brust ist stärker geworden. Es ist, als würde ein Elefant auf ihr sitzen. Sie gerät in Panik, ruft den Ärztenotdienst. Als der Arzt die Wohnung betritt, trägt er einen Schutzanzug, Schutzschuhe, eine Schutzhaube, eine Schutzbrille. Immerhin sieht Andrea seine Augen hinter den Gläsern. Er stellt die ihr schon bekannten Fragen, prüft den Blutdruck (viel zu niedrig), die Sauerstoffsättigung des Blutes (viel zu gering), gibt ihr ein Schmerzmittel und bietet ihr an, sie ins Krankenhaus einzuliefern. Andrea lehnt ab. Wenn ich sterben muss, dann zuhause, denkt sie. Ich höre täglich, wie überfüllt die Spitäler sind. Ich will niemandem das Bett wegnehmen, der es womöglich dringender braucht, sagt sie.

Schlafen. Dahindämmern. Schlafen. Kein Fernsehen mehr, zu anstrengend.

So ziehen sich die Tage dahin, aber dann geht es ihr langsam besser. Tee, Schmerzmittel, Telefonate mit Freunden, darunter zwei Ärztinnen, Informationssuche auf Twitter, wieder Pressekonferenzen der Regierung im Fernsehen. Jemand scheint sich um das alles zu kümmern.

Andrea fühlt sich zwar weiterhin sehr krank, aber der unerträgliche Druck auf der Brust nimmt ab. Nach vier Wochen ist sie erstmals fieberfrei. Ein Glücksgefühl stellt sich ein: Sie ist nicht auf der Intensivstation gelandet, sie hat überlebt.

Voller Freude macht sie sich auf den Weg zum Supermarkt um die Ecke. Es ist warm, fast Frühling. Endlich unabhängig von der Lebensmittelzustellung, endlich wieder unter Menschen! Jede einzelne der Verkäuferinnen hätte sie gerne umarmt … die Heldinnen dieser Zeit. Doch die Euphorie verfliegt rasch. Der Rückweg erscheint ihr endlos, erschöpft lässt sie sich auf das senfgelbe Sofa in ihrem Wohnzimmer fallen und fällt in einen tiefen Schlaf – in Jeansjacke, Jogginghose und mit den Sneakers an ihren Füßen.

Ein Monat ist seit dem Beginn ihrer Infektion vergangen, aber vorbei ist sie nicht. Andrea spürt, dass es erst der Anfang ist.

6. März 2020

Bericht aus dem Maschinenraum

Vor zwei Monaten habe ich das Ministeramt übernommen. Die ersten Wochen haben gut funktioniert. Ich habe mein Ministerium, viele engagierte Mitarbeiterinnen und Mitarbeiter kennengelernt und mit voller Kraft die Arbeit an vielen großen

Reformen von der Armut bis zu den Pensionen, vom Tierschutz bis zum wichtigsten Thema, der Pflegereform, gestartet. Eine alternde Bevölkerung, wenig attraktive Ausbildungsformen, eine enorme Arbeitsbelastung, schlechte Bezahlung und vieles mehr haben dafür gesorgt, dass Österreich bis 2030 hunderttausend zusätzliche Mitarbeiterinnen braucht. Schon jetzt stehen ganze Abteilungen leer, weil Personal fehlt. In Deutschland und in der Schweiz ist die Lage ähnlich. Aber mit jeder Arbeitswoche wird dieses Thema stärker durch ein anderes verdrängt, das sich seit dem Jahreswechsel bedrohlich entwickelt.

Heute reise ich zu meiner zweiten EU-Gesundheitsministerkonferenz nach Brüssel, zum Außerordentlichen Rat EPSCO/Beschäftigung, Sozialpolitik, Gesundheit, Verbraucherschutz – eine Sonderkonferenz, die einberufen wurde, weil die Welt immer stärker in den Bann der Infektionskrankheit Covid-19 gerät. Der Tag beginnt mit starkem Sturm und schweren Regenschauern, meine Mitarbeiter und ich kämpfen uns durch Wind und Wetter zum Europa-Gebäude. Gleich hinter dem Eingang ein kurzer Doorstep vor der internationalen Presse. Allgemeine Fragen, ich versuche den Ernst der Lage anhand der Infektionszahlen in Österreich und Europa darzustellen, verweise auf exponentielle Zuwächse, appelliere an die notwendige Solidarität und die Vorsicht der Bevölkerung und umarme rhetorisch das so schwer getroffene Italien. Der Sitzungssaal muss aufgrund eines Covid-Falles kurzfristig verlegt werde. Ich nutze die Zeit, bis wir beginnen können, zum Kennenlernen der Kolleginnen und Kollegen und zu Gesprächen mit den Ressortkollegen aus Italien, Frankreich und Tschechien sowie mit dem Vorsitzenden Vili Beroš, dem kroatischen Gesundheitsminister.

Dann geht es los, in der Runde jeweils ein Minister samt einem Mitarbeiter oder einer Mitarbeiterin. Botschafter Gregor

Schusterschitz an meiner Seite begleitet mich ruhig und kompetent durch die Sitzung. Die eher kalmierenden Einleitungsstatements überraschen mich. Vorsitzender Beroš verweist darauf, dass die Europäische Gesundheitskontrollbehörde (ECDC) die Infektionsgefahr in Europa von mittel auf mittel bis hoch angehoben hat. Gesundheitskommissarin Stella Kyriakides hält sich sehr allgemein. Krisenkommissar Janez Lenarčič informiert über die Einsetzung eines Coronavirus-Response-Teams durch Kommissionspräsidentin Ursula von der Leyen, in dem fünf Kommissionsmitglieder eng zusammenarbeiten sollen. ECDC erstattet Bericht über die aktuelle epidemiologische Lage. Weltweit wurden bereits 98 000 Fälle gemeldet, darunter 3400 mit tödlichem Ausgang. In den vergangenen Tagen hat sich die Zahl der Infektionen verhundertfacht, von einem weiteren schnellen Anstieg ist auszugehen.

Der Europa-Chef der WHO, Hans Kluge, scheint bei seinem Statement zu versuchen, Panik zu vermeiden. Aber was er sagt, ist höchst besorgniserregend: Die Fallzahlen außerhalb Chinas übersteigen mittlerweile jene in China selbst, genannt werden der Iran, Südkorea, Japan und Taiwan.

Dann sind die Ministerinnen und Minister der Mitgliedsstaaten an der Reihe. Ich lege Zahlen über das rasche Wachstum der Infektionszahlen vor: Vor 14 Tagen gab es vierzig Fälle in der gesamten EU, heute wurden allein in Österreich 47 Neuinfektionen registriert. Neben einer engen europäischen Zusammenarbeit fordere ich Solidarität mit Italien und ein rasches gemeinsames Beschaffungsprogramm für Schutzkleidung. In einer Sitzungspause spreche ich beim deutschen Gesundheitsminister Jens Spahn dagegen an, dass Deutschland ein Exportverbot für Schutzkleidung verhängt hat – auch nach Österreich. Am Grenzübergang Suben zwischen Bayern und Oberösterreich werden ganze Lkw-Ladungen mit bereits bezahlten Schutz-masken festgehalten, das ist unerträglich.

Spahn sagt zu, das zu besprechen; ich ersuche telefonisch zu-sätzlich Bundeskanzler Sebastian Kurz, bei Angela Merkel zu intervenieren. Wir benötigen mehr Schutzkleidung, dringend! Die Dinge kommen in Bewegung, es gelingt uns nach einigen Tagen, die Blockade aufzuheben.

Nach der großen Runde der Ministerinnen und Minister fol-gen mehrere Vieraugengespräche, unter anderem mit Krisen-kommissar Lenarčič. Er lässt dabei kaum Zweifel daran, dass er Schlimmes befürchtet. Wir sprechen über mögliche Entwick-lungen und Maßnahmen in den kommenden Wochen. Lenarčič ist kompetent und konkret. Wir wollen eng zusammenarbeiten.

Am Flughafen Schwechat begegne ich bei der Rückkehr zu-fällig Tirols Landeshauptmann Günther Platter. Wir sprechen über Berichte, nach denen sich isländische Skitouristen in Ischgl mit Covid-19 infiziert hätten. Platter sagt, es gebe konkrete Hin-weise dafür, dass die Ansteckungen nicht in Tirol, sondern erst auf dem Rückflug nach Island erfolgt seien.

14. März 2020
Bericht aus dem Maschinenraum

Der Tag der großen Entscheidung. Ein besonders wichtiger in meinem politischen Leben, aber auch eine Zäsur in der Ge-schichte der Zweiten Republik.

Wie eine Riesenwelle rollt die Pandemie nun seit wenigen Wochen über ganz Europa. Immer schneller, immer höher, im-mer gewaltiger. Tote in Altenheimen, Tote in Krankenhäusern – Gesundheitskrise in weiten Teilen Europas. Jetzt muss rasch und konsequent gehandelt werden. Wie weit soll, wie weit kann man dabei gehen? Das ist für mich die Schlüsselfrage.

Seit einem Sondertreffen Anfang Februar beraten sich die EU-Gesundheitsminister regelmäßig. Anfangs herrschte noch vorsichtige Zuversicht, dass Europa wie bei vielen Ausbrüchen der vergangenen Jahre auch von diesem neuartigen Virus weitgehend verschont bleiben würde, obwohl die WHO bereits warnte.

Das Gegenteil ist eingetreten. Zuerst hat es Italien erwischt, dann Frankreich, bald den ganzen Kontinent. Tag für Tag wurde die Entwicklung dramatischer, Sonderministertreffen und EU-Ratssitzungen folgen.

Jetzt rächt es sich, dass die EU keine oder kaum Kompetenzen in Gesundheitsfragen hat: Sie taumelt unvorbereitet und eingeschränkt handlungsfähig in die Krise. Das spürt man an der Unsicherheit, Nervosität und Sorge, die allgegenwärtig sind. Was intern mit schonungsloser Offenheit ausgesprochen wird, gerät gegenüber der Öffentlichkeit zum Balanceakt: ehrlich warnen und trotzdem Ruhe ausstrahlen, um Panik zu vermeiden.

Zwischen den Treffen telefoniere ich immer wieder mit Kollegen anderer EU-Staaten. Kein Nationalstaat ist gut vorbereitet – wir alle suchen nach den richtigen Antworten und schauen stark nach Südostasien, der Region mit den meisten Erfahrungen mit Epidemien. Unbestritten ist, dass direkte soziale Kontakte verringert und Ansteckungsketten durchbrochen werden müssen, um es dem Virus möglichst schwer zu machen, sich auszubreiten. Also keine Veranstaltungen mehr, schon gar keine Großevents.

Die Szenarien der Prognosen verändern sich beinahe täglich. Aus einer Epidemie in der chinesischen Provinz Hubei ist eine Pandemie geworden, wie sie die Menschheit seit einem Jahrhundert nicht gesehen hat. Darüber sind sich die Experten einig. Über die Dauer der Katastrophe und die Details der notwendigen Schutzmaßnahmen sind sie das derzeit nicht. Schleichend ist die Pandemie in den vergangenen Wochen in alle Kontinente gekommen und hat sich vor allem dort ausgebreitet, wo sich viele Menschen näherkommen – ohne Schutzmaßnahmen, weil sie nicht ahnen, dass die Gefahr bereits mitten unter ihnen ist.

Jetzt stehe ich als verantwortlicher Minister vor einer Frage, die sich in der demokratischen Geschichte meines Landes noch nie gestellt hat: Müssen wir zum Schutz der Bevölkerung so tief in ihre Grundrechte eingreifen, wie das in einer Demokratie bisher undenkbar war? Verhängen wir einen Lockdown mit Ausgangssperren über das Land?

Ich denke zurück an die Zeit, in der ich nicht einmal geahnt habe, dass es diese Frage überhaupt gibt – geschweige denn, dass ich es sein würde, der eine Antwort darauf finden muss. Eine Zeit, die erst wenige Wochen zuvor zu Ende gegangen ist und mir trotzdem scheint wie ferne Vergangenheit. Eine Zeit, in der das Virus still und unerkannt in Europa angekommen ist und sich dort rasend schnell verbreitet hat, wo es sich am wohlsten fühlt.

DAS ERSTE JAHR

20. Februar 2020
Karl
Ein Fußballfest

Karl, amico mio, schön, dich wiederzusehen. Bei jedem Besuch wirkst du ein Jahr jünger! Wie machst du das bloß? Das Match gestern war fantastisch!

Ciao, Antonio, danke noch einmal für die Karte, du bist ein Schatz! 4:1, was für ein Spektakel! Darauf stoßen wir jetzt an!

Karl Grieblinger liebt Italien seit seiner Kindheit, als er mit seinen Eltern zum ersten Mal in einer Pizzeria gegessen und am Strand von Lignano Sandburgen gebaut hat. Seit vierzig Jahren hält diese Zuneigung schon an und bestimmt gewissermaßen seinen Jahresrhythmus.

Im Herbst eine Woche nach Sizilien, im Frühling ein paar Tage nach Mailand, wo er Stammgast in Antonios Altstadttrattoria ist. Die beiden sind Freunde geworden.

Zu den Fixpunkten der Mailand-Besuche gehört ein Match in »La Scala del calcio«, der Oper des Fußballs, dem Guiseppe-Meazza-Stadion, unter Fußballfans San Siro genannt. Ein Fußballtempel im gleichnamigen Stadtteil: Heimstätte von Inter Mailand und AC Milan, die das Stadion 1925 mit einem Stadtderby eröffneten. Austragungsort der Weltmeisterschaften 1934 und 1990 sowie der Europameisterschaft 1980. Italiens größtes Fußballstadion.

Als vor kurzem feststand, dass das Champions-League-Spiel von Atalanta Bergamo aufgrund von Sanierungsarbeiten im eigenen Stadion nicht in Bergamo, sondern im fünfzig Kilometer entfernten Mailand ausgetragen werden würde, handelte Antonio unverzüglich und kaufte für Karl eine Eintrittskarte. Die ganze Region Bergamo steht wegen des erstmaligen Einzugs in ein Achtelfinale der Champions League Kopf. Gegner des Außenseiters ist das traditionsreiche Team des FC Valencia: ein Hochamt in der Kathedrale des Fußballs.

Für Karl ist es eine mitreißende Nacht, er liebt die Stimmung, das Fest vor und nach dem Match, die Gesänge und Sprechchöre, die Freude und das Leid während des Spiels. Und er selbst ist Teil des Spektakels und der Emotionen, er gehört dazu. Schon früh am Nachmittag fährt er mit der überfüllten Linie U5 nach San Siro – scheinbar ist ganz Bergamo unterwegs nach Milano, um ihre DEA, so nennen sie ihr Team, das eine Göttin mit wallendem Haar im Wappen führt, zu unterstützen. Im Stadion herrscht eine überwältigende Atmosphäre. Konkurrenz ja, aber keine Aggressionen zwischen den Fans der beiden Teams. So geht schöner Fußball. Und dann 94 Minuten Tempo und ein toller Sieg am Schluss.

44 236 Besucher liegen sich in den Armen. Die Bilder der sportlichen Höhepunkte und der Verbrüderung mit den 2500 angereisten Valencia-Fans gehen um die Welt. Ebenso wie die Bilder Zehntausender, die das Spiel dichtgedrängt in den Bars von Bergamo verfolgen und ihre DEA bis in die Morgenstunden feiern. DEA, per sempre!

Madonna! Die Spanier waren gut, aber unser Atalanta ist eine Sensation. Eines der schönsten Spiele meines Lebens, sagt Karl zu Antonio, du hast mir eine große Freude gemacht mit der Karte.

Und jetzt macht dir mein Küchenchef auch noch eine Freude, antwortet Antonio. Ein kleines Risotto alla Milanese und dann Cassoeula. Passt das? Und dazu einen sehr schönen Rosso aus dem Chianti. Den habe ich selbst erst vergangenes Jahr bei einem kleinen Winzer in der Toskana entdeckt. Und dann noch ein Panettone mit einem Macchiato samt Grappa. Ohne diese Genüsse darfst du Milano nicht verlassen!

Am nächsten Vormittag macht sich Karl Grieblinger auf den Weg nachhause. Bis zum nächsten Mal, hoffentlich bald, denkt er sich.

Während Karl auf dem Heimweg ist, treten in einzelnen Gemeinden Norditaliens Covid-19-Fälle auf, vor allem in der Lombardei und im Veneto. Zwei Tage später wird der erste Todesfall gemeldet – ein 78-jähriger Mann aus Padua stirbt an dem Virus, knapp zwei Monate, nachdem die ersten beiden Infektionen in Italien festgestellt worden waren.

Alles nur Verdacht, niemand wird den Beweis erbringen, wie die Ansteckungsketten verlaufen sind, aber die Region um Bergamo wird in diesen Tagen zu einem Zentrum der Pandemie. 103 Infektionen sind es Ende Februar, 623 eine Woche später, 7000 am 21. März in einer Stadt mit 120 000 Einwohnern. Später meinen Experten, das Spiel könnte *partita zero*, Spiel null, gewesen sein.[1] In Valencia werden eine Woche danach ein Drittel der Mitarbeiter des Vereins positiv auf Covid getestet. Kurze Zeit später hat Italien erstmals mehr Tote zu beklagen als China zu Beginn der Pandemie.[2]

Das Neujahrfest in Wuhan, Sportevents in New York, Après-Ski in Ischgl, Wintersport in den Alpen, Karnevalsveranstaltungen in Deutschland, Clubs in Berlin, Champions League in Mailand.[3] Manche Großereignisse wirken wie Brandbeschleuniger der Pandemie. Es ist klar, dass sich das Virus besonders dort wohlfühlt, wo viele Menschen ohne Schutzmaßnahmen zusammenkommen. Karl Grieblinger wird wenige Tage nach der Rückkehr aus Italien mit Covid-Symptomen in die Notaufnahme eines Krankenhauses eingeliefert. Der Test ist positiv. Wochenlang kämpft er in der Intensivstation gegen den Tod, fast zwei Monate muss er in Behandlung bleiben, bevor er entlassen werden kann – und eine langwierige Reha antreten muss, um wieder auf die Beine zu kommen. In seiner Heimatstadt ist ein Cluster entstanden, der Dutzende Fälle mit mehreren Generationen von Infektionen umfasst. Binnen 24 Tagen hat sich das Virus durch offizielle und soziale Veranstaltungen in geschlossenen Räumen auch im Großraum der Stadt verbreitet.

Fahrlässigkeit ist niemandem vorzuwerfen: Zu Beginn der Pandemie weiß noch niemand, wie das Virus mit der Fachbezeichung SARS-CoV-2 funktioniert. Das Virus bahnt sich seinen Weg von Mensch zu Mensch, bis diese nach und nach lernen, sich zu schützen.

15. Februar 2020

Dieter

Langbroich ist nicht der Karneval von Venedig

Für Dieter Müller bedeutet die Kappensitzung in seinem Dorf jedes Jahr einen Höhepunkt. Beruflich ist er viel unterwegs, aber an diesen Tagen richtet er es sich so ein, dass er zuhause sein kann.

Langbroich im Kreis Heinsberg in Nordrhein-Westfalen, nahe der niederländischen Grenze: Das ist zwar nicht der Karneval von Venedig, aber das sind wir. Da arbeiten alle mit, da war ich immer dabei, und da werde ich immer dabei sein. Aus dem Dorf, für das Dorf. Freunde treffen, Bier trinken und ein paar Tage feiern. Der schönste Urlaub für mich.

Er findet statt in einer Mehrzweckhalle, ausgelassene Stimmung, dreihundert Teilnehmer. Und zumindest einer von ihnen, so stellte sich später heraus, ist infiziert.

Natürlich haben wir darüber gesprochen, Witzchen darüber gerissen. Covid-19 ist ja das große Thema in den Medien. Aber niemand ist auf die Idee gekommen, die Kappensitzung abzusagen. Wuhan? Unendlich weit weg! Außerdem passiert ja andauernd etwas in der weiten Welt, das dann doch an uns vorbeigeht.

Es ist wie immer: Stundenlang wird gefeiert, gesungen, geschrien, getrunken, an Tagen wie diesen ist alles erlaubt, jeder umarmt jeden. In der Folge tummeln sich die Leute dann auf den Karnevalsumzügen. Einige Teilnehmer der Kappensitzung spüren bereits Symptome, denken sich aber nicht viel dabei: Husten, Schnupfen, Fieber – für Februar nichts Ungewöhnliches.

Zwölf Tage nach der Kappensitzung gibt es zwanzig bestätigte Covid-19-Fälle im Landkreis Heinsberg. Die Tests finden mit Verzögerung statt, wie überall auf der Welt ist man auch hier nicht auf eine Pandemie vorbereitet. Außerdem halten viele ihre Kopfschmerzen für Folgen des Feierns. Und denken bei sich: Am Aschermittwoch ordentlich ausschlafen, dann bist du wieder okay – war ja immer so. Ist es diesmal aber nicht.

Zehn Tage später folgt die Bestätigung, dass Gäste der Kappensitzung infiziert sind, zwei von ihnen sind sogar schwer erkrankt.[4] Über die Region werden Quarantänemaßnahmen verhängt. Studien belegen später, dass sich fünfmal mehr Teilnehmer angesteckt haben, als durch offizielle Testergebnisse nachgewiesen wurde.[5]

Nein, Langbroich im Kreis Heinsberg ist tatsächlich nicht Venedig. Während der berühmte Karneval in der italienischen

Lagunenstadt nach frühen Infektionsfällen nicht auf die gewohnte Weise stattfindet, will man an vielen anderen Orten nicht auf den Karneval verzichten. Auch weil man nicht ahnt, wie weit das Virus bereits vorgedrungen ist.

28. Februar 2020
Rick
Ein Superspreader-Event

Rick ist glücklich mit seinem Job bei einem internationalen Konzern in der Gesundheitsbranche. Es gibt viel zu tun, nicht nur in den USA, sondern auf der ganzen Welt, wo das Unternehmen mittlerweile tätig ist. Großartig, denkt er manchmal, einen Beitrag leisten zu können, schwere Erkrankungen der Menschheit zu lindern. Oft dauert die Forschungsarbeit Jahre und Jahrzehnte, immer wieder scheitert sie auch, aber manchmal gelingt ein Durchbruch, dann entsteht ein Präparat, das Menschen helfen kann, die andernfalls keine Chance hätten. Ja, er verdient sehr gut, und das ist auch wichtig für ihn. Aber die Sinnhaftigkeit seiner täglichen Arbeit steht eindeutig im Vordergrund, und er hat den Eindruck, bei seinen Kolleginnen und Kollegen ist das nicht anders.

Einmal im Jahr trifft Rick alle Führungskräfte des Unternehmens bei einer Konferenz, die diesmal in Boston stattfindet. Leadership Conference nennt sich das, 175 von ihnen sind diesmal angereist: Konzernentwicklung, Forschungsergebnisse, Kommunikation, Workshops – das betriebsame Hin und Her solcher Meetings in großen Hotels. Der persönliche Kontakt innerhalb einer solchen Gemeinschaft gehört natürlich dazu, vom Abendessen bis zum Fitnesscenter.

Ja, sie haben darüber diskutiert, ob es klug ist, in Corona-Zeiten ein solches Treffen abzuhalten. Aber bestätigte Fälle gibt es in den USA nur sehr wenige, noch ist kein einziger Todesfall gemeldet. Und wer kennt schon das Risiko? Einer von ihnen, einer von den 175 Teilnehmern, ist mit Covid-19 infiziert.

Nach ersten Symptomen Einzelner werden 108 Personen positiv getestet.[6] Ein Jahr später wird das Wissenschaftsjournal *Science* eine Studie[7] präsentieren, die annimmt, dass sich ein Ast des Virus von hier aus in 18 US-Staaten und bis nach Australien und Europa verbreitet und mit bis zu 330 000 Fällen in Verbindung stehen dürfte. Niemand ahnt es, niemand will es, niemand ist fahrlässig. Aber einzelne Veranstaltungen auf der ganzen Welt werden in diesen Wochen zur Virenschleuder.

14. März 2020

Marc

Wut im Elsass

Marc ist Pfleger. Er macht seine Arbeit aus Überzeugung. Inzwischen muss er für seine Berufung so viel opfern, dass sie für ihn und viele seiner Arbeitskolleginnen und Arbeitskollegen beinahe nicht mehr zu schaffen ist. Seit er sich erinnern kann, besteht die Arbeit aus viel zu vielen Überstunden und zu wenig Gehalt. Und so haben sich Marc und andere Pflegerinnen und Pfleger bereits vor mehr als einem Jahr, im Herbst 2018, den *gilets jaunes* angeschlossen, den Gelbwesten, obwohl sie mit den meisten Forderungen der Protestbewegung nicht übereinstimmen. Es ist ein Akt der Verzweiflung.

So kann es nicht weitergehen. Wir müssen unsere Probleme sichtbar machen, jetzt!

Es gelingt ihnen tatsächlich. Medien berichten darüber, dass die Zahl der Intensivbetten in Frankreich im internationalen Vergleich besonders gering ist: 11,7 für 100 000 Einwohner, weniger sogar als in Italien. In Deutschland sind es mehr als 29, also fast dreimal so viel.

Dieses System wird mit einer Krise rasch überfordert. In zahlreichen Sendungen werden die Sorgen des Pflegepersonals wieder und wieder benannt. Doch wie so oft verläuft sich auch diesmal der Protest, das Gesundheitssystem gerät aus dem Fokus der Medien.

Und dann ist sie da, die schwerste Pandemie seit Jahrzehnten. Erinnert er sich daran, mit welcher Wucht sie von ihr überrollt wurden, beginnt es in Marcs Innerem zu kochen.

Mediziner vermuten, dass es bereits Mitte November und im Dezember 2019 erste Covid-Fälle in der Region gab, die jedoch nicht als solche erkannt wurden. Zur Eskalation der Lage trug offenbar eine Kirchenveranstaltung in Mulhouse bei, an der vom 17. bis 21. Februar 2020 an die zweitausend Gläubige teilnahmen. Adresslisten der Anwesenden wurden nicht geführt.

Ende Februar geht es ganz schnell, erzählt Marc. Die Infektionszahlen schnellen nach oben. Die Pflegerinnen und Pfleger haben der Infektion wenig entgegenzusetzen: zu wenige Schutzmasken, zu wenige Handschuhe, zu wenige Beatmungsgeräte, zu wenig Desinfektionsmittel. Und zu wenige Intensivbetten. Hunderte Schwerkranke müssen nach Paris, in die Militärspitäler von Toulon und Marseille, ja nach Baden-Württemberg, in die Schweiz, nach Luxemburg und Österreich ausgeflogen werden.

Marc und seine Kollegenschaft sind nicht einmal zwei Jahre nach ihren Warnungen und Protesten aufs Neue in den Medien – diesmal nicht mehr damit, sondern mit Szenen, die an den

Beginn einer Apokalypse erinnern. In den Intensivstationen ist sie bereits Wirklichkeit geworden.

Ja, wir funktionieren, wir arbeiten, auch Infizierte arbeiten, wir geben alles, aber ich habe keine Ahnung, wie lange wir den Notbetrieb aufrechterhalten können. Und morgen finden Gemeinderatswahlen statt, das könnte ein nächster Beschleuniger der Infektionswelle sein.[8]

15. März 2020
Agnes und Chiara
Das Virus findet seinen Weg

An diesem Tag, dem zweiten der Stille, treffen sie sich wieder. Agnes scheint schon zu warten, und Chiara lacht lauthals, als sie das große, leere Kaffeehaus betritt. Sie kennt Ischgl nur mit Massen von Touristen und gestressten Angestellten. Als Ballermann des Wintertourismus. Seit gestern ist hier alles anders: menschenleere Lokale und menschenleere Pisten, verunsichertes Hotel- und Liftpersonal – eine völlig unbekannte Atmosphäre von Ruhe und Frieden.

Zwei Tage zuvor hat eine Pressekonferenz der österreichischen Bundesregierung Ischgl leergefegt. Um 14 Uhr wurde angekündigt, dass tags darauf aufgrund der vielen Covid-Infektionen das gesamte Paznauntal unter Quarantäne gestellt wird. Minuten später verlassen viele Urlauber fluchtartig den Ort, der zum Covid-Hotspot geworden ist. Nur weg, lautet die Devise. Wer weiß, wie lange wir sonst möglicherweise hier festsitzen.

Die Einzigen, die noch hierherkommen wollen, sind Journalisten internationaler Medien.

Geblieben sind viele Mitarbeiterinnen und Mitarbeiter der

Betriebe, unter Quarantäne gestellte Infizierte und natürlich die Einheimischen. In ein paar Wochen wird man bei mehr als vierzig Prozent von ihnen Antikörper gegen das Virus nachweisen, und das heißt: Sie sind oder waren irgendwann mit Covid infiziert.

Ciao Agnes, so trifft man sich wieder. Sind wir die Letzten in diesem Wahnsinn?

Die beiden lachen und umarmen sich. Und schrecken inmitten der Berührung fast gleichzeitig voreinander zurück.

Das Angebot an Mehlspeisen ist unverändert reichhaltig. Gestern schon war den beiden aufgefallen, dass sie – so unterschiedlich sie auch sind – zumindest bei Süßspeisen denselben Geschmack haben. Sie wählen heiße Schokolade und dazu einen Apfelstrudel. Oder zwei.

Gestern hatten sie einander ihre Lebensgeschichten erzählt: Agnes, ruhig, freundlich und hochkompetent, stammt aus Ungarn und ist ausgebildete Heilmasseurin mit Zusatzqualifikationen von Shiatsu bis Akupressur. Seit zwölf Jahren arbeitet die 42-Jährige auf Saison, im Winter verdient sie sich in den Skigebieten der Alpen ihr Geld – sieben Jahre davon in Ischgl, wo der Trubel immer größer wurde und der Rubel immer schneller rollte, wie man sagt. Ruhiger war es in der anderen Jahreshälfte im Salzkammergut: Massagen für meist ältere Semester auf Sommerfrische.

Ischgl und Bad Ischl: zwei völlig verschiedene Welten des Tourismus, etwas mehr als dreihundert Kilometer voneinander entfernt. Beide inmitten prachtvoller Natur, aber völlig gegensätzlich. Dort wie da verdient sie gut, manchmal sogar außergewöhnlich gut. Zwischen den Saisonen gönnt sie sich einige Monate zuhause in einem Dorf an der ungarischen Donau und betreibt dort ein Fachgeschäft für wenige Kunden. Die Ruhe und Beschaulichkeit dort erdet sie. Es ist eine andere Welt – ihre Welt.

Chiara ist aus ganz anderem Holz geschnitzt. Die vor Lebensfreude sprühende 24-jährige Kellnerin aus Zürich ist zum ersten Mal in Ischgl auf Wintersaison und arbeitet im Sommer zuhause am See. Auch das sind zwei gegensätzliche Welten.

So verrückte Monate wie diese hab ich noch nie erlebt, sagt Chiara: Es ist toll und schrecklich zugleich, ich hab ein chronisches Schlafdefizit, hab supergut verdient, bin aus Arbeiten und Nachfeiern nicht mehr herausgekommen. Und jetzt soll das alles mit einem Schlag vorbei sein? Ich bin fix und fertig.

Die Saison wäre in ein paar Wochen sowieso ausgelaufen, erwidert Agnes. Ich find's gut, dass jetzt Schluss ist, ich will nicht krank werden, und ich will möglichst schnell nachhause.

Aber was tun wir jetzt? Was wird mit uns? Niemand kennt sich im Augenblick aus. Und klar, krank werden will ich auch nicht. Ich hoffe, der Kelch geht an mir vorbei.

Ischgl, im engen Tal, umgeben von einer einzigartig schönen Bergwelt. 1600 Einwohner, vor tausend Jahren besiedelt von Rätoromanen aus dem Engadin, im 13. Jahrhundert von Walsern. 1673 vom Feuer zerstört, ein Ort, der über Jahrhunderte seinem Namen völlig gerecht wurde: Das rätoromanische Wort Yscia, von dem er sich ableitet, bedeutet Insel.

Knappe dreihundert Jahre später ändert sich alles: 1963 wird die erste Seilbahn eröffnet. Eine Zeitenwende für die Region. Die Bergwelt, die das Paznaun bisher von der Außenwelt abgeschirmt hat, soll nun die Welt ins Tal bringen – und mit ihr den Wohlstand. Und wie sie das tut! Aus einem der ärmsten Dörfer Österreichs wird ein Partymekka für Skifahrer, in das in den vergangenen zehn Jahren 300 Millionen Euro an Investitionen geflossen sind.

Ischgl 2020: 1600 Einwohner, 390 Hotels, fast 12 000 offizielle Gästebetten und sagenhafte 1,5 Millionen Nächtigungen, dazu unzählige Tagestouristen.

Aus einer Seilbahn werden 45 Personenbeförderungsanlagen und 239 grenzüberschreitende Pistenkilometer. Immer größer, immer mehr, immer schneller – in einem atemberaubenden Tempo. Die Tourismusverantwortlichen nennen das eine nachhaltige Entwicklung.

Chiara weiß einiges über Ischgl. Als sie in den letzten Novembertagen kurz vor dem Saison-Opening hier eintrifft, kommt sie jedoch aus dem Staunen nicht mehr heraus. Mit der Abenddämmerung und nach dem Skifahren geht es für viele erst so richtig los. Tausende auf den Straßen, Tausende dichtgedrängt in den Lokalen, Unmengen an Alkohol. Ischgl ist zum Ibiza der Alpen geworden, es zeigt, was Après-Ski im Massenbetrieb sein kann. Gedränge, Schweiß, Schwerstarbeit, ohrenbetäubende Musik, Geschrei, betrunkene Gäste aus der ganzen Welt, von denen manche alle Hemmungen verlieren.

»Relax – if you can«, ist der Slogan der Tourismuswirtschaft.

»Best place to work«, lautet der Satz für die Beschäftigten. Mehr als fünftausend Arbeitskräfte braucht das Tal in der Wintersaison, und sie kommen aus fünfzig Nationen.[9]

So etwas habe ich noch nicht erlebt, sagt Chiara. Als gebe es kein Morgen. Es ist, als wären Tausende auf der Flucht. Für mich ist es eine kleine Goldgrube, ein gutes Einkommen, viel Trinkgeld. Und nach der Sperrstunde die eigene Party bis in die Morgendämmerung. Schon um Mitternacht denke ich oft, ich kann nicht mehr. Aber bis vier Uhr früh bin ich dann fast immer wieder so fit, dass ich doch wieder zum Feiern aufgelegt bin. Aufgedreht wie die Gäste. Und das seit über drei Monaten. Wahnsinn!

Du bist jung, du hältst das noch aus, sagt Agnes. Ich brauche mehr Schlaf als die paar Stunden zwischen Nachtkoma und Morgenkater. Bei mir ist auch die Kundschaft ruhig und müde. Sie lacht: Bei der Massage rieche ich die Getränke sofort, manche schlafen auch gleich ein.

Chiara kann sich das gut vorstellen. Und an die Wäsche gehen sie dir nicht?

Nein, sagt Agnes, bei mir landen nur die Müden. Und die Ruhigen, die wirklich nur wegen des Skifahrens und der großartigen Natur kommen. Die gibt es auch hier.

Aber ich habe mich in den letzten Jahren oft gefragt: Warum wird das immer schlimmer? Was ist los mit den Menschen? Warum kommen so viele hierher in die unfassbare Schönheit, um sich in einen Ausnahmezustand zu trinken? Ist es die Einsamkeit, oder was treibt sie sonst an, sich selbst so bloßzustellen?

Die beiden schweigen. Einige Minuten vergehen, bevor Chiara sagt: Mich wundert das alles gar nicht. Besser kannst du das Virus ja nicht pushen als durch Geschrei, Gedränge und Bierkrüge, die im Kreis herumgereicht werden.

Glaubst du, es ist wirklich so schlimm mit dem Coronavirus, wie jetzt in den Zeitungen steht? Ich brauche diese Saison. Was glaubst du, was bei uns in Zürich die kleinste Wohnung kostet?

Chiara nimmt einen Schluck von der Trinkschokolade, die bereits kalt geworden ist. Agnes betrachtet die junge, sympathische Frau.

Letzte Woche hat mir meine Mutter eine SMS geschickt, ich solle heimkommen, es wäre zu gefährlich hier. Dafür ist es jetzt zu spät, Mama, wollte ich schon antworten, aber da wäre sie erst recht in Hysterie verfallen. Ich hab sie daher beruhigt: Es geht mir gut, Mama.

Am 3. März wird Österreich von isländischen Behörden über Ansteckungsfälle informiert, die nach Aufenthalten in italienischen und österreichischen Wintersportgebieten aufgetreten sind. Tags darauf ist klar, dass auch Ischgl betroffen ist. Am 5. März erklärt Island die Tiroler Gemeinde zum Risikogebiet. Die Verantwortlichen verharmlosen noch am 8. März per Presseaussendung: »Eine Übertragung des Corona-Virus auf Gäste der Bar ist auch in medizinischer Sicht eher unwahrscheinlich.«

Weltweit gibt es zu diesem Zeitpunkt bereits mehr als eintausend Tote, Italien hat zwei Wochen zuvor erste Gemeinden in der Lombardei und in Venetien abgeriegelt. In Ischgl werden erst am 10. März die Après-Ski-Lokale geschlossen. Am 13. März folgen die Lifte und Pisten, einige Tage später sämtliche Skigebiete Tirols, und mit 18. März wird das ganze Bundesland unter Quarantäne gestellt. Später werden sich mehr als eintausend infizierte Gäste aus aller Welt einer Sammelklage gegen die Verantwortlichen anschließen.

Infektionen im Covid-Hotspot Ischgl haben laut einer Studie des Instituts für Weltwirtschaft an der Universität Kiel[10] besonders stark zur Ausbreitung des Virus in Deutschland beigetragen, aber auch in Dänemark und Schweden erheblichen Anteil am Infektionsgeschehen gehabt. Zu ähnlichen Ergebnissen kommen Untersuchungen in Island und Norwegen.

14. März 2020

Bericht aus dem Maschinenraum

Die Dynamik der Ausbrüche in ganz Europa bereitet große Sorgen, die Meldungen werden täglich dramatischer. Abgesehen von einzelnen Ländern in Asien setzt noch niemand Maßnahmen, die so entschieden sind, dass sie die rasante Ausbreitung des Virus eindämmen können. Die EU hat keine Zuständigkeit

in Gesundheitsfragen, sie ist so unvorbereitet wie alle Nationalstaaten in Europa und auf allen Kontinenten (Ausnahme Teile Südostasiens) und verhält sich weitgehend passiv. Auch von
der WHO kommt wenig konkrete Unterstützung. Bei der Entscheidung über Gegenmaßnahmen bleibt also jeder Staat weitgehend auf sich allein gestellt. Eine Pandemie ohne enge internationale Abstimmung mit teilweise widersprüchlichen Vor-
gangsweisen auf nationaler und regionaler Ebene bekämpfen
zu wollen – das ist mehr als ein Paradoxon, es ist verrückt.

Größere Veranstaltungen habe ich bereits untersagt, ab über-
morgen werden Geschäfte, Schulen und Restaurants geschlossen. In der Regierung herrscht Einigkeit, dass die Bevölkerung
Kontakte so weit wie möglich vermeiden soll.

Deshalb geht es an diesem Wochenende um die demokratie-
politisch weitreichendste Entscheidung: Sollen wir noch einen
großen Schritt vorangehen, soll eine Ausgangsbeschränkung
und damit ein echter Lockdown verordnet werden?

Eine große Verantwortung, die möglichst viel Konsens verlangt. Bundeskanzler Kurz strebt eine rasche Ausgangsbeschränkung an. Aber ohne meine Zustimmung ist das nicht möglich,
ich bin für die Ausfertigung der notwendigen Verordnung zuständig, die von beiden Koalitionspartnern getragen werden
muss. So lauten die Regeln der Koalition.

Ich versuche meine Entscheidung möglichst breit abzusi-
chern. Stundenlang telefoniere ich mit internationalen und österreichischen Expertinnen und Experten. Ihre Aussagen sind
einheitlich und widersprüchlich zugleich: Einheitlich bewerten sie mit wenigen Ausnahmen die Situation als dramatisch
und sprechen sich dafür aus, rasch und entschieden zu handeln.
Widersprüchlich fällt die Einschätzung aus, wie weit die Maßnahmen dafür gehen dürfen und müssen.

1348 kämpfte ganz Europa mit der Pest. Eine wesentliche Übertragung erfolgte durch den Schiffsverkehr. Hafenstädte wie Venedig waren daher besonders gefährdet. Die Verantwortlichen griffen zu einem radikalen Rezept: Vierzig Tage lang musste die Besatzung eines ankommenden Schiffes in Isolation bleiben. So wurde aus dem italienischen Wort für die Zahl vierzig, quaranta, die Bezeichnung für die Quarantäne. Die Eindämmung von Kontakten ist also ein seit Jahrhunderten bewährtes Konzept gegen die Ausbreitung einer Seuche. Gibt es keinen Kontakt, keine Begegnungen, dann gibt es auch kein Ansteckungsrisiko. Die Kette der Ausbreitung muss unterbrochen werden. So lautet das Ziel.

Mathematiker haben errechnet, dass eine Fortsetzung der derzeit steigenden Infektionszahlen zu einer Katastrophe führen wird, mit vielen Schwerkranken und Toten – und zu einer völligen Überlastung des Gesundheitssystems bis hin zum Zusammenbruch. Triagen wären die Folge – wäre nicht mehr genügend Behandlungskapazität für alle Patienten vorhanden, würden schlimmstenfalls nur noch jene mit guten Überlebenschancen Plätze auf der Intensivstation bekommen. Dass es dazu kommt, muss mit allen Mitteln verhindert werden. Jeder lebensgefährlich Erkrankte hat auch in Zeiten der Pandemie Anspruch auf die beste Versorgung. Immer wieder warne ich davor, dass Katastrophen wie in Bergamo, in Spanien oder im Elsass, wo die Gesundheitssysteme zwischenzeitlich kollabiert sind, auch bei uns möglich seien. Es gilt, unendlich viel gegeneinander abzuwägen: hier die Grundrechte der Menschen in einem demokratischen Staat, dort die Notwendigkeit, die Bevölkerung vor einer gefährlichen Krankheit zu beschützen. Wie soll man beides gewichten, um das sensible Gefüge der Demokratie nicht aus der Balance zu bringen? Wie weit kann, darf, muss eine Regierung gehen, um durch Einschränkungen Schlimmeres zu verhindern? Und was sagt mein politisches Herz dazu?

Auf der einen Seite die Prognosen von Mathematikern: Sie sind so dramatisch, dass ich mir ihre Zahlen nicht einmal merken will. Aber haben Mathematiker, so gut sie ihr Metier auch beherrschen, die Kompetenz, die Ausbreitung von Infektionen vorauszusagen, die nicht zwangsläufig den Regeln der Mathematik folgen?

Auf der anderen Seite die Option von Ausgangsbeschränkungen – der bisher schwerste Eingriff in die Grundrechte der Bevölkerung in der Zweiten Republik. Ich bin nicht zuletzt deshalb in die Politik gegangen, um für Grundrechte und Demokratie zu kämpfen. Jetzt sehe ich Bilder von politischen Systemen vor mir, die ihre Bevölkerung durch Ausgangsbeschränkungen unterdrückten, Chile unter Augusto Pinochet etwa.

Und ich erinnere mich an die Schreckensmeldungen zu Jahresbeginn aus China: Kranke auf Intensivstationen, Ärzte in Schutzanzügen, Militär auf den Straßen, leere U-Bahnen, verschweißte Türen, um die Bewohner am Verlassen ihrer Wohnungen zu hindern.

Ich spreche mit erfahrenen Verfassungsjuristen. Sie erklären, dass eine Ausgangsbeschränkung verfassungskonform wäre, wenn sie das gelindeste Mittel zum Schutz der Bevölkerung ist. Aber wissen wir überhaupt genug über das Virus, um abschätzen zu können, ob Ausgangsbeschränkungen das gelindeste Mittel gegen seine Ausbreitung sind, oder würden auch andere Schutzmaßnahmen ausreichen?

Die Expertenmeinungen gehen auseinander. Einige sind bereits im Jänner von der Entwicklung einer Pandemie ausgegangen – Christian Drosten von der Berliner Charité beispielsweise. Andere prognostizieren das Gegenteil. Eine bekannte Infektiologin sah Ende Jänner durch Covid-19 »keine große Gefahr für unser Land«, ein Virologe zur selben Zeit das Coronavirus »nicht so gefährlich wie die Grippe«. Ein anderer verglich das Virus zur selben Zeit mit Influenza – nur, dass es »deutlich weniger ansteckend« sei.

Völlig konträr dazu hat Anfang März der Mikrobiologe Michael Wagner die Lage eingeschätzt: »Es ist eine dramatisch andere Situation. Erstens ist die Sterblichkeit bei Covid-19 deutlich höher. Zweitens werden durch einen Infizierten mehr Personen angesteckt als bei der saisonalen Grippe. Drittens gibt es gegenüber dem neuartigen Corona-Virus keine Immunität in der Bevölkerung.«[11]

Das ist für mich nachvollziehbar. Aber wie soll jemand evidenzbasierte Politik machen, wenn es keine übereinstimmende Evidenz gibt?

Und ist die Dynamik, die sich inzwischen abzeichnet – immer mehr Ansteckungen, immer mehr Fälle, immer mehr betroffene Gebiete –, tatsächlich nur mit einem Lockdown samt umfassenden Ausgangsbeschränkungen zu brechen? Noch will ich mich nicht damit abfinden.

Dass ein Lockdown laut den Verfassungsjuristen durch das Epidemiegesetz aus dem Jahr 1913 gedeckt wäre, beruhigt mich kaum, es verstärkt im Gegenteil eher meine Bedenken. Mit einem so alten Gesetz die Menschen an der Bewegungsfreiheit hindern? In jenen Ländern Asiens, in denen die Infektion schon weit fortgeschritten war, haben schnelle und harte Maßnahmen jedoch sehr gut gewirkt.

Was, wenn sich im Nachhinein herausstellt, dass es doch nicht gereicht hat? Wenn Zehntausende Menschen sterben, weil ich nicht den Mut habe, konsequent genug zu handeln? Würde es reichen, besonders gefährdete Bevölkerungsgruppen wie die

Bewohner von Alten- und Pflegeheim zu schützen? Aber wie? Es sind ja nicht einmal ausreichend Masken und Handschuhe vorhanden.

Der Kampf gegen eine Pandemie ist ein Wettlauf mit der Zeit. Das habe ich seit ihrem Ausbruch verinnerlicht. Eine Woche länger zuwarten kann verheerende Auswirkungen haben, höre ich immer wieder. Eine Verzögerung wirksamer Maßnahmen um eine Woche würde zu einer Vervielfachung der Infektionszahlen führen. Kein Gesundheitsminister vor mir musste eine derartige Entscheidung treffen. Trotzdem: Heute muss ich genau das tun. Muss der Regierung einen Vorschlag machen. Muss die entsprechende Verordnung unterzeichnen. Aufschieben, weiter nachdenken und prüfen geht nicht.

Ich bin am Weg zur Regierungssitzung: kaum Schlaf, die Nacht am Telefon, seit den frühen Morgenstunden Treffen mit den wichtigsten Beratern im Ministerium.

Am 31. Dezember 2019 haben die chinesischen Behörden die WHO informiert, dass seit Monatsanfang einige Fälle einer ungewöhnlichen und schweren Lungenentzündung aufgetreten sind. Um 10 Uhr 31 bringt die Deutsche Presseagentur dpa an diesem Silvestertag die Meldung, in der von bereits 27 Fällen und einem häufigen Bezug zum Hanan-Fischmarkt in Wuhan die Rede ist. Der Erreger kann bisher nicht identifiziert werden.

Am 1. Jänner berichtet die staatliche Nachrichtenagentur Xinhua über angebliche Falschmeldungen und tags darauf über acht Verhaftungen wegen der Verbreitung falscher Gerüchte. Gleichzeitig stellt Xinhua fest, dass es keine Anzeichen für eine Übertragung von Mensch zu Mensch gebe. Diese Darstellung wird bis zum 20. Jänner durch die chinesischen Behörden aufrechterhalten. Währenddessen steigt die Zahl der Infektionen dramatisch an.

Noch am 18. Jänner 2020 gab es für die 40 000 Bewohner des Wohnviertels Baibuting in der Millionenstadt Wuhan eine Feier zum chinesischen Neujahrsfest[12], obwohl die Infektion bereits bekannt ist. Ende Jänner werden von China landesweit 9700 Infizierte und 213 Covid-Todesfälle offiziell gemeldet. Große Städte werden komplett unter Quarantäne gestellt. Die Welt staunt, als innerhalb weniger Tage ein Spezialkrankenhaus für Covid-Erkrankte buchstäblich aus dem Boden gestampft wird.

Ich erinnere mich an den Arzt Li Wenliang[13], der »die Wahrheit« genannt wurde und Ende Dezember auf Twitter aus Wuhan vor der Ausbreitung des Virus warnte. »Die Wahrheit« war selbst infiziert und starb am 6. Februar 2020. Unvergessen bleiben die Bilder von seinem letzten Interview Anfang Februar vom Krankenbett.

Wann ist das Virus entstanden? Wie ist es entstanden? Seit wann wissen die Mediziner davon, seit wann wissen die chinesischen Behörden tatsächlich vom Ausbruch? Wie sind Berichte aus sozialen Medien zu bewerten, dass bereits im Spätherbst 2019 eine Klinik Wuhans wegen einer Erkrankungswelle unter den Beschäftigten geschlossen werden musste?[14] Ist diese Epidemie tatsächlich auf den starken Ausbruch einer Influenzaform zurückzuführen, der später in einer Studie dafür verantwortlich gemacht wird?[15] Wie ist es möglich, dass Analysen aus Italien und Frankreich auftauchen, die einzelne, damals unerkannte Covid-Infektionen bereits im September und Oktober[16] beziehungsweise November belegen? Wie lange blieb der Ausbruch in China unbemerkt, wie lange wurde darüber geschwiegen?

Später schreibt die in Hongkong lebende Journalistin Verna Yu[17]: »Solange die Redefreiheit und andere Menschenrechte von chinesischen Bürgern nicht respektiert werden, werden solche Krisen immer wieder entstehen. Die Menschenrechte in

China mögen auf den ersten Blick wenig mit dem Rest der Welt zu tun haben. Wie wir jedoch in dieser Krise sehen konnten, kann es zu einer Katastrophe kommen, wenn China die Freiheit seiner Bürger einschränkt.«

Peking dementiert umgehend.

Heute, am Tag der Entscheidung, erinnere ich mich, dass sich Anfang 2020 viele wegen dem Virus und seiner raschen globalen Ausbreitung sorgten. Dennoch wurde von Seiten der meisten Experten in Europa von einer regional begrenzten Epidemie ausgegangen. Ein flaues Gefühl ja, aber doch die Sicherheit großer Entfernung. Wie schon bei Ebola, SARS und MERS.

Dass Globalisierung, Klimakrise und die Zerstörung der Naturräume Entstehung und Ausbreitung von Epidemien beschleunigen und sie zu Pandemien auswachsen lassen können, davon war damals öffentlich noch keine Rede. Von einer hochgefährlichen Erkrankung durch das neue Virus sprechen unisono bereits kurz nach dem Ausbruch jedoch fast alle von mir konsultierten Experten. Das Virus dringt über die Atemwege in den Körper ein und breitet sich mit dem Blutstrom im Körper aus. Wo immer viele Gefäße vorhanden sind – in den Lungen, den Nieren oder im Herz, aber auch im Gehirn –, kann es wirken. So dringt es bis zu den feinsten Gefäßen an den Lungenbläschen vor, die Zellen der inneren Gefäßwand sind sein Eintrittstor. Die Gefäße entzünden sich, werden durchlässig für Sekrete und Eiweiß aus dem Blut. In den Lungenbläschen entsteht dadurch eine Schicht aus Eiweißen, die den Gasaustausch zwischen Blut und Lunge behindert. Außerdem entstehen vielfach Gerinnsel, die die Durchblutung stören und zu Lungenversagen führen können.

Gegen die Erkrankung gibt es bisher weder ein Medikament noch eine Impfung.

Im Auto fasse ich in Gedanken noch einmal die Fragen zusammen: Lockdown? Ausgangsbeschränkungen? Das ist eine politische Entscheidung! So lautete die Antwort der Experten auf meine Bitte nach einer klaren Empfehlung.

Ich bin unsicher, und ich bin gereizt.

Als ich die Argumente für meine persönliche Einschätzung durchgehe, werde ich ruhiger und sehe klarer: Ohne konsequente und rasche Maßnahmen gerät die Pandemie außer Kontrolle und kann unermessliches Leid verursachen. Mein Job als Gesundheitsminister ist es zuallererst, die Gesundheit der Bevölkerung zu schützen. Das Unterbinden von Kontakten war noch bei jeder Epidemie das wichtigste und erfolgreichste Mittel gegen die Ausbreitung. Aber funktioniert dies mit Appellen an die Einsicht und mit Freiwilligkeit? Niemals in so kurzer Zeit!

Der Dienstwagen hält vor dem Kanzleramt, ich eile die Stiege hinauf in das Sitzungszimmer. Dann geht alles sehr schnell. Binnen weniger Minuten einigen sich die zuständigen Regierungsmitglieder: Lockdown mit Ausgangssperren samt klar definierten Ausnahmen. Vorausgesetzt, diese Entscheidung wird von allen Parlamentsparteien und Landeshauptleuten sowie vom Bundespräsidenten mitgetragen. Mir gefällt diese Vorgangsweise. Mit Bundespräsident Van der Bellen habe ich bereits telefoniert.

Auf der parteipolitischen Ebene befürchte ich zähe Verhandlungen, deshalb setzen wir uns sofort ans Telefon. Die Abstimmung ergibt auch hier ein einstimmiges Bild. Die notwendigen Beschlüsse in den Parlamenten sollen möglichst rasch gefasst werden.

Auf allen Ebenen ist es eine historische Entscheidung, und sie wird innerhalb von knapp zwei Stunden ohne einen einzigen Einspruch getroffen. Die Megakrise führt zum dringend notwendigen gemeinsamen Handeln der Politik. Jetzt müssen wir präzise Ausnahmen formulieren, gleichzeitig sind die Juristinnen und Juristen an der Reihe, dieses völlige Neuland rechtskonform zu gestalten.

Spätnachts fahre ich nachhause. Die Stadt ist wie leergefegt, das Land scheint unter Schockstarre. Ähnlich fühle ich mich selbst: innerlich völlig leer und müde, äußerlich sehr ruhig. Die nächsten Tage zeigen, dass die Bevölkerung versteht, worum es geht. Es kann funktionieren. Es muss funktionieren.

19. März 2020
Oberärztin Kathrin Hinz
Auf Intensiv

Vor exakt zwei Monaten, sie erinnert sich genau: eine Tasse Espresso. Unglaublich, wie viel Freude und Energie ihr der Duft und der Geschmack geben können. Der Kaffee stammt von der neuen Rösterei in ihrem Viertel, wo sie oft ihre freie Zeit verbringt. Sie weiß gern Bescheid über das, was sie zu sich nimmt, informiert sich über Anbaugebiete, neue Sorten und darüber, wie die geerntet und verarbeitet werden.

Dafür zahle ich mit Vergnügen etwas mehr als üblich, lautet ihre Devise.

Vor zwei Monaten also: Sie will gerade den ersten Schluck Kaffee nehmen, als auf ihrem iPhone eine Push-Nachricht aufleuchtet.

Ungewöhnlich, direkt vom Leiter des Klinikverbundes.

Betreff: Maßnahmen im Fall einer Pandemie.

Sie spürt ein unangenehmes Ziehen im Bauch, und dieses Gefühl ist seit zwei Monaten nicht verschwunden, im Gegenteil. Denn in dieser Zeit ist die Welt im Großen wie im Kleinen eine andere geworden.

Kathrin Hinz ist seit vier Jahren als Oberärztin auf der Intensivstation tätig. Unmittelbar nach der Nachricht ihres obersten Chefs hat sie damit begonnen, möglichst viele Informationen zu sammeln, zunächst aus China, dann aus Norditalien. Twitter bewährt sich in dieser Phase als weltweite Informationsdrehscheibe.

Wir haben mehr studiert als je zuvor, sagt Kathrin. Die Stimmung im Krankenhaus war aufgekratzt, etwas Großes, Unbekanntes, Bedrohliches schien zu kommen. Sind sie vorbereitet? Für den Fall der Fälle? Natürlich nicht ausreichend, das ist in einer Ausnahmesituation wie dieser gar nicht möglich. Zu widersprüchlich sind sämtliche Informationen, viel zu viel ist ganz und gar unbekannt.

Es ist wie im Krieg, ich fühle mich wie eine Kriegsberichterstatterin, schreibt eine Kollegin aus Bologna auf Twitter. Als sie das liest, bekommt Kathrin zum ersten Mal in ihrem Berufsleben Angst.

Ihr fällt Luisa ein, die sie bei einem Kongress in Berlin kennengelernt hat, eine überaus kompetente und sympathische Kollegin, Intensivärztin an einer Klinik in Mailand. Ihr schickt Kathrin jetzt eine E-Mail.

Zwei Tage später kommt die Antwort: Kathrin, es ist schlimmer, als du es dir vorstellen kannst. Wir haben keinen Platz mehr für die Infizierten! Und täglich kommen Schwerkranke nach. Oft entspricht der äußere Zustand nicht den gemessenen Werten. Oft brechen die Körperfunktionen komplett zusammen. Wir brauchen dringend wirksame Medikamente. Und es wird knapp mit dem Pflegepersonal. Mittlerweile verlegen wir schon Patienten in den Süden Italiens. Und immer mehr von uns sind

selbst infiziert. Was sollen wir tun, ohne ausreichend Schutz-
mäntel, Handschuhe, Schutzmasken? Einige arbeiten trotz Infektion weiter, damit die Versorgung aufrecht bleibt. Ich habe
leider keine Zeit für lange E-Mails. Aber ich schicke dir unsere
internen Informationen weiter. Vielleicht ist Brauchbares dabei. Schreib, aber nur bei wirklich dringenden Fragen. Ciao.

Kathrin liest den Text wieder und wieder. Nun ist ihr klar,
was auf sie zukommen wird.

Zu ihrem unmittelbaren Zuständigkeitsbereich gehören
neun Betten, jeweils drei sind eine Arbeitseinheit. Die Räume
sind in Pastellfarben gehalten, der Boden ist grau, die Arbeitskleidung des Personals ist grün oder blau. Die Farbe Weiß wird
in der gesamten Abteilung vermieden.

Intensivstationen sind normalerweise das Jahr über durchschnittlich zu 85 Prozent ausgelastet. Die restlichen 15 Prozent
Reserven braucht es für Unfälle, Akuterkrankungen wie Schlaganfälle oder Katastrophenereignisse mit vielen Verletzten.

Auf Kathrins Station ist die Arbeit während der Covid-Krise noch fordernder als üblicherweise. Die Räume sind stark be-
heizt, dazu kommt die enorme körperliche Anstrengung für
das Pflegepersonal – Covid-Patienten sind oft übergewichtig,
müssen aber immer wieder gedreht werden, damit sich das Se-
kret in ihren Lungen lockert und sie leichter atmen können.

Dabei müssen die Mitarbeiterinnen und Mitarbeiter durch-
gehend Ganzkörperschutzkleidung und Masken tragen. Bis der
Vorgang automatisiert ist, müssen anfangs zwei Personen beim
Anziehen der Schutzkleidung zusammenhelfen: das erste Paar
Handschuhe, der Schutzmantel, darüber der Kittel, das zweite
Paar Handschuhe, Fixierung mit Isolierbändern, die Haube, die
Maske, die Schutzbrille. Kaum hat man alles am Leib, beginnt
bereits der Schweiß zu fließen, die Schutzbrillen beschlagen.

Vier bis fünf Stunden muss man unter diesen Bedingungen arbeiten, und das ohne Trinken, ohne Pause, ohne Toilette. Und wenn die Kleidung danach gewechselt wird, ist dies noch gefährlicher als das Anziehen.

Zu Mittag wird aus Sicherheitsgründen einzeln gegessen. Dann beginnt das Ganze wieder von vorne: das erste Paar Handschuhe, der Schutzmantel, darüber der Kittel. In diesen Wochen herrschen in den Spitälern Angst und Unsicherheit, da viele Eigenschaften des neuen Virus noch nicht erforscht sind. Daher werden auch Maßnahmen eingeleitet, die sich später als unnötig erweisen: etwa die UV-Bestrahlung von Räumen oder Fußbäder mit Desinfektionsmitteln für Mitarbeiterinnen und Mitarbeiter. Das Risiko einer Ansteckung durch problematische Aerosole wird hingegen weniger beachtet, weil man nichts darüber weiß, auch die WHO informiert nicht. Es ist eine Zeit des Experimentierens, des möglichst raschen Wissenserwerbs.

Wir wissen, die Pandemie wird ein Marathon, sie geht nicht in wenigen Wochen vorbei. Wir besiegen sie nur, wenn wir selbst gesund bleiben und zusammenhalten. Das sagt Kathrin zu ihren Mitarbeitern, nicht nur einmal am Tag, sondern oft. Aber immer signalisiert sie ihrem Team: Wir schaffen es.

Die Mitarbeiterinnen und Mitarbeiter der Intensivabteilungen machen in diesen Tagen nicht nur ihren Job als Ärztinnen und Pfleger, sie arbeiten auch als Rerchercheure: Um möglichst schnell möglichst viel über das Virus, die Erkrankung und ihre Behandlung zu lernen, durchforsten sie wissenschaftliche Studien, bauen persönliche Kontakte nach China und Italien auf und sammeln Informationen in den sozialen Netzwerken.

Auch das Profil der in die Klinik eingelieferten Patienten wird langsam klarer: die meisten alt oder sehr alt, mehr Männer als Frauen, ein Großteil ist stark übergewichtig, etwa ein Drittel mit Vorerkrankungen wie starkem Bluthochdruck, Diabetes, Krebs oder einer Herzschwäche.

Täglich bespricht Kathrin im Covid-Jour-fixe die Lage mit den anderen Verantwortlichen, der Leiterin der Notaufnahme, dem Oberarzt der Covid-Normalstation, dem Pflegedienstleiter und dem ärztlichen Leiter. Im Haus gilt Kathrin als unverbesserliche Optimistin, ihr Kosename lautet daher Miss Zusi, Zusi von Zuversicht. Und die behält sie auch, als die Zahlen in der Notaufnahme stark anzusteigen beginnen. Viele Patienten kommen bereits in sehr schlechtem Zustand ins Krankenhaus. Häufig haben sie die Erkrankung unterschätzt und zu lange zuhause gewartet. Während auf den neu eingerichteten Covid-Stationen Hochbetrieb herrscht, ist es in anderen Abteilungen fast gespenstisch ruhig. Wer kann, meidet die Spitäler – auch Patientinnen und Patienten für Routineuntersuchungen bleiben aus. Das ist schlecht, weil damit zusätzliche Gesundheitsrisiken entstehen. Aber noch weiß niemand, wie dies verändert werden kann.

Im Jour fixe berichtet Kathrin, wie vielen Covid-Patienten derzeit sauerstoffangereicherte Luft zugeführt wird und wie viele intubiert sind. Sie berichtet über zunehmende Probleme mit Thrombosen und Lungenembolien. Berichtet, dass ihre Einheit, in enger Abstimmung mit den Facheinheiten des Hauses, nun erstmals mit ECMO arbeitet, einer technischen Methode, die in ganz besonders schweren Fällen die Lungenfunktion ersetzt. Dabei wird das Blut außerhalb des Körpers mit Sauerstoff angereichert, von Kohlendioxid gereinigt und anschließend wieder zurückgeführt. Damit lassen sich weitere Verschlechterungen vermeiden, die Lunge bekommt Zeit zur Erholung und damit vielleicht eine zweite Chance.

Es ist gut, dass wir in den letzten Wochen zusätzliche Beatmungsgeräte angeschafft haben. Ich sehe aber einen Engpass im Bereich des Personals, warnt Kathrin.

Das ist auch die Sorge des ärztlichen Leiters: Wir haben in der Stadt bereits an drei Abteilungen der Spitäler Covid-Infektionen bei Mitarbeitern. Wir werden daher die Sicherheitsstandards nochmals verstärken. Vor allem beim Wechsel der Schutzkleidung werden manche nachlässig und riskieren so eine Ansteckung. Und die Versorgung mit Schutzkleidung ist derzeit oft nur für wenige Tage gesichert. Ich hoffe, da passiert nichts Dramatisches.

Schlimm dran sind die niedergelassenen Ärzte und die Zahnärzte, fährt der ärztliche Leiter fort: Viele von ihnen haben keinerlei Schutzmaterial derzeit. Wo war die Krisenvorsorge? Was hat unsere Regierung gemacht? Das zerrt an den Nerven und der Moral.

Wenn es so weitergeht, brauche ich bald Unterstützung in meinem Bereich, sagt Pflegedienstleiter Martin. Die Arbeit in der Schutzkleidung powert die Leute aus. Wir werden auch deshalb Ausfälle haben, nicht nur durch Infektionen. Wir brauchen zumindest zur unterstützenden Arbeit auf Intensiv Freiwillige aus den Normalabteilungen oder aus den OPs.

Das machen wir, verspricht der ärztliche Leiter: Und wir sagen alle nicht lebensnotwendigen Operationen mit sofortiger Wirkung ab. Damit gewinnen wir Platz und Mitarbeiter. Diese Pflegerinnen und Pfleger sind zwar nicht speziell ausgebildet und schon länger weg vom Bett, aber sie werden helfen. Und sie sind die einzige Chance einer Personalaufstockung. Wenn die Maßnahmen der Regierung greifen, dann kann es gelingen, in wenigen Wochen über dem Berg zu sein.

Kathrin erzählt der Runde von den E-Mails ihrer Freundin Luisa aus Mailand. Dort sind mittlerweile erkrankte Mitarbeiterinnen und Mitarbeiter das Hauptproblem. Das System ist am Zusammenbrechen. Derartiges müssen wir uns und den Patienten unbedingt ersparen, sagt die Oberärztin.

An Luisas Anruf zwei Nächte zuvor denkt sie zwar, erwähnt ihn aber nicht. Und sie erzählt nichts von der Verzweiflung ihrer italienischen Freundin, vom Schluchzen, von den Tränen. Vom Aufschrei, dass die Ärztinnen und Ärzte in Teilen der Lombardei das tägliche Sterben nicht mehr ertragen – nicht nur das Sterben der Patientinnen und Patienten, auch das Sterben vieler Kollegen, die sich mit Covid-19 angesteckt haben. Wer auf der Intensiv arbeitet, der begegnet dem Tod. Immer wieder. Aber doch nicht andauernd. Irgendwann ist es zu viel!

So haben sie lange miteinander gesprochen, und hätten einander gerne in die Arme genommen und getröstet. Wären sie nicht so weit voneinander entfernt gewesen. Und gäbe es keine Pandemie.

Kathrin fährt aus den Gedanken hoch, ist wieder Miss Zusi. Die Maßnahmen sind von der Bundesregierung beschlossen, die Bevölkerung macht mit, die Straßen sind leer. Das muss sich positiv auswirken, die Ansteckungsketten durchbrechen.

Alle Augen sind auf sie gerichtet, unsichere, müde und zweifelnde Augen.

Hoffentlich rasch genug.

22. März 2020
Tina Tassler, Buchhändlerin
Verrückte Zeit

Hinter ihr liegt die wohl verrückteste Woche ihres Berufslebens, vor ihr liegen die verrücktesten Monate, aber das weiß sie noch nicht. Seit 23 Jahren öffnet Tina Tassler von Montag bis Samstag täglich um neun Uhr ihre Buchhandlung. Für sie ist es nicht nur ein Job, nicht nur ein Ort zum Geldverdienen, sondern die Liebe ihres Lebens. Ihr Lebenswerk.

Tina liebt Bücher, sie arbeitete in einer Bücherei, bevor sie mit 28 den Sprung wagte und mit ihren Ersparnissen, dem kleinen Erbe nach dem Tod ihrer Mutter und ein bisschen Unterstützung durch ihren Vater ein eigenes Geschäft gründete – mit einem damals ganz neuen Konzept: Buchhandlung, Treffpunkt und Café in einem. Da kann es vorkommen, dass Kundschaften eine Stunde bleiben, Kaffee mit ihr trinken und sich ausführlich über Bücher austauschen, die sich nicht auf den Bestsellerlisten finden.

Im Lauf der Zeit hat sich Tina ein enormes Wissen, eine beachtliche Vielfalt des Angebots und einen breiten Kundenstock erarbeitet, darunter viele Stammkunden. Ihre Buchhandlung ist auch zu einem sozialen Fixpunkt im Viertel geworden, einem Ort, wo man sich trifft, wo man sich zuhause fühlt, Freunde kennenlernen und wiedersehen kann. Einem Ort der geistigen Durchlüftung. Tina ist stolz darauf, dass ihr und ihrem langsam gewachsenen Team das in Zeiten eines schier übermächtigen Online-Giganten gelungen ist.

Dann kam der Keulenschlag: Lockdown! Alles aus und vorbei? Das Wirtschaftsleben weitgehend lahmgelegt, außer den Geschäften für den täglichen Bedarf alles geschlossen. Existenzangst hat sie ergriffen: Wie lange kann sie mit ihren Reserven durchhalten? Eine Woche, zwei? Was ist mit der Geschäftsmiete, den Mitarbeitern? Fragen über Fragen und keine Antworten. Wir lassen dich nicht allein, hätte sie gerne gehört. Aber darauf hofft sie vorerst vergeblich.

Natürlich ist ihr in den Tagen davor klargeworden, dass sich etwas Dramatisches zusammenbraut. Ihre Kunden sind plötzlich vorsichtiger geworden, sie haben sich weniger Zeit für Gespräche und das Stöbern in den Regalen genommen. Größere Veranstaltungen sind bereits verboten, von weitgehenden Kontaktbeschränkungen war die Rede.

Tina reagiert schnell und flexibel, wie das gute Kleinunternehmerinnen tun. Ihre Auslage bestückt sie seit Wochen mit einer Auswahl von Büchern über Pandemien, die sie wohlweislich bestellt und gelesen hat, um ihre Kundschaft verantwortungsvoll zu informieren. Dadurch ist sie auch selbst ein klein wenig zur Expertin geworden. Neugier gehört zu ihrem Beruf, auch wenn es um schreckliche Zeiten geht, mit denen sie sich bisher lediglich am Rande befasst hat: Die Pest im Mittelalter mit 25 Millionen Toten, die Cholera als Pandemie ab 1817, die Spanische Grippe mit 500 Millionen Infizierten und fast hundert Millionen Toten von 1918 bis 1920, davor die Russische Grippe Ende des 19. Jahrhunderts mit einer Million Opfer. Nach dem Querlesen hatte sie den Eindruck, dass alles, was jahrhundertelang mehr oder weniger zum Alltag zählte, abgeschlossene Vergangenheit ist; und ganz weit weg ist in einer Gegenwart der medizinischen Spitzenversorgung.

Jetzt drängen sich aber Zweifel an dieser Gewissheit auf. Haben wir die Gefahren unterschätzt, sind wir nachlässig geworden im Vertrauen auf die Fortschritte der Medizin? Fragen, denen sie viel lieber in Büchern begegnet als im wahren Leben.

Thomas Manns »Tod in Venedig« endet mit dem Tod des Schriftstellers Gustav Aschenbach am Lido von Venedig, nachdem er, dem Jüngling Tadzio verfallen, die Bedrohung durch die Cholera unterschätzt hat.

Giovanni Boccaccio wiederum hat im »Decamerone« die Pest, die in Florenz wütet, als Grund benutzt, um sieben junge Frauen und drei junge Männer in der Quarantäne in einem einsamen Landhaus zu versammeln und einhundert Geschichten erzählen zu lassen – derb, tragisch, komisch, erotisch.

Philip Roths Novelle »Nemesis« wiederum spielt im Jahr 1944 in New Jersey während eines Polio-Ausbruchs. Und auch Thriller-Autoren begeistern sich am Thema Seuche: Michael Crichton in »The Andromeda Strain« etwa oder Lawrence Wright in »The End of October«.

Tina Tasslers persönlicher Favorit stammt aus dem Jahr 2017 und heißt in deutscher Übersetzung »1918 – Die Welt im Fieber. Wie die Spanische Grippe die Gesellschaft veränderte«. Im öffentlichen Bewusstsein ist die Spanische Grippe eine Fußnote des Ersten Weltkrieges, in Wirklichkeit war es eine Pandemie, an der weit mehr als fünf Prozent der damaligen Weltbevölkerung zugrunde ging: bis zu hundert Millionen Tote – mehr, als der Krieg selbst gefordert hatte.

Laura Spinney schafft es in ihrem Buch, eindrucksvoll zu zeigen, wie sich die Krankheit zwischen Frühling 1918 und Sommer 1920 ausbreitete und in einzelnen Regionen zu einer Sterberate von unfassbaren 85 Prozent führte. Sie zeigt, dass diese schwerste Pandemie der Geschichte massiv von politischen Entscheidungen beeinflusst war, je unklarer, populistischer und regionaler entschieden wurde, desto höher die Todeszahlen. Und sie spricht auch die Auswirkungen an: Viele europäische Staaten richteten danach Gesundheitsministerien ein und begannen mit dem Aufbau einer Vorsorge durch Gesundheitsversicherungen. Dennoch fällt es Tina schwer zu realisieren, dass sich Ähnliches im Hier und Heute ereignet und tatsächlich ein kompletter Lockdown bevorsteht.

Das Wochenende zwischen der Ankündigung der Maßnahme am 13. und ihrer Umsetzung am 16. März ist vermutlich das emotionalste und schwierigste ihres Lebens. Zuerst wird ihre Buchhandlung von Kunden gestürmt wie sonst nicht einmal vor Weihnachten. Ein paar Tage lang vervierfacht sich der Umsatz. Dann wird ihr der Boden unter den Füßen weggezogen.

An jenem Freitag sitzt sie mit ihrem Team und ihrer 15-jährigen Tochter Lena nach Ladenschluss bis spät am Abend beisammen. Eine Woche werden sie die Schließung durchstehen, eine zweite vielleicht, die dritte würde aber das Ende bedeuten, fürchten sie. Tina spricht ihren Leuten und sich selbst Mut zu: Es wird Unterstützungen geben, es werden sich Lösungen finden, wir werden nicht resignieren.

Aber dann sind Tina und Lena allein mit ihren Sorgen: nicht nur um das Geschäft, auch um den 84-jährigen Vater und Großvater Hans, der in einer Betreuungseinrichtung lebt und an Demenz leidet. Was sollen wir jetzt machen? Was bedeutet es überhaupt konkret, dass die Regierung ein Betretungsverbot für Geschäftslokale ausgesprochen hat? Gilt das nur für Kundinnen und Kunden? Oder auch für uns, in unserem eigenen Betrieb? Kann die Regierung so etwas überhaupt beschließen?

Lena schnappt sich ihr iPhone und beginnt auf der Seite des Gesundheitsministeriums zu surfen. Viele Informationen, aber keine Antwort auf ihre Fragen. Eine Hotline, aber keine Chance durchzukommen. Das ganze Land hängt in einer Warteschleife. Irgendwann gehen sie gemeinsam nachhause. Tina schenkt sich ein Glas Wein ein, Lena geht ein vorletztes Mal in ihr Lieblingslokal ums Eck. Überall Verwirrung. Und erstmals Abstand zueinander.

Samstagmorgen, Tina versucht Normalität zu simulieren. Nur keine Panik. Aufstehen, duschen, Kaffee, am iPad Nachrichten und Mails überfliegen, zwanzig Minuten zu Fuß ins Geschäft, um neun Uhr aufsperren. Vor dem Eingang warten bereits Kunden. Viele wollen sich aber nicht nur mit Büchern eindecken, sie haben Fragen und erhoffen sich Antworten. Das Notebook bei der Kassa wird zum Recherchezentrum. Wie komme ich zu Katzenfutter? Ist es erlaubt, sich Essen im Restaurant abzuholen? Apotheken sind geöffnet, wie ist das mit Drogerien? Tina staunt, wie selten die Maßnahmen grundsätzlich in Frage gestellt wird. In erster Linie geht es momentan allen darum, es richtig zu machen. So groß ist die Verunsicherung, so tief sitzt die Angst. Jetzt wollen anscheinend alle den Staat, der sie beschützt.

Für Sonntagabend vereinbart Tina ein Treffen mit dem Team, dann geht sie völlig erschöpft nachhause. Bewegung tut gut, bringt sie auf andere Gedanken. Schritt für Schritt. Atemzug um Atemzug. Am Sonntag braucht sie Ideen. Ab zwei Uhr früh wälzt sie sich im Bett. Kostenrechnungen, Einsparungsmöglichkeiten. Kann es sein, dass die Regierung sie alleinlässt? Wirtschaftshilfen sind versprochen, aber wie sollen die funktionieren? Kann man sich darauf verlassen?

Und wo ist Lena, um vier Uhr früh? Tina steht auf, schnappt sich Kater Carlo und ein Glas Rotwein, um ruhiger zu werden.

Lena kommt erst in der Morgendämmerung nachhause.

Am Sonntag um 17 Uhr ist Tina wieder in der Buchhandlung. Die Augenringe der Mitarbeiter zeigen ihr, dass auch sie nur wenig Schlaf hatten. Fünf Stunden sitzen sie beisammen, suchen und finden erste Ideen für das, was nun kommt. Und nach der anfänglichen Lähmung wird es ein richtig kreativer Abend. In Italien zählen Bücher zur Grundversorgung wie Medikamente und Lebensmittel und dürfen daher immer verkauft werden: Das brauchen wir auch. Wie ich unsere Landsleute und unsere Politik kenne, wird es das nicht spielen, ätzt Tina.

Als sie am Montag früh wie immer in ihrem Laden steht, sperrt sie erstmals nach so vielen Jahren nicht auf. Mit dem Schlüsselbund in der Hand lehnt sie an der gläsernen Eingangstür und blickt nach draußen: der Gehsteig menschenleer, die Straße autofrei. Stille, nur die Regentropfen fallen auf das Kopfsteinpflaster. Tränen fließen über ihre Wangen.

Sie ist wütend. Natürlich weiß sie, dass die Pandemie an allem schuld ist. Die ist aber weder greif- noch sichtbar. Also richtet sich ihr Zorn gegen etwas anderes: Dieser Staat zerstört mein Lebenswerk, anstatt es mit einem Machtwort zu retten. Wir lassen niemanden allein! Einnahmenausfälle werden ersetzt. Wendet euch unter dieser Nummer an diese und jene Ansprechperson. So etwas möchte sie hören, die politischen Versprechungen sind ihr zu vage.

Also Eigeninitiative. Ausbau des Online-Geschäfts inklusive Sofortzahlung. Die bestehende Rechtslage ausreizen, so weit es nur geht. Solange unklar ist, was unter einem Betretungsverbot zu verstehen ist, wird sie das tun, was – ohne gesundheitliches Risiko für sich und ihre Kundschaft – für das wirtschaftliche Überleben möglich und notwendig ist. Zum Beispiel eine Bücherklappe einrichten. Der Kunde gibt die Bestellung auf und kann sie samt Rechnung und Erlagschein abholen. Ohne direkten Kontakt, ohne Risiko. Das kann doch niemand verbieten. Denkt sie. Aber als Medien über ihr kreatives Modell berichten, dauert es nicht lange, bis es behördlich untersagt wird.

Nur mehr Online-Verkauf also? Der entwickelt sich zwar, ist

aber noch lange nicht so weit, dass er den Direktverkauf halbwegs ersetzen könnte.

Eine paar Tage später hat Lena eine zündende Idee: Was, wenn die Leute auch in Geschäften für den täglichen Bedarf Bücher bestellen und abholen könnten? Also beim Bäcker oder im Supermarkt? Ist das verboten?

Nein, denkt Tina laut, zumindest hat uns das niemand gesagt.

Und so werden die online bestellten Bücher nicht mehr nur durch Fahrradboten ausgeliefert – sie warten auch in zwei Lebensmittelgeschäften neben Milch und Brot darauf, von den Kunden abgeholt zu werden.

Tina ist gespannt, ob eine Behörde Anzeige erstattet. Das passiert nicht.

Zusätzlich veranstaltet Tina regelmäßig Online-Lesungen für Kinder. Sie dreht Videos über spannende Neuerscheinungen, stellt sie auf Facebook und bietet auf ihrer Website Links zu Filmen an, die sich mit dem Thema der Zeit beschäftigen: »Contagion« von Steven Soderbergh, der bereits vor zehn Jahren eine Virus-Pandemie zum Inhalt eines Thrillers machte. Oder das Drama »Perfect Sense – Wenn wir unsere Sinne verlieren« von David Mackenzie. Dazu liefert sie allerlei wissenschaftliche Informationen.

All das braucht viel Kraft und Engagement. Tina arbeitet in dieser Zeit täglich von sechs Uhr früh bis neun Uhr abends. Ihre Buchhandlung wird nach und nach zu einem Versand- und Logistikunternehmen.

Genau das wollte ich eigentlich nie, sagt sie. Es ist völlig verrückt: Wir müssen wegen der Pandemie geschlossen halten. Trotzdem machen wir ähnliche Umsätze wie zuvor. Niemand klagt gegen diese neue Form des Buchvertriebs, niemand wird einem Risiko ausgesetzt. Die Regierung verspricht nun glaubhaft, wirtschaftlich zu helfen, falls nötig. Und gleichzeitig hoffen alle auf ein schnelles Ende der Beschränkungen und der Pandemie.

30. März 2020
Bericht aus dem Maschinenraum

Die Lockdown-Maßnahmen werden eingehalten und funktionieren, aber reichen sie aus? In der Regierung denken wir darüber nach, wie die Bevölkerung noch besser geschützt werden kann. Wir orientieren uns dabei an asiatischen Staaten, die seit Jahrzehnten auf die Verwendung von Mund-Nasen-Masken setzen – ursprünglich gegen die Luftverschmutzung, im Lauf der Zeit immer stärker zum generellen Gesundheitsschutz.

Bei uns fällt es auf, wenn Touristen aus Fernost in der Öffentlichkeit Masken tragen – in Asien gehören Menschen mit Maske zum Straßenbild. Bundeskanzler Kurz hat sich bei mehreren Amtskollegen in Asien telefonisch erkundigt. Er berichtet davon, dass sie alle von der Wirksamkeit dieser Schutzmaßnahme überzeugt sind.

Jetzt spricht sich Kurz dafür aus, sie auch in Österreich einzuführen. Er ist tatsächlich tief besorgt. Ich finde das sympathisch, und es verbessert unsere ohnedies gute Kooperation. Habe ich mich mit meiner anfänglichen Skepsis gegen eine Koalition mit der ÖVP getäuscht?

Meine mich beratenden Experten sind sich allerdings bei weitem nicht so sicher wie der Kanzler. Manche sind dafür, manche dagegen, andere trauen sich keine Einschätzung zu. Und die WHO lehnt die Masken derzeit dezidiert ab.

Ein Telefonat mit dem Rektor der MedUni Wien, Markus Müller, macht mich schließlich sicher: Österreich soll zum – vermutlich – ersten Land Europas werden, in dem das Tragen von Schutzmasken verpflichtend vorgeschrieben wird – vor allem in Supermärkten.

Wie aber bewerkstelligen wir es, dass dieser Mund-Nasen-Schutz den Leuten nichts kostet und in ausreichenden Mengen zur Verfügung steht? Die Handelsketten übernehmen die Beschaffung und die Verteilung. Schrittweise wird die Versorgung aus dem Nichts aufgebaut: Regionale Gruppen von Näherinnen leisten mit Eigenproduktionen ebenso einen Beitrag dazu wie Unternehmen, die rasch und flexibel auf den neuen Bedarf reagieren. Dank der hervorragenden Arbeit des Roten Kreuzes und meines Teams im Krisenstab des Ministeriums sind inzwischen auch stets genügend FFP2-Schutzmasken für das medizinische Personal vorhanden. Den Löwenanteil der Masken importieren wir jedoch nach wie vor aus China, mit Fliegern der AUA und nach Qualitätstests, die wir anfangs in Deutschland durchführen lassen müssen. Notmaßnahmen in allen Bereichen, aber schrittweise gelingt diese lebenswichtige Versorgung.

Die Maßnahme tritt am 6. April in Kraft. Wenige Wochen und einige neue Studien später ändert auch die WHO ihre Meinung; daraufhin setzt sich die Maskenpflicht nach und nach in ganz Europa durch. Bald wird die Maske zum Symbol der Warnung, der Achtsamkeit und der Rücksicht – und durch Designermodelle, die in Windeseile entworfen und hergestellt werden, ein bisschen auch zum modischen Statement. Wenn man schon das Gesicht zum Schutz verhüllen muss, dann wenigstens mit Stil.

17. April 2020
Bericht aus dem Maschinenraum

Die Morgen- und Abendrunde, die ich täglich mit meinem Hund Agur absolviere, findet seit Wochen bereits in der Dämmerung statt. Es ist meine verbliebene Freizeit. Meist schon lange vor sechs Uhr streifen wir beide dreißig Minuten durch eine Stadt, die sich in den vergangenen Wochen verändert hat. Still ist sie geworden, vorsichtig und ängstlich, aber auch solidarisch und verantwortungsbewusst.

Ein paar Menschen mit ihren Hunden, ein paar auf dem Weg zur Arbeit, einige Spaziergänger, vereinzelt Jogger – abgesehen davon scheint das urbane Treiben wie eingefroren. Begegnungen finden kaum mehr statt, die Kontakte sind auf ein Minimum reduziert. Die Leute akzeptieren den Lockdown und tragen ihn mit, unterstützen sich gegenseitig, gründen Initiativen, die sich um Alleinstehende und Alte kümmern. Und Montag für Montag gibt es – nach italienischem Vorbild – von den Balkonen Applaus für die Mitarbeiterinnen und Mitarbeiter der Gesundheitsberufe, vereinzelt sogar spontane Konzerte von Musikerinnen und Musikern.

Bis 27. März steigt die Zahl der Neuinfektionen noch auf knapp über tausend pro Tag an, doch dann geht sie rasant zurück. Die Maßnahmen scheinen zu funktionieren, die akute Krise scheint überwunden. Wir haben ein Schiff gebaut, während es schon schwimmt.

Seit zwei Wochen ist das Tragen eines Mund-Nasen-Schutzes in Supermärkten verpflichtend vorgeschrieben. Trotz anfänglicher Meinungsverschiedenheiten unter den Experten wird auch diese Verschärfung konsequent befolgt. Ich werde mit besonders schicken Modellen aus allen Gegenden des Landes versorgt. Meine Lieblingsmaske wurde von einem Tiroler Chirurgen und seiner Partnerin angefertigt, lässt sich angenehm tragen und abstrahiert eine grüne Wiese.

Die Runden mit meinem Hund sind für mich die einzig verbliebene Möglichkeit, um abzuschalten. Eine halbe Stunde ohne iPhone, nur durchatmen, sich Schritt für Schritt wieder erden. Und sich dabei zehn Minuten Zeit für Qigong-Übungen nehmen, hinein in den beginnenden Tag. Das Programm wird hastig abgespult, aber immerhin.

Die Tagesarbeit beginnt anschließend am Frühstückstisch zuhause. Zuerst die aktuellen Zahlen weltweit, dann die von besonders interessanten Ländern und schließlich die österreichischen im Detail. Von den Daten der WHO über jene von ECDC, der europäischen Gesundheitskontrollbehörde, bis zur Johns Hopkins University und Our World in Data. Sind Trends ablesbar? Wo funktionieren die Lockdowns, die gegenwärtig für ein Drittel der Menschen auf diesem Planeten gelten? Und wo funktionieren sie nicht? Gibt es eine Erklärung dafür? Auf welche Maßnahmen wird wo wie reagiert?

Dann folgt die Analyse der Covid-Berichterstattung internationaler Medien von der *New York Times* bis zum *Guardian* und der *Süddeutschen Zeitung*, den großartigen Wissenschaftsmagazinen wie *Lancet* und *Nature* und schließlich die Lektüre der Fachblogs und Twitter-Accounts von Ärztinnen und Virologen in verschiedenen Ländern. Zeit für Analyse ist die wichtigste Grundlage für richtige Entscheidungen. Nur wer das neue Virus zu verstehen beginnt, kann es effektiv bekämpfen.

Heute werde ich von einer besonders positiven Entwicklung überrascht: Wissenschaftler haben vorgerechnet, dass eine Verzögerung des Lockdowns um eine Woche die Vervierfachung der Infektionszahlen bedeutet hätte. Jetzt überholt die Zahl der

Genesenen erstmals wieder jene der gemeldeten Neuinfektionen – die Trendwende scheint also zu gelingen. Es schaut heute gut aus, sehr gut sogar. Die im März exponentiell steigenden Infektionszahlen haben sich zuerst stabilisiert, schwere Erkrankungen und Todesfälle bleiben zwar hoch, dürften mit zwei- bis dreiwöchiger Verspätung aber abnehmen. Die Chancen steigen, es ohne die befürchtete Überlastung der Intensivstationen zu schaffen.

Krisenmanagement bedarf einer klaren Krisenkommunikation, verständlich, ehrlich, ruhig und klar. Informationen, Entwicklungen und hoffnungsvolle Perspektiven. Gebetsmühlenartig wiederhole ich daher bei öffentlichen Auftritten eine Botschaft: Erfolgreich sind wir, wenn wir einig sind. Erfolgreich sind wir, wenn wir zusammenhalten. Erfolgreich sind wir, wenn wir Solidarität leben. Das ist meine Überzeugung, und es hat funktioniert. Zwischen den Parteien, in den Medien und zwischen den Bundesländern und der Bundesregierung. Wenige populistische Aktionen. Keine Spaltungsversuche.

Nun können sogar erste vorsichtige Öffnungsschritte erfolgen. Ich will, dass sich alle als Teil des Erfolges sehen und dieser Kurs fortgesetzt werden kann, betrachte dies als Chance für einen Stimmungswechsel in der Gesellschaft insgesamt – hin zum Miteinander. Denn auch wenn alles auf Entspannung hindeutet: Keine einzige dominante Seuche der vergangenen Jahrhunderte war innerhalb weniger Wochen vorbei.

Um die Bevölkerung wahrheitsgemäß auf bevorstehende Entwicklungen vorzubereiten, spreche ich daher öffentlich immer wieder von einem Marathonlauf. Das soll eine Vorstellung davon vermitteln, dass es Geduld und Ausdauer braucht, um durch die Pandemie zu kommen. Vor langer Zeit bin ich selbst Marathon gelaufen. Ich weiß daher, wie wichtig es ist, die ersten

Kilometer gut zu absolvieren und sich dennoch die Kräfte gut einzuteilen. Denn die braucht man in Wirklichkeit erst später, wenn man müde und ungeduldig wird.

Noch immer am Frühstückstisch arbeite ich alle Kommunikationskanäle ab – Twitter, Instagram, Facebook, SMS, E-Mails. Ich möchte die Diskussionen unter allen Umständen selbst führen, soweit das möglich ist. Damit bin ich weitgehend allein in der Spitzenpolitik, alle Berater raten mir davon ab, dieser Politikstil sei nicht durchzuhalten. Ich bin aber davon überzeugt, dass Krisenkommunikation authentisch sein muss, ihre eigene Sprache braucht. So wie ich bei öffentlichen Auftritten nie die Texte anderer verlese, sondern versuche, eigene Worte zu finden. Die Menschen spüren das.

Ich richte sogar zusätzliche Informationskanäle ein, zum Beispiel eine wöchentliche virtuelle Sprechstunde, in der eine Expertin und ich Fragen zur Pandemie beantworten, die live in den sozialen Medien übertragen wird.

Und auch die vielen kurzen Gespräche, die ich bei meinen Runden mit meinem Hund und bei U-Bahn-Fahrten ins Ministerium führe, vermitteln mir ein Gefühl für die Stimmung der Bevölkerung. Und die ist gut. Gleichzeitig frage ich mich, ob dieser sehr aufwendige Politikstil mit so viel Dialog und Kommunikation, einem riesengroßen Ressort und dem Krisenmanagement auf Dauer durchzuhalten ist. Ob er auch für das ganze Team im Kabinett, die Mitarbeiterinnen des Ministeriums langfristig zu bewältigen sein wird.

Dann folgt die vorbereitete Tagesmappe für heute, Mittwoch: Fraktionssitzung, Regierungssitzung, Pressekonferenz, die wöchentliche Videokonferenz mit den Gesundheitsreferenten der Bundesländer, die wöchentliche Sprechstunde auf Facebook, die Sitzung des externen Beraterstabs, Telefonate und am Abend ein Fernseh-Liveauftritt. Informationen geben, Sicherheit geben, die Bevölkerung nicht alleinlassen, Hoffnung vermitteln, Entscheidungsgrundlagen zusammentragen, politische Verhandlungen, tausend Details entscheiden. Ein Tag wie jeder.

Gegen halb neun fahre ich mit der U-Bahn ins Gesundheitsministerium. Ich nenne das meine morgendliche Sprechstunde. Viele Daumen zeigen nach oben, sogar Applaus gibt es ab und zu, kurze Gespräche entstehen. Das gibt Energie für den Tag.

Alle haben den Eindruck, auf dem richtigen Weg zu sein.

Ich begrüße die beiden Frauen am Empfang beim Eingang des Ministeriums und steige die 86 steinernen Stufen hinauf in mein Büro.

Jeden Tag machen wir kleine und große Fortschritte, um ans Ziel zu gelangen, das Ende der Pandemie. Sogar im Parlament ist Konsens zu spüren, ein gemeinsamer erster Beschluss für den Lockdown, seriöse Gespräche mit der Opposition. So gut kann Politik sein. Oft spreche ich in diesen Tagen stolz davon, in einem Land des Zusammenhalts zu leben. Und von der Erkenntnis, dass es uns nicht dann besser geht, wenn es anderen schlechter geht, wie uns das oft weisgemacht wird. Sondern dass genau das Gegenteil zutrifft: Geht es dem anderen gut, geht es auch mir besser. Daher: Schau auf dich, schau auf mich! Ich möchte, dass ein Wert entsteht, sich tief in unserer Gesellschaft verankert. Ein Wert, der uns gegen das Virus, aber auch gegen den sich in Europa ausbreitenden Rechtspopulismus hilft.

Im Gesundheitsministerium selbst ist die Situation weniger rosig: Das Ressort ist wie überall auch hierzulande unvorbereitet von der Pandemie überrascht worden, in vielen Bereichen fehlen personelle Ressourcen, der Spardruck der vergangenen Jahre unter der Ideologie des schlanken Staates mit Personalabbau und fehlenden Nachbesetzungen erweist sich als fatal.

Noch dazu hat eine meiner Vorgängerinnen im Ministeramt – eine FPÖ-Politikerin – ausgerechnet das Krisenmanagement entscheidend geschwächt und teilweise sogar aufgelöst. Als Notlösung wird ein Krisenstab gebildet, der dank des enorm engagierten Teams sehr gut funktioniert, aber wie wir alle unter starkem Druck steht. Täglich Hunderte Anfragen, täglich neue Baustellen, die Pandemie ist für alle im Land eine bisher einzigartige Herausforderung. Externe Experten werden zu einem Beraterstab beigezogen. Die kleine Legistikabteilung des Ministeriums muss eine Vielzahl an Verordnungen ausarbeiten und ist damit schwer belastet. Mitarbeiterinnen übernachten über Wochen im Ministerium, um diese Herausforderung zu bewältigen. Trotz des Einsatzes sind Fehler im juristischen Neuland unausweichlich.

Wie lange werden wir das durchhalten?

Die Belastung steigt, aber gleichzeitig steigen die Umfragewerte der Regierung und auch meine eigenen auf Rekordhöhen.

Erste Neider treten auf den Plan. Die breite politische Krisenallianz erhält Sprünge. Es ist wie eine Lehrstunde zum Präventionsparadoxon: Durch richtige Maßnahmen zum richtigen Zeitpunkt wurde die Bedrohung erfolgreich abgewehrt. Daraus schließen andere, dass solche gravierenden Eingriffe eigentlich gar nicht notwendig gewesen wären. Aber noch werden die Maßnahmen von der überwiegenden Mehrheit bejaht.

Vorsichtig und kontrolliert nehmen wir den Lockdown schrittweise zurück. Die gute Stimmung im Land wird noch besser. Vielleicht zu schnell. Ich freue mich, es bereitet mir aber auch Sorgen: Die Daten der beiden Regierungsparteien verbessern sich weiter, jene der ÖVP sogar so sprunghaft, dass in Teilen der Opposition die Bedenken wachsen. Führt die Pandemie Bundeskanzler Kurz zu einer absoluten Mehrheit?, argwöhnen manche und bezweifeln die Sinnhaftigkeit eines gemeinsamen Vorgehens. Die Kritiker des Kanzlers werden unruhig. In der ÖVP hingegen bleibt es währenddessen nicht unbemerkt, dass meine eigenen Beliebtheitswerte jenen des Bundeskanzlers immer näher kommen, der seit Jahren alle Rankings anführt. Ich verstehe dieses Denken nicht: Wir haben jetzt eine Aufgabe, die Pandemiebekämpfung, und sonst keine. Parteipolitik können wir noch genügend nach der Pandemie machen.

Wie wird die Bevölkerung reagieren, wenn die Infektionswerte erneut steigen und wieder schärfere Maßnahmen erforderlich sein sollten? Was passiert, wenn sich Experten nicht mehr auf einen gemeinsamen Kurs verständigen können und ihre Differenzen verstärkt öffentlich austragen? Wie wird es sich auf die Haltung des stark an Umfragen orientierten Bundeskanzlers auswirken, wenn eine konsequente Pandemiepolitik in der Bevölkerung an Zustimmung verliert?

Der Erfolg bei der Bekämpfung der ersten Welle der Pandemie könnte so zum Ende der Einigkeit in der Gesellschaft führen, fürchte ich. Das wäre – nach einer drohenden Unterschätzung der Pandemie aufgrund des Erfolgs der Maßnahmen – nun das zweite Präventionsparadoxon.

29. Mai 2020
Astrid Norton
Der Hammer und der Tanz

Astrid Norton hat einen wichtigen Job. Sie muss als Wissenschaftlerin des Gesundheitsinstituts dafür sorgen, dass die Entscheidungsträger ständig auf dem neuesten Stand aller Informationen über das neue Virus sind. Gleichsam aus dem Nichts heraus sind innerhalb kurzer Zeit Hunderte Studien und internationale Kooperationen entstanden, um Covid-19 zu erforschen, seine Funktionsweise zu entschlüsseln, seine Schwachstellen zu finden und rasch Medikamente und Impfstoffe zu entwickeln. Und beinahe täglich bringen diese Kooperationen neue Erkenntnisse, die Astrid Norton sammelt, verarbeitet, übersetzt und verständlich aufbereitet.

Die Biologin und Politologin verbindet Fachverstand mit Kommunikationsfähigkeit und der Begeisterung, sich international abzustimmen – ein wohltuender Kontrast zum Kleinklein der regionalen und nationalen Sonderwege der Politik.

Dadurch entstehen in ganz Europa unterschiedliche Handlungsansätze: In Großbritannien versucht es Boris Johnson mit Herdenimmunität. Die Folgen sind fatal, die Zahl der Todesfälle vervielfacht sich, Kritiker sprechen von Zehntausenden Menschen, die dieser Vorgangsweise zum Opfer fallen, die Strategie muss gewechselt werden. Schweden setzt zunächst auf eine weitgehende Eigenverantwortung der Bevölkerung: Empfehlungen statt Vorschriften, auch hier steigt phasenweise die Zahl der Todesfälle deutlich. Andere Länder wählen, in unterschiedlicher Ausprägung, eine Strategie, die unter der Bezeichnung »The Hammer and the Dance« bekannt ist – harte Maßnahmen bei hohen Infektionszahlen, gefolgt von raschen Öffnungsschritten. Diese Uneinheitlichkeit des Vorgehens gegen eine globale Bedrohung sorgt für Verwirrung und Verunsicherung in der Bevölkerung. Die Auswirkungen nationaler Alleingänge werden bereits zu Beginn der Krise sichtbar: Konkurrenz bei der Versorgung mit Schutzkleidung statt gemeinsamer Beschaffung am Weltmarkt, Exportverbote zwischen Mitgliedsstaaten der EU, unkoordinierte Grenzschließungen führen zu Konflikten und behindern eine effiziente Pandemiebekämpfung.

Irgendwann werden wir gefragt werden, warum wir so ungenügend vorbereitet waren, sagt Astrid Norton etwa: warum am Beginn Schutzkleidung fehlte, warum ein detaillierter Krisenplan, warum die Zusammenarbeit in Europa so schleppend vonstattenging.

Wer hätte ahnen können, dass uns jetzt eine schwere Pandemie heimsucht?, ist eine Frage, die ihr bei ihrer Arbeit immer wieder gestellt wird – auch beim heutigen Briefing für wichtige Mitarbeiterinnen und Mitarbeiter der für Corona-Fragen zuständigen Ministerien taucht sie wieder einmal auf.

Wenn ich vorsichtig korrigieren darf – das ist eine typische Astrid-Formulierung –, das stimmt einfach nicht, sagt sie dann. Wer sich mit diesen Fragen ernsthaft auseinandersetzt, der hätte seit Jahren wissen können, dass da etwas auf uns zukommt, dass »Big One«, wie die Experten seit Jahren die drohende große Pandemie nennen, nur mehr eine Frage des Zeitpunktes ist.

Was ist bekannt? Wer wusste davon, dass etwas aus China auf uns zukommt?

Nein, nicht die Details, der Zeitpunkt und die Art des Virus. Aber dass das Risiko einer Pandemie stark steigt. Immer mehr Menschen, die immer enger zusammenleben, immer stärkere Mobilität, die einen regionalen Ausbruch rasend schnell verbreitet. Dazu die Klimakrise, die durch steigende Temperaturen die Verbreitung von Erregern begünstigt, die Tierzuchtindustrie und die Zerstörung weiter Teile unserer Naturhaushalte, die die Übertragung gefährlicher Viren von Wildtieren auf den Menschen ermöglichen, weil der Puffer zwischen Mensch und Überträger beseitigt wird. Das sind globale Entwicklungen, das ist nichts Konkretes. Wo waren die Warnungen der Wissenschaft zu hören?

Überall: Die WHO, die Weltbank, die OECD und andere

haben gewarnt. Immer und immer wieder. Nur hat sie niemand gehört. Oder hören wollen. Das ist wie beim Klimaschutz: Seit fünfzig Jahren liegt alles Wissen auf dem Tisch. Nur hat es niemand für notwendig erachtet, die Maßnahmen zur Verringerung der CO_2-Emissionen durchzusetzen. Zuerst wurde jahrzehntelang gekonnt weggehört, dann versprochen, dann Aktivität vorgetäuscht, dann wurden Ziele beschlossen. Welche Maßnahmen zur Rettung notwendig wären, ist bekannt. Aber konsequent umgesetzt werden sie bis heute nicht. 1997 hat Angela Merkel, damals deutsche Umweltministerin, gefordert, es müsse rasch gehandelt werden, weil die Probleme sonst nicht mehr lösbar wären. Heute sind die Emissionen höher denn je.

Stimmt schon, aber welche Warnungen gab es vor einer Pandemie?

Astrid schlägt einen Bericht auf: Hier die Meldung von CNN vom 18. September 2019 über eine im Auftrag von WHO und Weltbank erstellte Analyse:[18] Die nächste Pandemie kann bis zu achtzig Millionen Menschenleben kosten, weil das Risiko steigt und weil die Vorbereitung auf eine derartige Krise nicht existiert. Darin heißt es: »Die Vorbereitung auf eine schwere Pandemie muss zentraler Teil der nationalen und globalen Sicherheitspolitik werden.« Und: »Die Wahrscheinlichkeit einer globalen Pandemie steigt – und wir alle sind gefährlich schlecht vorbereitet.« Und im Bericht selbst heißt es: »Die Welt ist nicht vorbereitet auf eine sich schnell ausbreitende, virulente pandemische Atemwegserkrankung. Zusätzlich zu den tragischen Sterblichkeitsraten könnte eine solche Pandemie Panik hervorrufen, die nationale Sicherheit destabilisieren und schwerwiegende Auswirkungen auf die weltweite Wirtschaft und den Handel haben.«

Das war erst vor ein paar Monaten. Astrid Norton gerät jetzt

richtig in Fahrt: Hier, eine Presseaussendung der WHO vom
13. September 2010: Die Welt muss auf das wachsende Risiko von
Pandemien vorbereitet werden und aus der Schweinegrippe für
die Zukunft lernen. Hier, die OECD, einen Monat später: Warnung vor dem steigenden Risiko von Pandemien und vor dramatischen wirtschaftlichen Folgen. Es fehlt ein globales effizi-
entes Informationssystem, es fehlen Planung und Vorbereitung
medizinischer Gegenmaßnahmen und die finanzielle Vorkeh-
rung. Als Nächstes Bill Gates im März 2015 bei einer Konferenz
in Vancouver: Wenn in den kommenden Jahrzehnten mehr als
zehn Millionen Menschen getötet werden, dann wird es höchst-
wahrscheinlich ein hochansteckendes Virus und kein Krieg
sein. Darauf müssen wir uns vorbereiten wie auf einen Krieg.[19]

Trotz all dieser Warnungen haben wir es nicht einmal geschafft, Masken und andere Schutzkleidungen einzulagern.

Astrid hat noch weitere Beispiele parat: Im Jänner 2013 wurden dem deutschen Bundestag die Ergebnisse eines Planspiels
vorgelegt, das unter Leitung des Robert-Koch-Institutes durchgeführt worden war, mit konkreten Szenarien. Es klingt un-
wirklich, aber so lautete eines davon: Ein Coronavirus namens
Modi-Sara ist auf einem Markt in Südostasien vom Wildtier
auf Menschen übergesprungen und breitet sich mit enormem
Tempo weltweit aus. Bis zur Impfung, die erst nach drei Jahren
zur Verfügung steht, drohen in diesem Worst Case unter gewissen Voraussetzungen allein in Deutschland Millionen Tote. Das
war der offizielle Bericht an den Bundestag.[20]

Und das wurde ignoriert?, fragt jemand aus der Runde.

Es gab einen kurzen Aufschrei, und dann kam schon das
nächste Thema dran.

In den USA ist es nicht anders gewesen. Im Sommer 2018 er-
schien im renommierten *Atlantic*-Magazin[21] eine präzise Ana-

lyse des steigenden Pandemierisikos. »Im Durchschnitt der letzten dreißig Jahre ist jedes Jahr irgendwo auf der Welt eine neue Infektionskrankheit ausgebrochen. Zwischen 631 000 und 827 000 unbekannte Virusarten stellen ein Risiko für den Menschen dar. Die Zahl der Ausbrüche pro Jahrzehnt hat sich seit 1980 verdreifacht.«

Beim Ausscheiden von US-Präsident Barack Obama aus dem Weißen Haus wurde der Trump-Administration ein Dokument mit dem Titel »Playbook for Early Response to High-Consequence Emerging Infections Disease Threats« übergeben. 2019 erfolgte auf dieser Basis in den USA eine Katastrophenübung unter der Annahme, Touristen hätten sich in China mit einem neuen Virus angesteckt. Das Ergebnis war ein Debakel: Überforderung, unklare Zuständigkeiten, zu wenige Masken.[22]

Geändert hat aber auch das nichts. Im Gegenteil: Von Trump wurde sogar das erfolgreiche Virus-Kontroll-Programm »Predict« beendet, mit dem Tausende Wissenschaftler spezifisch ausgebildet worden waren. Mehr noch – der damalige US-Präsident hob sogar ein Moratorium für riskante Labor-Tests auf.

Sachbücher wie »The Coming Plague« von Laurie Garrett prognostizieren die drohende Pandemie im Detail. Und 2011 fieberte ein Millionenpublikum im Hollywood-Thriller »Contagion« dabei mit, wie in China ein Virus ganz ähnlich übertragen wird und ein ganz ähnliches Krankheitsbild auslöst wie jetzt Covid-19. Der Drehbuchautor wurde übrigens von der WHO beraten. Dass die Welt trotz all dieser Warnungen und Prognosen fast ahnungslos in die Pandemie gelaufen ist, ist einer der größten Skandale in der Krise, sagt Astrid fast resignativ, und die Runde nickt.

14. August 2020
Bericht aus dem Maschinenraum

Was für ein schöner Sommer: Nach Wochen des Lockdowns scheint die Pandemie endlich einigermaßen im Griff. Wenn wir uns nur nicht täuschen, ich bleibe skeptisch.

Die Medizinerinnen und Mediziner und das Pflegepersonal in den Intensivstationen und Spitälern können ein wenig aufatmen. Patienten mit schweren Covid-Verläufen werden nur mehr selten eingeliefert. Operationen, die als nicht lebenswichtig aufgeschoben wurden, können jetzt nachgeholt werden.

Sogenannte Kollateralschäden wie die unterbliebenen Eingriffe waren und sind einer der Hauptkritikpunkte der Covid-Skeptiker: Haben die Corona-Maßnahmen nicht in Wirklichkeit mehr Schaden angerichtet als verhindert? Die Wissenschaft widerlegt dies eindeutig, stellt aber auch klar, dass aus den Erfahrungen des ersten Lockdowns und seiner »Nebenwirkungen« gelernt werden müsse. Schweden zum Beispiel sei ohne Lockdown gut durch die Pandemie gekommen, argumentieren Corona-Skeptiker. Ein kurzer Blick in die Todesstatistik widerspricht dem eindeutig.

Ein kleiner Teil der Bevölkerung will Tatsachen wie diese nicht akzeptieren und driftet in »alternative« Fakten ab. Eine Tendenz, die – ähnlich wie die Pandemie selbst – erst langsam, dann aber immer schneller um sich greift. Getragen wird sie zunächst von bereits jahrelang aktiven Verschwörungstheoretikern, verstärkt wird sie durch amtsbekannte Rechtsextremisten, aufgegriffen aber von Verunsicherten aus vielen gesellschaftlichen Schichten und Milieus.

Mein ganzes Team im Ministerium würde Corona-Zweifler am liebsten auf die Covid-Stationen der Spitäler mitnehmen und ihnen zeigen, was es heißt, um jeden Atemzug zu kämpfen. Immer und immer wieder erzähle ich deshalb von meinen Erfahrungen aus Frankreich.

Vor vier Wochen war ich auf Einladung der französischen Regierung anlässlich des französischen Nationalfeiertages in Paris und konnte dort führende Gesundheitspolitiker, den Chef der WHO und auch die Intensivabteilung im Hôpital de la Pitié-Salpêtrière im 13. Arrondissement besuchen. Massive Covid-Ausbrüche hatten zunächst im Elsass zu einer völligen Überlastung der Intensivstationen geführt und nach der Verlegung vieler Patienten nach Paris auch dort. Die Ärztinnen und Ärzte haben mir geschildert, was es bedeutet, Triagen anzuwenden, also die Auswahl treffen zu müssen, wer von lebensgefährlich erkrankten Patienten medizinisch versorgt werden kann – die wohl schwierigste Entscheidung im Berufsleben von Medizinern. Ich habe schon oft von diesem Risiko gesprochen, aber in Paris wurde mir auf erschütternde Art in allen Details berichtet, wie es ist, wenn Triagen nicht nur befürchtet werden, sondern bereits vielfach Realität waren.

Anfangs musste der diensthabende Arzt den Vorrang klären, ob das Unfallopfer, der Schlaganfallpatient oder das Covid-Opfer einen Platz auf der Intensivstation erhalten soll. Später musste auf Teamentscheidungen umgestellt werden, weil keiner mehr allein diese Bürde auf sich nehmen wollte. Ein Blick in die Gesichter der Intensivmediziner zeigte, wie erschüttert sie auch Monate später von diesen Erfahrungen waren.

Zuhause konnten Triagen durch Schutzmaßnahmen verhindert werden, hier werden lediglich Nebenwirkungen des Lockdowns sichtbar: In den Wochen der offensiven Schutzmaßnahmen im Frühling 2020 werden in den Spitälern ein Viertel weniger Herzinfarkte als normalerweise behandelt. Markant ge-

sunken sind auch die Zahlen der Schlaganfälle und der Krebs-
therapien. Das heißt aber nicht, dass die Menschen gesünder geworden wären. Es hängt offensichtlich vor allem mit der Angst
vor einer Ansteckung in den Krankenhäusern zusammen. Eine
positive Auswirkung hat der Lockdown neben der drastischen
Absenkung der Infektions- und damit Todesfälle durch Covid
aber fraglos: Die Zahl der Verkehrs- und Sportunfälle halbiert
sich. Das heißt, es gibt einerseits viele gute Entwicklungen, andererseits aber auch Fehler, aus denen wir lernen müssen. Denn
eine weitere Welle wird kommen, davon bin ich überzeugt.

Aber wie kann man dann verhindern, dass andere Erkrankungen nicht mehr ausreichend behandelt werden, weil sich die
Leute nicht ins Spital trauen, so wie jetzt? Dass Vorsorgeuntersu-
chungen ausfallen oder nicht in Anspruch genommen werden
und dadurch etwa Krebs im Frühstadium unentdeckt bleibt?
Diagnostik und Mammografie müssen unter allen Umständen
jederzeit in vollem Umfang verfügbar sein, das steht fest.

Wie kann die Krisenarbeit nach den Erfahrungen des Lockdowns optimiert werden? Darüber diskutiere ich telefonisch
mit Mitarbeiterinnen und Mitarbeitern im Gesundheitssystem.
Währenddessen sind die Spitäler damit beschäftigt, die Rück-
stände aufzuarbeiten, die durch die Überbelastung der vergangenen Monate unvermeidlich waren – eine Vielzahl von ver-
schobenen Operationen beispielsweise.

Und auch ich versuche, den Sommer dafür zu nutzen, die
vielen großen Reformprojekte in meinem Ministerium wieder anzutreiben, die im Schatten der Covid-Krise vernachläs-
sigt werden mussten – die Pflegereform, die vielen notwendigen Maßnahmen für einen besseren Schutz vor Armut, die Verbesserungen beim Tierschutz und manch anderes mehr.

20. August 2020

Kathrin Hinz

Hier kann ich endlich weinen

Nach einigen Versuchen erreicht Oberärztin Kathrin Hinz wieder einmal ihre Freundin Luisa aus der Lombardei. Diese gönnt sich nach mehreren Monaten der Katastrophe ein paar Tage an der oberen Adria – in Caorle, wo sie schon als Kind mit ihren Eltern den Sommerurlaub verbracht hat.

So schön, deine Stimme zu hören. Wie geht es dir? Was machst du, außer Vino Rosso und gutes Essen zu genießen?

Ich beginne wieder zu laufen, erzählt Luisa gut gelaunt. Ich bin einfach nur froh, dass der Wahnsinn vorbei ist. Obwohl ich, das weißt du, nicht religiös bin, gehe ich jeden Tag in die kleine Kirche Madonna dell'Angelo direkt am Meer. Meist bin ich hier allein, zünde eine Kerze an und denke daran, was wir durchgemacht haben. Und bin unendlich dankbar, dass jetzt Schluss ist mit dem Sterben. Hier kann ich endlich weinen.

28. August 2020

Astrid Norton

Zoonosen – die unbekannte Gefahr

Der August 2020 verläuft in Österreich ungewöhnlich warm und nass – aber nicht nur am Himmel ballen sich dunkle Wolken. Auch was die Pandemie betrifft, verheißt der Ausblick nichts Gutes. Der wieder angelaufene Tourismus hinterlässt wie jede verstärkte Mobilität und zunehmende Kontakte seine Spuren im Infektionsgeschehen: Ein Cluster in St. Wolfgang in Oberösterreich kann von den Gesundheitsbehörden zwar durch konsequentes Handeln recht gut eingedämmt werden, gleichzeitig bringen aber Reiserückkehrer das Virus aus dem Urlaub am Meer mit, und auch in Österreich selbst entstehen zunehmend wieder Cluster.

Für Astrid Norton endet mit dem Sommer eine etwas entspanntere Phase, in der sie sich von der enormen Doppelbelastung als Wissenschaftskoordinatorin und Mutter erholen konnte – von den turbulenten Tagen im Homeoffice mit zwei Söhnen im Alter von zehn und vier Jahren und den durchgearbeiteten Nächten.

Die vergangenen Monate waren für sie als Wissenschaftlerin eine einzigartige Zeit: Nie zuvor hat die internationale Forschungscommunity derart fokussiert und eng zusammengearbeitet, nie zuvor wurde mit Daten und Forschungsergebnissen so transparent umgegangen. Wissenschaftliche Magazine von *Lancet* bis *Nature*, von *Science* bis *Jama* leisten großartige Arbeit; Netzwerke, die plötzlich für alle zugängig waren, ermöglichen ein ganz neues Lernen. Da wurden in unzähligen Studien die Stärken und Schwachstellen des Virus untersucht, da wurden die Erkrankten und ihre Symptome analysiert, da wurde die Forschung an Medikamenten und an der Impfung in einem einzigartigen Kraftakt vorangetrieben. Aufbruchsstimmung in der Wissenschaft. Unterschiedliche Disziplinen tauschen sich – vielleicht erstmals in dieser Intensität – miteinander aus. Diese Dynamik hatte schon im Februar 2020 mit einem offen ausgeschriebenen Zoom-Call des Instituts für Biowissenschaften der Universität Kalifornien begonnen, an dem Hunderte Wissenschaftler teilnahmen – und der zum Vorbild für unzählige ähnliche Veranstaltungen wurde. Auch in der Wissenschaft gilt: Mit Zusammenarbeit sind wir stärker. Viele fragen sich, warum es dafür einer derartigen Katastrophe bedurfte.

Dass die zentralen Forschungsergebnisse auf Twitter präsentiert werden, lässt die interessierte Weltöffentlichkeit zeitnah an neuen Erkenntnissen teilhaben und macht so Millionen Menschen zu Fachexpertinnen und Fachexperten.

Das hat ungeahnte Auswirkungen. Vor der Pandemie war es der Markt gewesen, der über Forschungsschwerpunkte entschieden hatte – unter anderem mit der Folge, dass die Erforschung von mRNA-Impfungen nach vielversprechenden Anfängen unter anderem zu stagnieren begann, weil die Finanzkrise dem Forschungsbereich massiv Mittel entzogen hatte. Jetzt gibt es ein klar definiertes gemeinsames Ziel, dem ohne große Beschlüsse alles untergeordnet wird: die Menschheit von der Geisel der Seuche zu befreien.

Und die Wissenschaft bringt enorm viel weiter in diesen Tagen: Es vergeht keine Woche ohne neue Erkenntnisse. Etwa die Übertragungswege – obwohl es manche Experten und vorerst auch die Weltgesundheitsorganisation nicht wahrhaben wollen, ist inzwischen klar, dass Aerosole einen zentralen Beitrag zur Verbreitung des Virus leisten.

Für Astrid besonders spannend ist aber auch die Erforschung der Ursachen des Ausbruchs der Pandemie. Noch immer gibt es zwei Thesen. Eine Minderheit der Wissenschaftler geht davon aus, dass Covid-19 auf Fehler beim Umgang mit Coronaviren in einem Labor in Wuhan zurückgeht. Die Mehrheit und die WHO hingegen sind davon überzeugt, dass es sich um eine klassische Zoonose handelt – dass das Virus also von Fledermäusen über einen Zwischenwirt auf den Menschen übergesprungen ist, so wie es ähnlich bei den Coronaviren MERS und SARS nachgewiesen werden konnte.

Und es ist zu befürchten, dass derartige Fälle künftig vermehrt auftreten. Die Kombination von voranschreitender Klimakrise, immer schnellerer Globalisierung, exponentieller Zunahme von Reisetätigkeit und Naturzerstörung führt dazu, dass Ausbrüche neuer Epidemien und Pandemien immer wahrscheinlicher werden. Laut Schätzung der WHO sind mittlerweile rund drei Viertel aller neuen Infektionserkrankungen auf die Übertragung zwischen Tier und Mensch zurückzuführen. Dutzende Studien und Veröffentlichungen dazu hat Astrid Norton in den vergangenen Tagen und Wochen geradezu verschlungen. Heute präsentiert sie dieses Wissen vor den wichtigsten Mitarbeiterinnen und Mitarbeitern mehrerer Ministerien.

Ich habe in den vergangenen Wochen mit vielen Expertinnen und Experten gesprochen und die Literatur dazu beackert, beginnt sie. Die schlechte Nachricht: Wir sitzen hier tatsächlich auf einer Bombe.

Ich könnte es mir jetzt ganz einfach machen und auf ein großartiges Buch zu diesem Thema verweisen. Der deutsche Professor Josef Settele hat in »Die Triple-Krise«[23] alles haargenau beschrieben, aber da ihr derzeit wohl nicht die Zeit für diese 380 Seiten habt, versuche ich das Wichtigste zusammenzufassen: Settele – und das ist wirklich keine gute Nachricht – belegt, dass Klimakrise und Naturzerstörung zu Pandemien führen. Dass sich also die großen Krisen gegenseitig antreiben. Warum?

Astrid Norton blickt in müde Gesichter. Schon seit sechs Monaten stehen die meisten der Anwesenden im Dauereinsatz. Kaum Urlaub, kaum freie Wochenenden, vielfach Arbeit bis in die Nacht.

Allein bei Säugetieren und Wasservögeln schätzt die Wissenschaft die Zahl nicht identifizierter Virenarten auf 1,7 Millionen, von denen die Hälfte Menschen infizieren können. Mindestens siebzig Prozent dieser Erreger stammen von Insekten und Wirbeltieren. Und mehr als 17 Prozent aller Infektionskrankheiten sind auf den Kontakt zwischen Menschen und Wildtieren zurückzuführen, dazu gehören beispielsweise Ebola, Influenza, Schweinegrippe, Vogelgrippe und Malaria. Eine besondere Rolle kommt dabei den Flughunden, vor allem aber den Fledermäusen zu. Sie treten in großen Mengen auf, leben auf besonders engem Raum zusammen und können sehr aggressive Viren in sich tragen, gegen die sie selbst resistent sind. Aber besonders problematisch ist eine mögliche Rück-Übertragung auf das Tier und später wieder auf den Menschen. Gerade das könnte bei SARS-Covid-19 noch ein ganz großes Problem werden. Je stärker Menschen in Rückzugsgebiete der Natur vordringen, desto größer ist das Risiko, dass sie mit bisher unbekannten Viren in Kontakt kommen. Die steigende Mobilität sorgt für eine raschere Ausbreitung regionaler Ausbrüche. Und die Temperaturerhöhung durch die Klimakrise trägt dazu bei, dass Insekten als Überträger immer weiter in den Norden vordringen.

Nachhaltigkeit, Klimaschutz, Naturschutz, Schutz der Biodiversität sind daher die beste Prophylaxe gegen Covid-25 oder Covid-33, zitiert Astrid Norton eine Stellungnahme des Weltbiodiversitätsrates anlässlich der Covid-19-Pandemie.

Und sie fährt fort: Ganz vereinfacht mit meinen Worten – wenn Menschen Tag für Tag riesige Flächen von Regenwald vernichten, zerstören sie auch den Sicherheitspuffer zwischen Tier und Mensch und kommen mit unbekannten Viren in Kontakt. Es gibt einen klaren Zusammenhang zwischen der Zunahme von schweren Seuchen, der Umweltzerstörung, dem Artensterben und der zunehmenden Klimakrise, die unter anderem mit steigenden Temperaturen einhergeht. Das ist die erste Virenschleuder. Die zweite sind Wildtiermärkte in Afrika, Indien sowie Teilen Südamerikas und Asiens, in denen lebende Tiere, die sich in freier Wildbahn nicht treffen würden, unter problematischen Hygienebedingungen dicht an dicht in Käfigen gehalten werden.

Das ist aber nicht alles: Gleichzeitig treibt die Zerstörung der Regenwälder als CO_2-Speicher die Klimakrise voran. Steigende Temperaturen führen unter anderem dazu, dass sich Mücken und Zeckenarten in Regionen ansiedeln, in denen sie bisher im Winter nicht überleben konnten. Damit können neue Krankheiten etwa in Europa übertragen werden. Zum Beispiel durch die Tigermücke[24], die sich in Teilen Deutschlands, der Schweiz und Österreichs schrittweise ausbreitet. So übernehmen in Mitteleuropa Insekten zunehmend die Rolle als Infektionsüberträger. Das geht nicht schlagartig, kann aber schrittweise ernstzunehmende Probleme bringen. Zumal sich Erreger in der Mücke desto schneller vermehren, je wärmer es ist.

Und als ob das noch nicht genug wäre, könnten auch alte Seuchen zurückkehren. Benno Schwinghammer und Christian Thiele haben dies belegt: Der Klimawandel führt auch dazu, dass in Regionen, in denen Jahrmillionen Temperaturen wie in der Tiefkühltruhe geherrscht haben, die Permafrostböden im Rekordtempo auftauen.[25] Bei Bohrungen wurden bisher unbekannte Viren gefunden. Sie sterben aber schnell ab, wenn sie aufgetaut und Umwelteinflüssen ausgesetzt werden. Widerstandsfähiger und damit problematisch sind hingegen Bakterien: etwa Anthrax-Sporen, die so stabil sind, dass sie im Eis lange überdauern und später wieder Tiere und Menschen krank machen können. Eine zusätzliche Gefahr besteht darin, dass diese urzeitlichen Mikroben mit heutigen in Kontakt kommen und Erbgut austauschen.

Fragen?

Aus der Erschöpfung der Anwesenden ist Staunen geworden.

Fragen beginnen auf Astrid Norton einzuprasseln: Hält das wissenschaftlich? Ist das belegt oder umstritten?

Es ist eindeutig.

Warum ist das in der Öffentlichkeit so wenig bekannt?

Gute Frage, aber keine Ahnung. Vielleicht zu komplex, ich weiß es nicht. Eine neue Aufgabe für uns.

Haben wir bereits Belege für große Epidemien, die durch Zoonosen ausgelöst wurden?

Ja. Vermutlich die Spanische Grippe, HIV, Ebola, aber auch die Corona-Epidemien SARS und MERS, das Middle East Respiratory Syndrome. Letzteres wurde von Fledermäusen über Dromedare als Zwischenwirt auf den Menschen übertragen. Es kam zu einigen Tausend Erkrankungen, rund ein Drittel davon verliefen bisher tödlich. MERS verursacht beim Menschen schwere Atemwegserkrankungen, Lungenentzündungen und Nierenversagen, Schwerpunkt des Ausbruchs 2012 war die Arabische Halbinsel, hauptbetroffen Saudi-Arabien. Das Glück: Die Übertragung erfolgte nur sehr selten von Mensch zu Mensch.

SARS, ebenfalls ein Coronavirus, wurde nachweislich durch Marderhunde und Schleichkatzen übertragen. Auch hier geht es um den Umgang mit den Tieren. Wird ihnen zur Pelzgewinnung lebend das Fell abgezogen, stoßen sie im Todeskampf jede Menge Aerosole aus.

Nächste Frage: Was kann gegen Zoonosen unternommen werden? Denn wenn sich die großen ökologischen Krisen dynamisch mit der Gesundheitskrise multiplizieren, dann haben wir wirklich ein Problem von epochalem Ausmaß.

Astrid Norton nickt.

Klimaschutz und Artenschutz sind ein entscheidender Gesundheitsschutz für uns Menschen. Es trifft nicht irgendwen oder irgendwas, wenn wir Lebensgrundlagen zerstören, sondern den Menschen. Wir zerstören uns mit der Zerstörung der Regenwälder und Naturräume selbst. Sogar EU-Kommissionspräsidentin Von der Leyen stellt fest: »Wenn wir nicht dringend handeln, um unsere Natur zu schützen, stehen wir vielleicht schon am Anfang einer Ära von Pandemien.«[26]

Settele hat mir im Übrigen erzählt, dass er und seine Kollegen bereits 2010 darauf hingewiesen haben, dass Naturzerstörung zu Epidemien und Pandemien führen werde. Bis 2012 verfassten sie Aufsätze und wissenschaftliche Analysen. Nachdem sie niemand hören wollte, entwarfen sie ein Szenario über eine Pandemie, die außer Kontrolle gerät. Verschämt sprachen sie damals selbst von einem Hollywood-Thriller. Heute erleben wir ihn in echt. Und es ist kein Thriller, sondern tödliche Realität.

Jemand aus der Runde ergänzt: Auch der Tierschutz ist dabei ein großes Thema. Denkt doch nur an die Pelztierzucht und daran, was in den vergangenen Wochen in Dänemark passiert ist. Insgesamt ist es international laut Deutschem Tierschutzbund auf vierhundert Pelztierfarmen zu Covid-Ausbrüchen gekommen, allein in Dänemark mussten 17 Millionen Nerze getötet und verbrannt oder vergraben werden. Die Pelztierindustrie muss europaweit gestoppt werden. Das bringt mehr Sicherheit, mehr Gesundheit und mehr Tierschutz.

Insgesamt haben wir durch die aufgezeigte Multiplizierung von Risiken nicht nur eine echte Zeitbombe, sondern auch ein Zusatzargument für die existenzielle Notwendigkeit von Klimaschutz und Biodiversität, fasst Astrid Norton zusammen. Wir müssen also auch beim Klimaschutz endlich aufhören, nur zu reden und Ziele zu beschließen – und stattdessen anfangen, etwas zu tun. Sonst könnte dieser Pandemie rasch die nächste folgen, vielleicht mit noch verheerenderen Wirkungen. Das

müssen wir bekannt machen, darüber müssen wir informieren.
Und darauf müssen wir auch unser Gesundheitssystem in allen
Bereichen einstellen.

9. September 2020
Bericht aus dem Maschinenraum

Ich freue mich auf die heutige Sitzung des Expertenbeirats, auf
dessen Einschätzung ich seit Beginn der Krise bei meiner Arbeit sehr stark vertraue. Ich erinnere mich an die erste Akutsit-
zung im Februar im Gesundheitsministerium. Starke, kompetente Persönlichkeiten, die ihre langjährigen Erfahrungen mit
den ersten Informationen über das neue Coronavirus vereinten
und mir ihre Einschätzung präsentierten. Alle zwei Wochen
konferiere ich nun meist per Online-Schaltung mit 17 Wissenschaftlerinnen und Wissenschaftlern aus verschiedenen Fach-
richtungen von der Virologie bis zur Kinderpsychiatrie, die
heute in den kleinen Sitzungsraum des Ministerkabinetts zugeschaltet sind.

In den folgenden achtzig Minuten hole ich ihre Meinung
zur aktuellen Infektionslage ein. Die Expertinnen und Experten sehen wieder steigende Zahlen. Grundsätzlich herrscht jedoch keine Alarmstimmung, allerdings wird erwartet, dass die
Zahl der Infektionen weiter deutlich steigen wird. Die Experten geben aber zu bedenken, dass derzeit viel mehr getestet werde und daher die Zahlen nicht mit jenen des Frühlings vergleichbar seien. Sie erwarten außerdem, dass sich die Influen-
za-Welle heuer verspäten und wesentlich schwächer ausfallen
wird. Problematisch sehen die Berater die Stimmung in der Bevölkerung: Der Mindestabstand werde teilweise nicht eingehal-

ten, vielfach fehle Verständnis für die Notwendigkeit der wieder vorgeschriebenen Schutzmasken, teilweise herrsche das Gefühl, es hätte die Pandemie nie gegeben, viele befinden sich mental noch in sorgloser Urlaubsstimmung.

In einem ist sich der Fachbeirat vollkommen einig: Die Corona-Ampel ist sinnvoll, ihre Einführung wird begrüßt.

12. Oktober 2020
Andrea
Es hört nicht auf

Es gibt keine guten Tage mehr: Sieben Monate ist es jetzt her, dass bei Andrea die ersten Symptome aufgetreten sind, seither wird sie unaufhörlich von Beschwerden geplagt. Tinnitus. Kopfweh. Muskelschmerzen. Selten, aber immer wieder, Gedächtnislücken und Ausfälle mitten im Gespräch – »Hirnnebel« nennt Andrea diese Zustände für sich selbst, »Brain Fog« heißen sie in der Fachsprache.

Der Geschmack- und Geruchssinn sind immer noch nicht völlig zurück, manches schmeckt sie gar nicht mehr, anderes anders. Ingwer und Knoblauch hat sie immer gerne gemocht, jetzt ekelt ihr davor. Auf leichte Fortschritte folgen Rückschläge, ein Weg, der nicht enden, an den sie sich aber auch nicht gewöhnen will. Was ist los mit mir? Das bin nicht ich, ich bin nicht mehr die, die ich kenne!

Die Ärzte sind ratlos, viele haben noch nicht erkannt, dass sich hier ein neues Krankheitsbild manifestiert: Long Covid, die Langzeitfolgen einer Covid-19-Erkrankung.

Seit März ist Andrea nun bereits im Krankenstand. Niemand macht ihr Vorwürfe, aber sie spürt, dass in ihrer Umgebung

Zweifel aufkommen, wenn auch niemand darüber redet. Im August reicht es ihr. Sie ist Sportlerin, und Sport wird sie heilen: eine Rosskur, wie das ihre Eltern nennen. Im Fitnesscenter, das seit längerer Zeit wieder offen ist, beginnt Andrea vorsichtig mit Übungen an ihren Lieblingsgeräten. Langsam, vorsichtig, das Herz, den Kreislauf, die Muskeln an das Früher erinnern. Ich will stolz sein auf meinen Körper, nicht angefressen. Es ist schwierig, aber es fühlt sich gut an.

In der Nacht der Rückfall: Fieber, Husten, Druck auf der Brust. Wie damals am 10. März, als die Krankheit sie erfasst hat. Verzweiflung: Nein, nicht wieder alles von vorne, ich will nicht mehr! Fast alles wie damals: Wieder Anruf beim Ärztenotdienst, wieder Männer im Schutzanzug, wieder ein Gespräch mit einem Mediziner, der freundlich ist, kompetent, dessen Augen aber hinter dem Schutzvisier nicht zu erkennen sind. Die ungläubige Frage: Sie sind seit sieben Monaten in diesem Zustand?

Andrea erzählt ihre Geschichte im Zeitraffer. Atemlos.

So schrecklich dieser Rückschlag ist, er bringt auch Fortschritte. Der Arzt vermittelt ihr die Teilnahme an einer Studie über mögliche Langzeitfolgen von Covid-19. Im Oktober wird eine ausklingende Herzmuskelentzündung diagnostiziert. Im Jänner, nach fast einem Jahr, folgt nach der Konsultation eines Neurologen die Diagnose: Long Covid.

Das bringt zumindest Klarheit. Damit ist Andrea nicht allein. Einer der wichtigsten Wendepunkte für sie kommt, als sie auf Facebook die »Long Covid Support Group« entdeckt. Tausende erzählen hier und auf ähnlichen Seiten dieselbe Geschichte – Geruchsverlust, Geschmacksverlust, Tinnitus, Energielosigkeit, Müdigkeit – ein Erkrankungsbild, das die Betroffenen anscheinend nicht mehr los lässt.

Auf einer dieser Seiten entdeckt Andrea die Einträge von Miriam, die in ihrer Nähe lebt und ihren Job verloren hat, weil ihre Long-Covid-Symptome nicht als das erkannt wurden, was sie sind. Die beiden freunden sich an, sie sind nicht mehr allein mit der Krankheit. Gemeinsam gründen Andrea und Miriam eine regionale Selbsthilfegruppe für Betroffene. Es ist der Beginn einer großen Veränderung.

16. Oktober 2020
Bericht aus dem Maschinenraum

Seit dem Start der neuen Risikobewertung durch die Ampel Anfang September halte ich jeden Freitagmorgen eine Videokonferenz mit den Verantwortlichen aller Bezirke ab, in denen die vierfärbige Corona-Ampel nicht mehr auf Grün steht und damit eine erhöhte Risikolage vorliegt. Die Fachleute meines Ministeriums haben in den Sommermonaten die Zeit genutzt und ein tolles Ampelsystem entworfen: zuerst Kriterien festgelegt, um regionale Covid-19-Risiken zu bewerten – und zweitens einen Katalog von Maßnahmen entworfen, die abhängig von der Gefahrenlage verbindlich umzusetzen sind, um die Infektionszahlen wieder abzusenken. Verschlechtert sich die Risikobewertung und schaltet die Ampel zum Beispiel in einem Bezirk von Grün auf Gelb, dann treten dort für verschiedene Bereiche wie etwa Veranstaltungen, Gastronomie und Handel automatisch die für Gelb vorgesehenen, strengeren Schutzmaßnahmen in Kraft. Die Risikoanalyse funktioniert hervorragend, erstmals bekommen wir damit eine wöchentlich aktualisierte und regionalisierte Bewertung, die weit über die Infektionszahlen hinausgeht. Das ist in dieser Form Goldstandard in Europa.

Meine Forderung, dass die aus den erhöhten Risikostufen abgeleiteten Schutzmaßnahmen verbindlich gelten sollen, gleichsam also automatisiert bei Überschreitung der Risikostufen umgesetzt werden müssen, findet allerdings keine Unterstützung bei einzelnen Landeshauptleuten und beim Bundeskanzler. Er meint, die Politik müsse weiter selbständig entscheiden können. Damit bin ich auf den Goodwill der Bezirke angewiesen und fühle mich wie Sisyphos. Und schon bei der ersten Gelbschaltung toben einzelne Betroffene, etwa der Bürgermeister von Linz und der Landeshauptmann von Oberösterreich. Gibt es eine Alternative zur Freiwilligkeit der Maßnahmen? Die einzige Möglichkeit wäre die öffentliche Konfrontation mit dem Kanzler, in der Sache würde das aufgrund des Konsensprinzips bei Verordnungen innerhalb der Regierung nichts verbessern und die Bevölkerung weiter verunsichern, wenn offener Streit in der Regierung über den richtigen Kurs ausgetragen wird. Die Bezirkshauptleute sind froh über die wöchentliche Gesprächsrunde und versuchen das Ihre, um die Infektionszahlen in ihren Regionen so niedrig wie möglich zu halten. Sorge bereitet auch ihnen das mangelnde Risikobewusstsein eines Teils der Bevölkerung. Alle berichten davon, dass viele nach wie vor in Urlaubsstimmung zu sein scheinen, und das mitten im Herbst. Die Pandemie, meinen zu viele in der Bevölkerung, sei vorbei. Wir haben es also offensichtlich nicht geschafft, der gesamten Bevölkerung klarzumachen, dass die Lage nach einem entspannten Sommer jetzt wieder ernst ist: Sinken die Temperaturen, steigt gleichzeitig das Risiko. Aber wer will das schon hören?

29. Oktober 2020
Bericht aus dem Maschinenraum

Wie jede Woche auch heute Videokonferenz mit den Gesundheitslandesräten der Bundesländer. In den vergangenen Monaten hat sich eine sehr gute Teamarbeit herausgebildet: Höchst unterschiedliche Persönlichkeiten aus drei verschiedenen Parteien, alle ehrlich engagiert. Eineinhalb Stunden lang informiere ich über den Stand der Dinge und die geplanten Maßnahmen. Vice versa lasse ich mir über die Situation in den Ländern berichten. Anschließend wird beraten, welche Schritte wir zusätzlich brauchen und wo Verbesserungen erforderlich sind. Diesmal ist die Stimmung angespannt, in den vergangenen Tagen sind die Infektionszahlen nach einem Kälteeinbruch in ganz Österreich sprunghaft angestiegen. Die Prognoserechnungen hatten das in dieser Intensität nicht angekündigt.

Wir besprechen, wo die Abläufe nicht gut genug funktionieren, und ich weise darauf hin, dass es in mehreren Bundesländern zu lange dauert, bis festgestellt wird, mit wem Infizierte engen Kontakt hatten. Derzeit dauert das Kontaktpersonenmanagement vielfach mehrere Tage bis zu einer Woche, und das ist inakzeptabel. Seit August habe ich die Landeshauptleute immer wieder – auch bei direkten Telefonaten – nachdrücklich darum gebeten, in Digitalisierung zu investieren und deutlich mehr Mitarbeiter einzustellen, um das Contact Tracing zu beschleunigen – also die Suche nach Personen, die mit einem Infizierten in Kontakt waren und sich möglicherweise selbst angesteckt haben. Werden diese nicht rasch gefunden und informiert, können sie das Virus unwissend und ungebremst an viele andere weitergeben. Schnelles Contact Tracing ist ein Schlüssel zur Bekämpfung der Pandemie. Ich kündige den Landesräten an, dass es schriftliche Abfragen bei den Landeshauptleuten geben werde, um festzustellen, wie viele Mitarbeiter das jeweilige Bundesland für das Contact Tracing einsetzt und wie lange dieses jeweils dauert. Ich habe es satt, von einigen Landeshauptleuten mit immer neuen Versprechungen vertröstet zu werden. Wenn das Contact Tracing nicht funktioniert, haben wir ein echtes Problem mit der gesamten Pandemiebekämpfung. Das muss sich ändern, und zwar bei allen, nicht nur einigen wenigen, die vorbildlich handeln!

Schließlich widmen wir uns dem Schutz der Bewohner von Alten- und Pflegeheimen, der Gruppe mit dem höchsten Risiko. Auch der fiele de jure in die Zuständigkeit der Länder, die ihn jedoch unterschiedlich streng handhaben. Aber auch hier hat das Gesundheitsministerium in Zusammenarbeit mit den Trägerorganisationen konkrete Vorschriften für Testungen, Schutzmasken und Besuchsbeschränkungen erlassen, die von den Ländern kontrolliert und durchgesetzt werden müssen.

3. November 2020

Astrid Norton

Nichts gelernt

Forscherin Astrid Norton bringt Neuigkeiten. Internationale Medien berichten über eine in den *Annuals of International Medicine* erschienene Studie[27], welche Schutzmaßnahmen bei Seuchen in der Vergangenheit funktioniert haben und wie Pandemien verlaufen sind. Knapp zusammengefasst zeigt sich, dass Gesellschaften, die gut durch die erste Welle gekommen sind, häufig von einer zweiten und allenfalls dritten oder vierten Welle dramatisch getroffen werden. Unterschätzung der Gefahr, Seuchenmüdigkeit, fehlende Disziplin, politischer Populismus – diese Muster wiederholen sich.

International gibt es wenige Aufzeichnungen über regionale Verläufe historischer Pandemien. Ausnahmen sind die Spanische Grippe in der Region Bern und in 43 US-Städten.

Wer ihre Geschichte Revue passieren lässt, erlebt ein schmerzliches Déjà-vu: Nach dem Ende des Ersten Weltkriegs wollten sich Bevölkerung und Politik ihr Leben nicht von einer Krankheit diktieren lassen. Mächtige Wirtschaftslobbys übten Druck aus, Regierungen delegierten die Entscheidung über Maßnahmen in die Regionen – das kommt einem bekannt vor. Es gibt weitere Parallelen zur Gegenwart: Damals wie heute baute sich die zweite Welle Anfang Oktober auf. In Bern wurden im September 1918 nach erfolgreichen Schutzmaßnahmen und dem Abflauen der ersten Welle alle behördlichen Maßnahmen gestrichen – im Irrglauben, dass die Pandemie vorbei sei. Ein steiler Anstieg der Infektionszahlen war die Folge. Achtzig Prozent der Erkrankungen und Todesfälle erfolgten in dieser Phase.

In Philadelphia führte eine liberale Politik dazu, dass die Sterblichkeit äußerst hoch war. Ein Symbol dafür war die Genehmigung der Parade vom September 1918 mit über 200 000 Menschen. Drei Tage später waren die Spitäler überfüllt, nach sechs Tagen wurden 45 000 Infizierte gezählt, nach weiteren sechs Wochen 12 000 Tote. In St. Louis hingegen wurden Schulen, Geschäfte und Theater rasch geschlossen und Gottesdienste verboten. Wenige Todesfälle und eine schnelle wirtschaftliche Erholung waren die Folge. Wörtlich heißt es in der Studie: »Die Analyse der Spanischen Grippe zeigt, im Pandemiefall können zögerliche Reaktionen und ein dezentrales Vorgehen der Behörden zu Beginn einer Folgewelle dazu führen, dass diese stärker ausfällt, länger dauert und fataler endet.«

4. November 2020
Bericht aus dem Maschinenraum

Aufgrund der hohen Infektionszahlen halten wir den heutigen Ministerrat online ab. Auch diese Woche informiere ich meine Kolleginnen und Kollegen aus den anderen Ressorts über die Entwicklungen. Bundeskanzler Kurz gibt seine Einschätzung ab. Wir kommen zum gleichen Ergebnis und wollen alles unternehmen, um wieder Krisenbewusstsein in der gesamten Bevölkerung zu schaffen und die aktuelle Corona-Welle zu brechen oder zumindest abzuflachen. Daher ist seit gestern ein neuerlicher Lockdown rechtsverbindlich, der im Vergleich zum ersten im März allerdings weniger hart ausfällt. Beispielsweise gibt es keine ganztägigen Ausgangsbeschränkungen.

Im Unterschied zu den vergangenen Wochen funktioniert die Zusammenarbeit mit dem Bundeskanzler wieder ganz gut. Für mich bedeutet die Arbeit in der Koalition, einerseits die Verantwortung zu tragen, andererseits aber immer auf den Regierungspartner angewiesen zu sein, wenn es darum geht, erforderliche Schritte durch Verordnungen umzusetzen, weil Einvernehmen verankert ist. Ohne ÖVP keine Verordnung für strengere Schutzmaßnahmen. Rasche Entscheidungen zu treffen ist in diesem System oft schwierig, bei Uneinigkeit verzögert dies die Bekämpfung der Pandemie.

10. November 2020
Maria
Ein Albtraum

Erdbeeren! Tatsächlich Erdbeeren.

In diesem besonderen Operationsraum für Kinder wird ein fruchtiger Geruch in die Narkosemaske gezaubert, kündigt der Anästhesist an. Sind Erdbeeren okay? Maria nickt, sagt aber, dass sie nichts riechen und nichts schmecken kann. Doch jetzt hat sie tatsächlich den Duft von Erdbeeren in der Nase. Aber nur für einen Moment, denn schon verschwimmen die bunten Bilder an den Wänden, und sie fällt für sechs Stunden in einen tiefen Schlaf.

Knapp sechs Wochen sind seit ihrer Covid-19-Infektion vergangen. Ein sechs Wochen langer Albtraum, der sie immer weiter in die Dunkelheit führt. Zuerst denkst du, dass es dich jetzt hart getroffen hat. Tags darauf wird es noch schlimmer. Und am nächsten Tag noch einmal, als würde das Unglück nie enden.

Anfang September findet die Jahreshauptversammlung von Marias Sozialverein statt. Online, nur das Leitungsteam ist persönlich zugegen, unter Einhaltung aller Vorsichtsmaßnahmen: Mindestabstand, FFP2-Masken, regelmäßiges Lüften. Gegen Ende der Beratungen eine Alarm-SMS auf ihrem iPhone. Sie öffnet die Push-Meldung: Die Lebensgefährtin eines Mitglieds des Vereinsvorstandes wurde positiv getestet. Die anwesenden Mitglieder begeben sich sofort in Selbstisolation. Drei Tage später liegt das Testergebnis des betroffenen Vorstandsmitglieds vor: positiv.

Weitere drei Tage später bemerkt auch Maria erste Symptome. Sie fühlt sich schlapp, die Köpertemperatur steigt auf 37,5 Grad. Mit dem Auto fährt sie zur nächsten Teststraße. Zwei Tage später kommt das positive Ergebnis. Wie ist das möglich? Sie hatte sämtliche Schutzbestimmungen konsequent eingehalten.

Die Müdigkeit nimmt zu, die Treppe hinauf ins Schlafzimmer wird zum schier unüberwindlichen Hindernis, zwei Tage mit mehr als vierzig Grad Fieber ziehen wie in Trance vorbei. Maria ist froh, dass sich ihre Familie um sie kümmert, macht sich aber Sorgen, ihre Angehörigen anzustecken. Das Radio läuft ununterbrochen, Stille kann sie nicht ertragen. Als eine Covid-19-Patientin berichtet, dass sie nicht in der Lage sei, Essig zu riechen, wankt Maria ins Erdgeschoss ihres kleinen Hauses und schnuppert an der Flasche: nichts!

Nachts träumt sie von Gerüchen: ihr Mann, die gewaschenen Haare ihres Sohnes, frischgekochte Speisen im Haus ihrer Mutter. Glücksgefühle aus der Vergangenheit. In den Folgetagen gelingt es ihr durch fiebersenkende Medikamente, wieder etwas klarer zu werden. Dann bemerkt sie, dass sie auch den Geschmacksinn verloren hat. Soll sie, die Genießerin, das Leben nicht mehr schmecken können?

Nach 23 Tagen in Quarantäne mit Mann und den beiden Kindern fühlt sie sich besser, fit sogar. Was für ein Glück: Niemanden angesteckt, Covid-19 überstanden, das Leben kann weitergehen, die verlorengegangenen Sinne werden bald zurückkehren. Der Glaube versetzt Berge, lautete einst der Lieblingsspruch ihrer Großmutter. Jetzt kann sie auch die jährlich fix terminisierte Vorsorgeuntersuchung wahrnehmen.

Dann der Schock: Bei der Vorsorgeuntersuchung entdeckt die Gynäkologin ein Gewächs in Marias Eierstöcken. Sollte es Krebs sein, müsste sofort operiert werden. Derzeit sei dies nicht möglich, warnt die Gynäkologin: Aufgrund der Covid-Patienten stehen keine Intensivbetten zur Verfügung. Die Zeit, bis die Gewebeprobe analysiert ist, wird zur Nervenfolter, das Ergebnis zur Hiobsbotschaft: Eierstockkrebs. Es geht um jeden Tag. Aber ohne Intensivbett keine rettende Operation.

Die Gedanken rasen durch Marias Kopf. Hat sie Covid-19 überlebt, um jetzt indirekt daran zu sterben? Die Ungewissheit, die Unsicherheit lassen sie beim Warten in der Klinik verzweifeln. Eine längere Verzögerung der lebensnotwendigen Operation könnte sich katastrophal auswirken. Jeder Tag ist ein Tag der Hoffnung auf ein Intensivbett. Und jeder Tag bringt eine Enttäuschung. Noch dazu sind ihre Liebsten nicht da, um ihre Hand zu halten, sie zu trösten, ihr Mut zuzusprechen. Maria hat zwar kein Covid mehr, das Krankenhaus lässt aus Sicherheitsgründen aber keine Besuche zu. Die Ärztinnen unternehmen alles, um Notoperationen durchführen zu können. Alle Nicht-Covid-Fälle werden in der Gynäkologischen Abteilung zusammengezogen, alle Eingriffe an Nicht-Covid-Notfällen im Operationsraum für Kinder durchgeführt. Endlich! Maria wird sechs Tage später unter bunten Wandbildern auf die Operation vorbereitet, es ist gelungen, einen Slot für ihre Operation zu finden.

Als alles vorbei ist, erhält ihr Lebensgefährte eine Sondergenehmigung, sie für eine Stunde zu besuchen. Es ist der Anfang eines viele Monate dauernden Weges zurück ins Leben. Mit zahllosen Untersuchungen und Chemotherapie. Maria kämpft sich zurück. Langsam wird es wieder gut.

11. November 2020

Bericht aus dem Maschinenraum

Der Bundeskanzler und ich informieren den Ministerrat über die rapide Entwicklung der Infektionszahlen. Der Lockdown vom 3. November zeigt keine ausreichende Wirkung. Bei der folgenden Besprechung sind wir uns einig: Wir müssen die Notbremse ziehen. Ab 17. November wird ein harter Lockdown mit Ausgangsbeschränkungen wie im März in Kraft treten. Und wir müssen öffentlich aufzeigen, was passiert, wenn die Dinge so weiterlaufen und uns die Trendwende trotz allem nicht gelingt. Wir hoffen darauf, dass die Intensivmediziner, die nun stark auf die dramatische Lage in den Spitälern und die drohenden Triagen aufmerksam machen, gehört werden und wieder ein Ruck durch die Bevölkerung geht. Bisher war die Thematisierung der negativen Entwicklung und die Warnung vor schweren Folgen immer ausreichend für einen ersten Beginn einer Trendwende.

13. November 2020

Bericht aus dem Maschinenraum

Draußen vor den Fenstern skandieren Demonstranten Parolen gegen die Corona-Maßnahmen. Gegen Masken, gegen Impfung, gegen die Diktatur – tatsächlich: Sie schreien »Diktatur«. Es sind deutlich weniger Teilnehmer gekommen als die angekündigten dreißigtausend. Dennoch ist der Lärm ohrenbetäubend. Zur gleichen Zeit verkündet nicht einmal hundert Meter entfernt die Bundesregierung neue Schutzmaßnahmen, da erste Verschärfungen keine Verbesserungen gebracht haben.

Ausgerechnet heute wird ein neuer Rekord an Infektionen gemeldet – internationale Nachrichtenagenturen sprechen von den höchsten Zahlen auf dem Kontinent, und für diesen Tag stimmt das auch.

Fraglos befindet sich Europa inmitten der zweiten Welle. Es infizieren sich täglich fast zehnmal so viele Menschen wie am Beginn des ersten Lockdowns. Tendenz steigend. Zuvor wurden der Regierung Prognosen vorgelegt, die eine dramatische Überlastung der Intensivstationen und einen drohenden Zusammenbruch des Gesundheitssystems bis Weihnachten befürchten lassen. Ein neuerlicher Lockdown ist unabwendbar: Wieder ist es ein Wettlauf mit der Zeit, um die intensivmedizinische Betreuung sicherzustellen. Die schrittweise Öffnung im Frühling, die sogenannte Normalität im Sommer, die Warnung der Experten vor der Eile, der Optimismus trotz allem – wenige wollten wahrhaben, dass die Entspannung der vergangenen Monate nicht das Ende der Pandemie war, sondern nur eine Atempause zwischendurch.

Und dann hat einiges nicht funktioniert: Die intensive Testung von Reiserückkehrern und die Wiedereinführung der Schutzmasken-Pflicht verzögern die Ausbreitung der Infektionen, können sie aber nicht verhindern. Die Prognoserechnungen haben im September keinen Anlass gegeben, Alarm zu schlagen. Das System der Corona-Ampel hat nicht gegriffen wie gehofft – wenn Maßnahmen unverbindlich sind und über ihre Umsetzung regional entschieden wird, funktionieren sie offensichtlich nicht ausreichend. Die schnell sinkenden Temperaturen und der damit verbundene Aufenthalt in geschlossenen Räumen erhöhen das Risiko sprunghaft. Und die Stimmung in Teilen der Bevölkerung ist schlecht: Viele Menschen sind verunsichert und glauben nicht mehr an die Notwendigkeit der Schutzmaßnahmen, viele wollen nicht mehr, und das immer lautere Hintergrundrauschen von Fake News zeigt erste Wirkung.

Verschwörungstheorien werden verbreitet, manche sogenannte soziale Medien bilden dafür die ideale Plattform: Die Pandemie sei eine »Plandemie«, ein von Eliten ersonnener Geheimplan, um die Gesellschaft zu dominieren und ein weltweites Schreckensregime zu errichten, heißt es beispielsweise; Covid-19 existiere gar nicht oder sei nicht gefährlicher als die Grippe; Bill Gates wolle den Menschen durch Tests und später bei der Impfung Chips implantieren und sie damit manipulieren. Es finden sich zig Millionen Menschen in Europa, die solchen Gedanken etwas abgewinnen können. Andere tun sich wie schon seit Beginn der Pandemie damit hervor, das Virus öffentlichkeitswirksam kleinzureden, darunter sogar Ärzte und angebliche Wissenschaftler, die als selbsternannte Experten agieren. Dabei gibt es keinerlei Zweifel, dass die zweite Welle längst da ist.

Es geschieht, was nicht hätte geschehen dürfen: Die Regierung und viele Fachleute werden ab Mitte Oktober von der explosionsartigen Zunahme der Infektionszahlen überrascht. Und erst jetzt wird mühsam die Notbremse gezogen, nachdem die erste, sanftere Bremsung vor zwei Wochen wenig Wirkung gebracht hat.

Auf den Intensivstationen der Spitäler wird es eng. Die Nervosität schlägt sich auf die Stimmung im Land, Demagogen der extremen Rechten und Corona-Leugner wittern ihre Chance und finden Mitläufer aus unterschiedlichen Richtungen. Erste Demonstrationen gegen die Coronavirus-Maßnahmen finden statt, zuerst in den Bundesländern. Die Gewaltphantasien der Biedermänner und -frauen scheinen ein Ventil gefunden zu haben. Bei Kundgebungen der Corona-Leugner wird meine Wohnadresse bekanntgegeben: »Wir wissen, wo du bist.«

Eine erste Morddrohung eines Unternehmers, der um seine wirtschaftliche Existenz fürchtet, folgt. Der Verfassungsschutz hebt die Daten des Absenders rasch aus. Ich entschließe mich dazu, mit ihm zu telefonieren. Ich möchte verstehen, wie und warum Menschen dazu kommen, mit einem Anschlag zu drohen. Nach einer halben Stunde Gespräch entschuldigt er sich, verspricht, den Unsinn in Zukunft zu lassen und friedlich zu bleiben, und ich verzichte auf rechtliche Schritte.

Aber es hört nicht auf, die Stimmung wird aggressiver, manche E-Mails und Postings strotzen vor Beschimpfungen und Gewalt. Als sich auch die Morddrohungen häufen und auf Facebook etwa dazu aufgerufen wird, eine Pistole für mich zu kaufen, beendet ein intensiver Personenschutz meine Bewegungsfreiheit. Keine Gespräche mehr mit Passanten, Dienstwagen statt U-Bahn, Abschottung statt Nähe, Personenschutz auf allen Wegen, das ist meine neue Lebensrealität. Der Verfassungsschutz arbeitet ausgezeichnet, versucht, möglichst unsichtbar zu sein. Ich versuche, ruhig zu bleiben. Wer bellt, beißt nicht. Ich verzichte in einigen Bereichen, etwa bei der Morgenrunde mit Agur, auf den Personenschutz. Aber als ich eines Abends in der Dunkelheit durch einen Kordon von Demonstranten zu meinem Dienstwagen muss, gelingt es mir nur knapp, vor der brüllenden Menge die Wagentür zu schließen. So eine Schande, du bist auf der Flucht vor den Menschen! Einigkeit in der Gesellschaft im Frühling – und jetzt? Binnen eines halben Jahres ist die Aggressivität allgegenwärtig geworden, verstärkt durch sogenannte soziale Medien, durch Anwürfe von Rechtsaußen, durch Verschwörungsphantasien. Wie immer geht auch jetzt die Bedrohung von einer Minderheit aus, die es aber schafft, nach und nach die Mehrheit zu verunsichern. Umso mehr, je länger die Pandemie andauert.

Auch bei vielen besorgten Menschen steigen die Ängste mit jedem Tag. Die Vorwürfe werden immer persönlicher: Warum hast du nicht früher gehandelt, warum müssen so viele Menschen sterben? Ein Promi macht mich öffentlich für den Tod einer Verwandten verantwortlich.

Bereits Monate vor Ausbruch der Pandemie hat der australische Psychologe Steven Taylor einen prophetischen Gedanken formuliert[28]: Die nächste Pandemie sei die erste im Zeitalter der weltweiten Vernetzung. Und das bedeute, dass auf jeden Einzelnen tagtäglich ein Bombardement an widersprüchlichen und schwer überprüfbaren Informationen niedergehen und ihn und sie zutiefst verunsichern werde – Verharmlosungen und Übertreibungen, Horrorszenarien und unrealistischer Optimismus, bösartige Falschinformationen und gutgemeinter Unsinn.

In der Gesellschaft beginnt es aus den unterschiedlichsten Ursachen immer stärker zu brodeln. Ich hätte wegen verspäteter und nicht ausreichender Schutzmaßnahmen Zehntausende Tote zu verantworten, schreiben einige. Ich würde durch völlig überzogene Maßnahmen Schuld an der sogenannten Corona-Diktatur tragen, schreien andere. Persönliche Angriffe, Diffamierungen, lautstark ausgetragener Streit im Parlament und auf den Straßen sind keine Ausnahme mehr, sondern Alltag. Fraktionen wie die FPÖ in Österreich oder die AfD in Deutschland werden zu Echoräumen für Teile der Bevölkerung und versuchen, die Krise für sich zu nutzen, die Ängste von Menschen für ihren politischen Profit zu instrumentalisieren. Mit dem Zusammenhalt, der das Land vor kurzem noch zum Erfolg gegen die Pandemie verholfen hat, ist es vorbei. Nun regiert die Spaltung, und sie ist der beste Verbündete des Virus.

Ich versuche, mit noch mehr Engagement gegenzusteuern. Es ist nicht leicht: Aus der Kommunikation auf Twitter ziehe ich mich nach heftigen Anfeindungen zurück, an eine gemeinsame politische Linie zu denken ist angesichts der Stimmung im Land ohnehin aussichtslos. Und jene Experten, die bis zuletzt die Pandemie verharmlost haben? Die von viel zu hohen Kollateralschäden durch die Schutzmaßnahmen schwadronierten? Die Inzidenzzahlen mit der Behauptung kleinredeten, es handle sich dabei um einen »Testtsunami«? Jetzt schweigen sie.

Nach der Pressekonferenz, bei der der zweite Lockdown angekündigt wurde, lasse ich mich auf dem Weg zum Bahnhof durch die Stadt chauffieren, vorbei an wütenden Demonstranten. Eine bunte Mischung: auf der einen Seite viele junge, ganz normale Leute, Alternative und Esoterikerinnen, aber auch rechtsextreme Glatzköpfe, auf der anderen Gegendemonstranten. Dazwischen sichtbar überforderte Polizisten. Die Spaltung ist vollzogen. Aber so wird das Land keine Chance gegen die Pandemie haben. Je stärker polarisiert und verunsichert die Gesellschaft ist, desto länger der Bremsweg nach dem Erlassen von Schutzmaßnahmen. Was im März nur wenige Tage dauerte, wird nun viel länger brauchen, um Wirkung zu zeigen und eine Trendwende bei den Infektionszahlen zu bringen.

Ich reiße mich zusammen: Gerade jetzt braucht es einen klaren Blick. Ich muss mich konzentrieren, Hoffnung und Ruhe ausstrahlen, das sind meine Stärken. Auch wenn ich tief drinnen zunehmend verunsichert bin. Weiter so wie bisher geht nicht.

Am Mobiltelefon meldet sich die zuständige EU-Kommissarin. Sie ist in Sorge über die Entwicklung in der gesamten EU und spricht mir auf freundliche, höfliche Art Mut zu. Unterstützung in Form von Vorschlägen für eine gemeinsame europäische Vorgangsweise hat aber auch sie nicht zu bieten. Die EU begleitet die Krise, mehr nicht, und das ist meiner Meinung nach viel zu wenig. Was also soll dieses Gespräch? Fast alle Mitgliedsstaaten der EU befinden sich in der zweiten Welle, und statt gemeinsamer Strategien gibt es bloß aufmunternde Anrufe?

Der Dienstwagen trifft am Bahnhof ein. Auch früher habe ich es nur selten geschafft, über das Wochenende nachhause aufs Land zu fahren. Aber damals war die Zeit im Zug pure Entspannung, sie gehörte der Musik, dem Nachdenken. Jetzt sind selbst diese 74 Minuten bis ins Detail durchgeplant mit Interviews. Dabei kommen immer wieder dieselben Fragen nach Schuld und Verantwortung: Warum wurde im Herbst so lange zugewartet? Warum wurde nicht schneller und entschlossener reagiert? War das in dieser Regierung nicht durchzusetzen?

Eigentlich wäre mir danach zu schreien. Aber ich reiße mich zusammen und antworte so ruhig wie immer: In ganz Europa sind die Infektionszahlen dramatisch gestiegen, wir sind kein Einzelfall. Die Regierung hat reagiert wie im Frühling, aber da war das Wetter schön, entsprechend mehr soziale Interaktion fand im Freien statt. Das ist jetzt aufgrund der Jahreszeit anders. Zudem ist die Bevölkerung gespalten und zum Teil nicht mehr bereit, die Schutzmaßnahmen mitzutragen. Ich habe mich an die Empfehlungen der Experten gehalten, und, ja, manchmal ist man sich in der Regierung nicht einig: In einer Koalition kann der Gesundheitsminister Verordnungen eben nicht allein verabschieden, sondern nur im Einvernehmen mit dem Regierungspartner, das kann Zeit kosten. All das sind Faktoren, die dazu beitragen, dass der sanfte Lockdown von Anfang November bisher zu geringe Auswirkungen gezeigt hat.

Höre ich mir selbst zu, bin ich unzufrieden. Was ich sage, klingt nach Rechtfertigung. Ich hätte erzählen können, wie schwierig es ist, passive Landeshauptleute zum Mitmachen zu bewegen. Ich hätte darauf verweisen können, dass nicht der Bund für den Schutz der Altenheime zuständig ist, der nur unzureichend funktioniert. Ich hätte berichten können, dass politische Entscheidungen natürlich wichtig sind, aber zumindest fünfzig Prozent des Erfolgs bei der Umsetzung der Maßnahmen durch die Bevölkerung liegen. Aber was bringen jetzt Streit und Rechtfertigung? Habe ich zu spät reagiert, aber wie hätte ich anders handeln können?

Noch einmal will ich versuchen, das Ruder herumzureißen, das ist mir in diesem Augenblick klar. Und dafür gibt es nur einen Weg. Ich nehme mir vor, in Zukunft frühzeitig und vor der Abstimmung in der Regierung klar Position in der Öffentlichkeit zu beziehen und ebenso öffentlich Bundesländer unter Druck zu setzen. Nicht mehr getrieben zu werden, sondern zu treiben. Auch den Bundeskanzler.

Ich stehe in der Kritik, ich bin müde. Aber ich bin der Minister, und ich trage die Verantwortung. Mein neuer Plan nimmt Konturen an.

26. November 2020

Sigi

Im Dorf ist es still

Sigi ist beliebt im Dorf, obwohl er von ganz woanders stammt. Als er vor sechzig Jahren aus einer Hunderte Kilometer entfernten Gegend hierhergezogen ist, hat er Leben in die Bude gebracht. Er ist einfach, freundlich, humorvoll, mit seinen 82 Jahren immer noch gut beisammen und seit Menschengedenken mit Gerti verheiratet, die hier aufgewachsen ist.

Abgesehen von einer Grippe regelmäßig im Herbst kennt er keine Krankheiten. Er führt das auf die vielen Bergwanderungen und seinen gesunden Lebenswandel zurück. Wenn ihn doch eine Infektion erwischt, reichen Hustensaft und fiebersenkende Medikamente, um nach wenigen Tagen wieder gesund für den Rest des Jahres zu sein. Sigis Respekt vor Covid-19 ist groß, weshalb er die Schutzmaßnahmen konsequent befolgt. Mitte Oktober spürt er eine Herbstgrippe, besser gesagt, er glaubt, sie zu spüren. Auch Gerti klagt über Müdigkeit, Husten, steigende Temperatur. Sigi kramt die Medikamente vom Vorjahr aus dem Medizinschrank.

Aber das ist nicht Sigis Grippe. Nach drei Tagen werden er und Gerti positiv auf Covid-19 getestet. Während die Symptome der Frau milde und erträglich bleiben, verschlechtert sich Sigis Zustand Tag für Tag. Zwei Wochen nach den ersten Symptomen wird er ins Spital eingeliefert, einen Tag später auf die intensivmedizinische Abteilung verlegt. Er leidet unter Schmerzen, dramatischen Atemproblemen und an dem strikten Besuchsverbot. Telefonieren ist aufgrund der Beatmungsmaske, die er tragen muss, kaum möglich.

Eine weitere Woche später wird Sigi in den Tiefschlaf versetzt. Hört er die Stimme von Gerti aus dem Telefon, das ihm die Intensivpflegerinnen immer wieder ans Ohr legen? Seine Frau hat sich dabei aufgenommen, wie sie vom Alltag im Dorf erzählt, die Aufzeichnungen werden Sigi immer wieder vorgespielt. Eine Woche lang. Dann erhält Gerti einen Anruf aus dem Krankenhaus. Wenn sie und ihre Familie Sigi noch einmal sehen wollen, müssen sie rasch kommen. Getrennt durch medizinische Geräte und Schutzkleidung verbringen sie zu dritt einen Abend an seinem Bett. Dann müssen sie sich verabschieden. Eine Stunde später stirbt Sigi.

Immer wieder denkt Gerti daran, bei welcher Gelegenheit sie sich infiziert haben. Es war wohl ein Freund gewesen, der

sich selbst zu Kaffee und Kuchen eingeladen hatte. Er huste-
te, und als sie ihm rieten, sich testen zu lassen, schüttelte er den
Kopf und sagte: Das Virus tut mir nichts, das hat die Regierung
erfunden, damit sie uns beherrschen kann.

Sigi wird im engsten Familienkreis beerdigt. Gerti wird im-
mer leiser. Sein herzhaftes Lachen fehlt ihr. Seine Lebenslust.
Sein Optimismus. Sie zieht sich mehr und mehr zurück. In die
Stille. Depressionen, Nervenentzündungen, Migräneattacken
folgen. Im Dorf ist es still, so still wie vor sechzig Jahren, bevor
Sigi gekommen ist.

1. Dezember 2020
Bericht aus dem Maschinenraum

Wieder einmal ein Treffen im engsten Kreis am ovalen Tisch des
Bundeskanzleramtes: Bundeskanzler, Vizekanzler und Regierungskollegen diskutieren über die nächsten Schritte.

Wir befinden uns aktuell im zweiten Lockdown, und dieser
beginnt zu wirken. Ich appelliere, die Fortschritte nicht durch
vorschnelle Lockerungen zu gefährden. Stundenlang wogt die
Diskussion hin und her: Aufrufe, konsequent zu bleiben, kommen von der einen Seite; Kosten der Schließungen und die
Frage, wie lange die Bevölkerung bei einem fortgesetzten Lockdown mitgeht, von den anderen. Wie kann man in der Weih-
nachtsstimmung und an den Feiertagen handeln, sind einige
der wichtigsten Diskussionspunkte.

Wie so oft habe ich den Eindruck, als Gesundheitsminister
in der schlechteren Verhandlungsposition zu sein, weil ich die
Zustimmung des Koalitionspartners benötige. Am heftigsten
umstritten ist in diesen Stunden die Frage, wie mit dem Wintersport umgegangen werden soll. Da kommt starker Druck der

betroffenen Regionen. Die Verhandlung dreht sich im Kreis, die Positionen sind so verhärtet, dass wir uns erst gegen vier Uhr früh auf eine grundsätzliche Vorgangsweise verständigen. Die Lifte in den Wintersportregionen dürfen unter rigorosen Schutzbestimmungen in Betrieb genommen werden, Übernachtungsmöglichkeiten wird es dort aber nicht geben – und damit auch keinen überregionalen Tourismus.

Wie immer handelt es sich dabei um einen Kompromiss. Ich halte es heute mit dem Beispiel, das mir ein führender Mediziner genannt hat: Man stelle sich vor, vor einer Operation sind sich zwei Mediziner nicht einig – und das kommt vor. Aber was wäre, begännen die beiden dann vor dem noch wachen Patienten über die richtige Vorgangsweise zu streiten? Sein Vertrauen wäre völlig erschüttert. Dasselbe gilt für die Krisenkommunikation einer Regierung: besser ein Kompromiss als Streiterei in aller Öffentlichkeit. Wir müssen das Land mit ruhiger Hand durch die Krise führen, alles andere wäre kontraproduktiv. Die Koalitionsregeln machen Kompromisse ohnedies erforderlich: ohne Übereinstimmung keine Verordnung, ohne Verordnung keine Schutzmaßnahmen. Damit wäre die öffentliche Auseinandersetzung vor allem öffentliche Profilierung und würde an der Lage wenig bis nichts verändern.

16. Dezember 2020
Bericht aus dem Maschinenraum

Ein guter Tag für mein Ministerium. Endlich können wir eine große Lücke schließen und das von meiner Vorvorgängerin, Beate Hartinger-Klein von der FPÖ, aus kurzsichtigen Gründen gestrichene Amt der Generaldirektorin für die Öffentliche

Gesundheit wieder besetzen. Nach Planung, Ausschreibung, Hearing, Abstimmung mit der Personalvertretung und Personalauswahl ist es endlich so weit: Ich kann Katharina Reich zur »Chief Medical Officer« bestellen. Sie erweist sich vom ersten Moment an als wichtige Ergänzung für die Krisenarbeit: höchste Kompetenz und großes Engagement, erfahren im Bereich der Spitalsführung – wir werden stärker. Mit Katharina Reich haben wir eine weitere starke Frau an der Spitze des Ministeriums, mittlerweile werden fünf von sieben Sektionen des Ministeriums von Frauen geführt, dazu Kabinettschefin Ruperta Lichtenecker und die seit Mai bestellte neue Generalsekretärin Ines Stilling, die frühere Ministerin für Frauen und Jugend.

17. Dezember 2020
Theresia und Albert
Die schwarze Woche

Sie sind im selben Dorf aufgewachsen und gemeinsam zur Schule gegangen, haben geheiratet und zusammen in ihrem kleinen Betrieb gearbeitet. Vor wenigen Monaten feierten sie die Goldene Hochzeit und wenig später oben auf der Alm seinen achtzigsten Geburtstag: Theresia und Albert gehen als Paar durch das Leben. Zur Feier in der abgelegenen Almhütte, die sie seit Jahrzehnten für Urlaube nutzen, sind die drei Kinder, ihre Partnerinnen und die vier Enkelkinder gekommen.

Seit Beginn der Pandemie haben Theresia und Albert abgesehen von kurzen Wegen zum Einkauf mit niemandem außerhalb der Familie Kontakt. Verlassen sie das Haus, tragen sie selbstverständlich Schutzmasken, beide setzen sie auf eine baldige Impfung. Sie waren und sie sind vorsichtig.

Im November wacht Theresia mit starken Halsschmerzen auf. Sie hofft, dass sie sich bloß bei der Gartenarbeit am Vortag verkühlt hat, bittet zur Sicherheit aber einen ihrer Söhne, einen Antigen-Test zu besorgen. Positiv, ein späterer PCR-Test bestätigt das Ergebnis. Zwei Tage später ist Theresia so geschwächt, dass sie vom Hausarzt in das Krankenhaus eingewiesen wird. Albert, der anfangs noch keine Beschwerden hat, folgt ihr wenig später. Gemeinsam verbringen sie zwei Tage im selben Zimmer der Covid-Normalabteilung. Theresia erholt sich zusehends, sie kann das Spital bald verlassen. Albert jedoch geht es schlechter, er muss auf die Intensivstation verlegt werden. Besuche sind keine gestattet, die Familie telefoniert abwechselnd mit ihrem Vater und Großvater. An einem Samstag kommt jener Anruf aus dem Krankenhaus, vor dem sie sich alle gefürchtet haben: Der Tod sei eine Frage von Stunden. Theresia darf als Einzige kurz direkt an das Bett.

Als am Sonntag das Telefon läutet und sich eine Mitarbeiterin des Krankenhauses meldet, befürchtet Theresia das Schlimmste. Was sie aber hört, grenzt an ein Wunder: Ihr Mann hat sich deutlich erholt, seine Lunge funktioniert wieder weitgehend. Am Nachmittag schreibt ihr Albert selbst eine WhatsApp-Nachricht aus der Intensivstation: Es gehe bergauf mit ihm.

Hoffnung, Dankbarkeit, Planung für den Tag seiner Rückkehr: Seine Lieblingsblumen werden gekauft, sein Lieblingsessen wird vorgekocht, alles andere wird vorbereitet. Dann, am 17. Dezember 2020, kommt die Todesnachricht wie aus dem Nichts.

Heute sterben in Österreich 218 Menschen an oder mit Covid-19, 878 sind es in der Kalenderwoche 51. Es ist der Tag mit der höchsten Sterblichkeit in diesem ersten Jahr der Pandemie, und er kommt einen Monat nach dem Höhepunkt der Zahl an Neuinfektionen. Die Pandemie reagiert zeitverzögert: Zwei Wochen nach dem Inkrafttreten von Maßnahmen beginnen die Infektionszahlen zu sinken, zwei Wochen später sinkt auch die Zahl der Schwerkranken auf den Intensivstationen. Die Zahl der Todesfälle steigt aber weitere zwei Wochen, bis sie langsam zurückgeht. Auch die Schweiz und Deutschland erleben schwarze Wochen: Deutschland meldet in der ersten Jänner-Woche 6100 Todesfälle, die Schweiz 677 Tote in einer Woche Mitte Dezember 2020.

Im Wohnzimmer von Theresia steht eine Fotografie aus besseren Zeiten. Sie zeigt die Familie bei der Feier anlässlich von Alberts achtzigstem Geburtstag. Er steht in der Mitte, vor der Almhütte, und er lacht. So will ihn Theresia in Erinnerung behalten. Ohne schwarze Schleife und dankbar für ein erfülltes gemeinsames Leben.

23. Dezember 2020
Tina Tassler
Die härtesten Tage

Weihnachten in diesem völlig verrückten Jahr. Wie geht das? Seit kurzem ist nach Wochen das Einkaufen wieder möglich. In Tinas Buchhandlung dürfen sich aufgrund der Auflagen nur wenige Kunden aufhalten. Viele warten in der Kälte vor dem Geschäft, halten konsequent einen Meter Abstand. Drinnen hat Tina die ganze Belegschaft aufgeboten, inklusive Tochter Lena. Für Beratung bleibt kaum Zeit, es kommt ihr wieder einmal zugute, dass sie die Interessen vieler ihrer Kunden kennt und weiß, was sie wem empfehlen kann.

In diesem Jahr haben sich nicht nur die Stammkunden

überaus solidarisch gezeigt, es sind auch viele neue hinzuge-
kommen. Viele wollen helfen, viele an Ort und Stelle kaufen –
und viele wollen lesen. Regionalität ist plötzlich zu einem aus-
schließlich positiv besetzten Wort geworden. Geschenke für
Weihnachten und andere Gelegenheiten, aber auch Bücher zur
geistigen Eigenversorgung werden auf Vorrat erworben. So ku-
rios es angesichts der monatelangen Schließung auch klingen
mag, aber Tina sieht einem der besten Geschäftsjahre seit der
Gründung der Buchhandlung entgegen. Online hat sich der
Umsatz vervielfacht; während der Zeit, in der die Buchhandlung geöffnet ist, wird sie regelrecht gestürmt. Aber nicht nur
aus diesem Grund war dieses Jahr sehr intensiv.

Ihre Tochter Lena ist ungemein tapfer, die teilweise Abge-
schiedenheit von ihren Freunden jedoch, das dauernde Nicht-
in-die-Schule-Gehen, das ist ihr manchmal zu viel. Dazu kommt
der Zustand von Opa Hans. Seit zwei Jahren ist er so dement,
dass er trotz Unterstützung nicht mehr allein in seiner Wohnung leben kann. Nun befindet er sich in einem Pflegeheim.

Tina und ihren beiden Schwestern war sein geistiger Verfall
zunächst nicht aufgefallen. Ihr Vater war ein Meister des Über-
spielens. Erst als er mit einem Weinkrampf zusammengebrochen war, oft nicht mehr wusste, wo er sich gerade befand und
warum, als er sich etliche Male beim Einkaufen verirrte und
mehrfach seine Pflegehilfe nicht ins Haus ließ, weil er sie nicht
erkannte, war es ihnen klargeworden. Ohne groß darüber zu diskutieren, hatten sie ihn in einem Pflegeheim angemeldet. Glücklicherweise bekam er wenige Wochen später einen Platz. Nach
langwierigen Gesprächen stimmte er zu, und die Schwestern
machten sich daran, ein Betreuungsnetz aus Freunden, Bekannten, den Kindern und natürlich ihnen selbst zu spinnen. Regelmäßige Besuche, das war ihr Versprechen.

Es war eine gute Entscheidung: Im Heim gewinnt Hans wieder Sicherheit, er wird regelmäßig ärztlich betreut und zumindest jeden zweiten Tag besucht. Es kommt ihm zugute, dass er einst als Kommunalpolitiker aktiv war. Er spricht mit jedem, hat in jeder Situation eine Geschichte parat. Bis heute weiß Tina oft nicht, ob sie gut erfunden oder Wirklichkeit sind. Zwar fehlt seinen Geschichten ab und zu der Zusammenhang, aber seine Augen leuchten beim Erzählen wie einst. Und auch in die Augen seiner Zuhörer im Pflegeheim bringt er ein Leuchten, oft ein Lachen. Doch dann teilt die Heimleitung mit, dass aufgrund der neuerlichen Ausbreitung der Pandemie und behördlichen Vorgaben nur mehr ein einziger Besuch pro Woche erlaubt ist.

Tina und Lena wissen, dass diese Verordnung für ihren Vater und Großvater eine Katastrophe bedeutet. Auch wenn das Plaudern mit Schutzmaske nicht leicht für ihn ist: Besuche zu bekommen, das ist für ihn das Leben. Die Schwestern sprechen bei der Heimleitung vor, versuchen, den seit Monaten unbenützten PC als Kommunikationsmittel einzusetzen, müssen aber letztlich einsehen, dass ihr Vater nicht in der Lage ist, ihn allein zu bedienen. Tina scheitert beim letzten persönlichen Besuch, ihm die Situation verständlich zu machen. Er schüttelt den Kopf und starrt ins Leere, spricht so leise, dass sie ihn nicht mehr verstehen kann, lässt den Kopf im Rhythmus der Worte kreisen. Die nächsten Besuche verlaufen dramatisch. Jede Woche registrieren die Töchter eine weitere Stufe des Verfalls. Von Zoom-Unterhaltungen ist keine Rede mehr. Hans fühlt sich isoliert, fühlt sich alleingelassen, abgeschoben, verweigert das Videogespräch. Hans Tassler, Kommunalpolitiker und Mittelschullehrer, Freund der Literatur und der Bücher, wird zu einem schweren Pflegefall.

Manchmal wünsche ich mir, dass er sterben könnte, anstatt so zu leiden, denkt Lena verzweifelt. Diese Scheißpandemie nimmt mir sogar meinen Opa!

24. Dezember 2020
Bericht aus dem Maschinenraum
Zehn Monate Pandemie

Der Tag hat nicht gut begonnen. Ein Anruf holte mich aus der Arbeitsroutine, die wie immer mit der Analyse der aktuellen Corona-Lage begonnen hat. Am Apparat ist eine Gesundheitspolitikerin aus einer Stadt draußen am Land. Ich kenne sie gut – eine gestandene, kompetente Frau, der es nahegeht, dass so viele Menschen sterben.

Du, Minister, ich halte das einfach nicht mehr aus, sagt sie: Wir haben so viele Todesfälle, vor allem in Alten- und Pflegeheimen. Heute lese ich in der Zeitung die bundesweite Statistik – bei uns ist es am schlimmsten. Ich weiß nicht, was wir falsch machen, ich weiß nicht, was wir besser machen können. Wir haben alles versucht, aber es nützt nichts. Das muss aufhören. Ihre Stimme versagt, sie weint.

Ich versuche, ihr Mut und Zuversicht zu vermitteln: Ich weiß, dass du alles Menschenmögliche tust. Lass dich nicht verrückt machen, es liegt nicht an euch – ihr habt als Region ganz eigene Rahmenbedingungen und Voraussetzungen: viele kleine Betreuungseinrichtungen, das ist normalerweise ein Vorteil für alle Beteiligten. In dieser Krise wird es offensichtlich zum Nachteil.

Stille am anderen Ende. Ich überlege, wie ich helfen kann: Brauchst du Unterstützung? Sollen wir eine externe Überprüfung machen? Nicht, um dich an den Pranger zu stellen, sondern um zu sehen, ob ihr noch irgendetwas verbessern könnt?

Mir ist alles recht. Nur das Sterben muss aufhören.

15 Minuten später sitze ich im Dienstwagen, auf der Fahrt zu einem der wenigen Termine, die ich auf dem bisherigen Höhepunkt der Pandemie noch außerhalb der Regierungsgebäude wahrnehmen kann. Dabei liegen mir gerade diese Treffen am Herzen: mit den Leuten reden, die ganz vorne dabei sind. Dabei erfahre ich, was die Statistiken tatsächlich bedeuten, die mir jeden Tag auf den Schreibtisch gelegt werden. Heute steht ein Besuch in einer der Intensivstationen auf dem Programm, die in den vergangenen Wochen stark belastet und vielfach sogar überlastet sind. Davor aber noch schnell ein WhatsApp an meine Kabinettschefin mit dem Auftrag, eine Expertengruppe zu gründen, die stichprobenartig kontrollieren soll, ob und wie die Schutzmaßnahmen in den Altenheimen umgesetzt werden – noch ein Auftrag an ein ohnedies völlig überlastetes Team.

Die Lage hat sich wesentlich dramatischer entwickelt als während der ersten Welle im Frühling. Etliche Intensivstationen sind an ihre Grenzen gelangt. Und trotzdem: Harte Triagen, das Verweigern einer lebensnotwendigen Behandlung aufgrund fehlender Kapazitäten, konnten bisher vermieden werden, sagen die Fachleute. Es kommt aber in einzelnen Bereichen zu Priorisierungen – zur Entscheidung, wer die besseren Überlebenschancen hat. Das bedeutet für Menschen in sehr hohem Alter mit geringen Überlebenschancen, dass sie nicht mehr in die Intensivstation verlegt werden. Es ist ein ständiges Jonglieren mit Betten und Personal zwischen ausgeweiteten Intensivstationen, auf denen jeder Quadratmeter genutzt wird, Normalabteilungen und aufgebauten Zusatzbetten. Manchmal müssen die Normalstationen alle Patienten aufnehmen, für die kein Platz auf Intensiv ist, obwohl sie schwere, aber eben nicht schwerste Krankheitsverläufe haben. Fraglos geht das in einzelnen Phasen und Bereichen auf Kosten der Qualität. Täglich bin ich in diesen Wochen in telefonischem Kontakt mit den Medizinern. Um mir selbst ein Bild der Lage zu machen, will ich den Mitarbeiterinnen aber einen persönlichen Besuch abstatten, auch, um damit ihre Wertschätzung auszudrücken. Heute, am 24. Dezember, habe ich endlich Zeit dafür.

Ein Nicken in die Runde zur Begrüßung, Händeschütteln ist nicht angebracht. Die geschmückte Tanne in der Eingangshalle ist der einzige Hinweis auf die Weihnachtstage, der Kampf um das Leben geht weiter, ohne Unterlass seit fast zehn Monaten. Ein paar Tafeln Schokolade habe ich mitgebracht.

Wie schlimm waren die letzten Wochen, was sind die besonderen Belastungen? Die Zahlen kenne ich, sie sind alarmierend. Seid bitte ehrlich zu mir, ersuche ich, keine Schönfärbereien, sondern Klartext. Auch wenn es wehtut. Ich blicke in blasse Gesichter, viele sind gezeichnet von leichten rötlichen Striemen, die das stundenlange Tragen von Schutzmasken hinterlässt.

Der Befund ist klar: Es ist schlimm. Viel dramatischer als im Frühling, viel dramatischer, als wir uns das jemals vorstellen konnten. Und die Medizinerinnen und Pfleger werden richtig wütend, wenn sie den Besserwissern in Medien und Politik zuhören und wenn sie erfahren, dass ein Teil der Bevölkerung bei den Schutzmaßnahmen nicht mehr mitmacht.

Was ist besonders schwierig? Die Zahl der Patienten, ihr Zustand?

Alles zusammen. Wir sind bestens ausgestattet. Wir haben den besten technischen Standard, aber die Erkrankungen sind viel schwerer als im Frühling, haben einen viel schnelleren Verlauf, und die Aufenthalte auf Intensiv dauern viel länger. Ohne die Beatmungsmaschinen wüssten wir nicht, wohin. Sie retten viele. Aber sie führen gleichzeitig dazu, dass Patienten nicht mehr ein oder zwei Wochen bei uns liegen, sondern ein oder zwei oder gar drei Monate. Längere künstliche Beatmungen können auch zusätzliche Komplikationen auslösen: Lungenentzündungen, Blutvergiftungen, Infektionen, Organversagen. Derartig schwere Krisen führen entweder zum Tod oder zu einem wochenlangen Kampf ums Überleben. Wir setzen dann alles ein, was wir haben, im Extremfall bis hin zur ECMO, der extrakorporalen Membranoxygenierung, also der Auslagerung des Gasaustausches. Die ECMO ist oft die letzte Chance, wenn die Lunge nur mehr unzureichend Sauerstoff aufnimmt, aber gleichzeitig Kohlendioxid abgibt und damit selbst den Körper vergiftet. Das passiert meist dann, wenn das Beatmungsgerät aufgrund der vielen Verdichtungen in der Lunge bereits mit vollem Druck arbeiten muss und das Gewebe dort beschädigt. Es gibt auch andere Folgeschäden durch den langen Kampf ums Überleben, etwa Nervenbeschädigungen durch das viele Liegen am Bauch.

Niemand kann sich vorstellen, wie groß der Pflegebedarf ist. In doppelter Schutzkleidung, nach wenigen Minuten komplett verschwitzt, halb blind durch angelaufene Schutzbrillen. Wie es ist, stundenlang nichts zu trinken, nichts zu essen und nicht auf die Toilette gehen zu können. Bei der ersten Welle waren es vor allem Angst und das fehlende Wissen, die uns fertiggemacht haben. Jetzt wissen wir zwar mehr und haben weniger Angst, aber die Situation ist so schlimm geworden, wie wir im Frühjahr befürchtet haben. An manchen Tagen sogar noch schlimmer.

Für einen Moment ist es ganz still im Besprechungsraum.

Aber wir sind ein großartiges Team, deshalb haben wir das alles bisher auch geschafft. Die Überlastung hat zu keinen Streitereien geführt, sondern uns richtig zusammengeschweißt. Jeder unterstützt jeden. Im Frühjahr haben wir geglaubt, das wird eine schwere Bewährungsprobe, aber sie hat ein Ende. Im Sommer dachten wir, wir haben das Schlimmste hinter uns. Und jetzt ist es für viele von uns schwer zu verkraften, dass das Virus nicht nur noch einmal gekommen ist, sondern noch viel stärker als im Frühling. Zehnmal so viele Infektionsfälle, ein Mehrfaches an Schwerkranken. Hier bei uns und in ganz Europa.

Und was ist eure Einschätzung, wie es weitergehen wird?

Ich glaube nicht daran, dass jetzt Schluss ist, meint eine Ärztin. Was, wenn es noch einmal schlimmer wird und wir mit unseren Kräften ohnedies am Ende sind? Ich habe den Eindruck, dass wir völlig übermüdet sind.

Ich könnte jetzt ein paar aufmunternde Worte sagen, Dinge erzählen, an die ich selbst nicht glaube, und dann gehen. Ich will jedoch mehr hören, nachempfinden können, verstehen. Ehrlich sein.

Wie ist euer Tagesablauf?

Wir kommen um sieben Uhr früh in den Tagdienst. Das Erste ist die Übergabe: Der Nachtdienst gibt uns alle Informationen über den Zustand der Patienten. Dann wird eingeteilt, wer wen übernimmt. Dann begrüßen wir unsere Patienten und stellen uns vor. Berichten von der bisherigen Krankheitsgeschichte und was medizinisch alles geschah und heute passieren wird. Wir behandeln die Patienten im künstlichen Koma genauso wie die Wachen. Wir wissen es nicht genau, aber Studien sagen uns, dass Patienten im Tiefschlaf manches empfinden können, unbewusst Geräusche wahrnehmen und im Gehirn speichern können. Manche sind bereits drei, ein Patient im künstlichen Koma ist sogar schon fast vier Monate bei uns. Wir helfen gemeinsam mit der Pflege bei der Verabschiedung von Frau und Kind vor dem künstlichen Koma, wir sind die Informationsquelle der Angehörigen, wir überprüfen bei allen sämtliche Alarm- und Kontrollbereiche.

Was genau wird kontrolliert? Wie geht das?

Bei einem schwerkranken Covid-Patienten auf Intensiv werden alles in allem an die hundert Werte überprüft. Das bedeutet auch, der Körper hängt an einer Vielzahl von Kabeln und Schläuchen: an den Fingern Infrarotsensoren, mit denen die Sauerstoffsättigung gemessen wird, an der Brust Elektroden, die den Herzschlag aufzeichnen. Ein Schlauch in der linken Leiste versorgt die Beine mit Blut, über eine Kanüle am Handrücken fließen Schmerzmittel, durch eine Sonde im linken Nasenloch wird über die Speiseröhre Nahrung in den Magen transportiert. Ein Katheter im Penis fängt den Urin auf, ein Fäkalkollektor am After den Stuhl. Und für all diese lebensnotwendigen Verbindungen bist du ebenso verantwortlich wie für das Beatmungsgerät. Das erzählt dir durch unterschiedliche Töne, wie es dem Patienten geht. Wenn es zum Beispiel hoch piepst, heißt das, die Sauerstoffsättigung ist gut. Am Monitor lässt sich all das ablesen: Die rote Kurve zeigt den Blutdruck, die grüne die Herzfrequenz, die gelbe die Sauerstoffsättigung.

Dafür sind wir ausgebildet, gut ausgebildet. Aber die Belastung geht schon unter Normalbedingungen so an die Grenzen, dass die meisten kaum länger als fünf Jahre durchhalten und dann in andere Bereiche wechseln. Jetzt geht sie weit über die Grenzen hinaus; gerade dann, wenn du zum Patienten eine Beziehung aufgebaut hast und dann miterleben musst, wie sich sein Zustand immer mehr verschlechtert. Das kann unfassbar schnell gehen. Wenn du dann die Familie informierst, dass es ihre Mutter, ihr Vater, ihre Schwester nicht geschafft haben, dann musst du manchmal auch mit der Aggressivität der Angehörigen rechnen. Sie verstehen nicht, können es nicht verstehen, dass jemand, der noch ein paar Stunden zuvor mit ihnen telefoniert hat, plötzlich tot ist.

Was ist die größte Anstrengung?

Der Pflegedienstleiter, ein Mann in den frühen Dreißigern, lacht bitter.

Alles! Nach einer kurzen Pause setzt er fort: Nein, körperlich ist das Anstrengendste wahrscheinlich das regelmäßige Drehen der Patienten. Das sind oft stark übergewichtige Menschen, und die Schläuche und Kabel, an denen ihr Leben hängt, machen es zusätzlich schwierig, sie zu bewegen. Man muss viele immer wieder in Bauchlage bringen, um die Sekrete in den Bronchien aufzulockern und unterschiedliche Bereiche der Lunge mit Luft zu versorgen. Das ist Schwerarbeit für vier Personen. Du klebst dem Patienten die Augenlider zu, sortierst die Schläuche, sicherst alle Katheter und Drainagen. Das muss perfekt funktionieren, sonst sind die Folgen schlimm.

Wie geht ihr um mit dem täglichen Sterben?

Auch dafür sind wir ausgebildet. Dennoch ist es etwas Neues, wie häufig, schnell und schmerzhaft der Tod kommt. Atmen, das ist für Gesunde selbstverständlich. Wir nehmen Sauerstoff auf, und wir geben Kohlendioxid ab. Das ist Stoffwechsel, das ist Leben. Und dann beginnt plötzlich ein unbeschreiblicher Kampf um Luft und gegen das Ersticken. Ein Kampf gegen die abfallende Sauerstoffsättigung, die allmähliche Blutvergiftung. Dieser Kampf und das Tempo des Niedergangs sind das Schlimmste. Da braucht es dann das Team, das dafür sorgt, dass du dich zum Weinen nicht auf die Toilette verdrücken musst, sondern reden kannst, aufgefangen wirst. Und das dir die Kraft gibt, den Angehörigen erst Mut und dann, viel zu oft, Trost zusprechen zu können. Das alles überfordert viele, es powert unsere Körper und unsere Psyche total aus. Es gibt Tage, da weinen am Heimweg nicht nur die jungen, sondern auch die erfahrenen Kolleginnen.

Wie geht ihr mit den Angehörigen um? Dürfen sie derzeit zu den Patienten?

Ja, aber nur der engste Angehörige. Für viele ist das viel zu restriktiv, aber wie immer ist es ein Balanceakt zwischen Menschlichkeit und Schutz. Viele andere Spitäler haben sämtliche Besuche gestrichen, Ausnahmen werden meist nur für den endgültigen Abschied gemacht. Es ist schwierig, die Angehörigen am Telefon regelmäßig zu informieren, wenn du komplett überarbeitet bist und dich zusammenreißen sollst für ein langes, einfühlsames Gespräch. Ich weiß nicht, ob wir das immer schaffen.

Das verstehe ich. Aber die Erfolge! Viele Schwerkranke habt ihr zurückgeholt und gerettet!

Ja! Aber bei Covid-19 ist das Comeback unfassbar mühsam und riskant, wendet sich die Oberärztin direkt an mich. Stabilisieren und verbessern sich die Parameter von den Laborwerten bis zu den Röntgenbildern schrittweise, können wir daran denken, die Kranken aus dem künstlichen Tiefschlaf zu holen und die künstliche Beatmung zurückzunehmen. Ein schwieriger Prozess, der immer wieder ein Herantasten ist. Und der dauern kann: Wir haben Erkrankte derzeit sehr lange auf Intensiv. Wenn sie die erste Woche überleben, bleiben sie oft noch etliche weitere. Beim Zurückholen ist das Risiko noch einmal hoch. Dabei leiden die Betroffenen oft unter Albträumen, sie müssen erst wieder lernen, ohne Hilfe Luft zu bekommen. Die ersten Atemzüge ohne Maschine für fünf Minuten, für zehn Minuten, immer wieder Komplikationen. Dann wieder sprechen und schlucken üben. Dazu kommt oft der markante Verlust an Gewicht und Muskelmasse. Die Physiotherapie macht es dann erst möglich, wieder auf den eigenen Beinen zu stehen.

Jede Lebensrettung ist wie ein Wunder. Ein Wunder, das in der zweiten Welle seltener gelingt als in der ersten.

Ich weiß nicht recht, wie ich antworten soll. Alles, was ich jetzt sage, kann platt wirken und wäre peinlich. Es ist dunkel geworden, als ich das Spital verlasse. Heute führt der Weg auch mich in eine stille Nacht. In meinem Kopf aber bleibt es turbulent. So viel Trauer, so viel Leid und so viel Sterben hat dieses Jahr gebracht. Und die Krise ist noch lange nicht vorbei.

27. Dezember 2020
Astrid Norton
Die Wende

YEEEAAAHH – ein Schrei der Befreiung! Dieses Foto geht um die Welt: der Infektiologe Christoph Wenisch, in seiner grünen Arbeitskleidung, am linken Oberarm die Spritze, die rechte Hand zur Faust geballt und voller Euphorie nach oben gestreckt. Der Leiter der Infektions- und Tropenmedizin am Wiener Kaiser-Franz-Josef-Spital zählt zu den ersten Menschen, die an diesem Tag in den EU-Mitgliedsstaaten geimpft werden. Sein Schrei übertönt kurz die Europahymne, Beethovens »Ode an die Freude«, die den Raum erfüllt. Passend zu einem großen gemeinsamen europäischen Projekt: der Produktion, Beschaffung und Versorgung mit Impfstoff und damit der kurzfristig geschaffenen neuen Perspektive gegen die schwerste Pandemie seit hundert Jahren.

Tags darauf zeigen Tageszeitungen von New York bis Tokio Wenisch am Titelblatt: Der Wiener Arzt, Vater von fünf Kindern und anerkannter Experte, wird zu einem Symbol für Zuversicht und Aufbruch, für die Trendwende gegen die Pandemie. Endlich werden sich die Dinge ändern, endlich gibt es eine Chance, das Virus aufzuhalten, endlich besteht Hoffnung, dass das Sterben ein Ende hat.

Nur wenige Tage zuvor, am 21. Dezember, hat die EU-Kommission die Empfehlung der Europäische Arzneimittelbehörde EMA zur Zulassung des ersten Impfstoffs gegen Covid umgesetzt, und das nach einem nur drei Monate dauernden Verfahren, eine Zulassung für BioNTech/Pfizer, einen ersten mRNA-Impfstoff auf Basis der seit Jahren in Forschung befindlichen Boten-Ribonukleinsäure-Technologie, deren Entwicklung Ende der 1970er Jahre begonnen hat. Dieser wissenschaftliche Durchbruch[29] macht es möglich, dass einigen wenigen Körperzellen mit dem Impfstoff Teile der Erbinformation des Virus als RNA mitgegeben werden – und damit der Bauplan für Virusproteine, die als Antigene bezeichnet werden und eine Immunreaktion zur Abwehr gegen Infektionen entwickeln.

1990 war eine mRNA-Impfung gegen die Influenza an Tieren getestet worden, 2013 begannen klinische Versuche mit einem mRNA-Impfstoff gegen ansteckende Krankheiten mit Menschen. Ende 2019 war die Impfforschung bereits weit fortgeschritten.[30] An jenem 27. Dezember, an dem Wenisch und einige Tausend andere geimpft werden, erfolgt der Startschuss zur flächendeckenden Anwendung des neuen Prinzips – und zu einer spektakulären europaweiten Impfkampagne. Ganz Europa erhält gleichzeitig eine erste Tranche der Vakzine.

Die Impfstoffbeschaffung und die ebenso schnellen wie präzisen Genehmigungsverfahren zeigen: In Zeiten der Krise ist Europa gemeinsam stärker, die EU zeigt ein neues Bild. Sie ist schnell, die EU beschleunigt mit Milliardeninvestitionen die Produktion der Impfstoffe, und ja, ungewöhnlich, aber wahr, die EU handelte in dieser Situation unbürokratisch.

Für Europa hat dieses Projekt erst vor wenigen Monaten begonnen, für die Menschheit aber bereits 224 Jahre zuvor. Vor allem zwei pandemische Infektionskrankheiten waren es, die in den vergangenen Jahrhunderten Millionen Todesopfer gefordert haben[31]: der Pestbazillus in den Jahren 1346 bis 1353 und das Pockenvirus besonders stark zwischen 1781 und 1870. Nach Jahrhunderten an Inokulationsversuchen, bei denen seit 1500 vor Christus etwa in Indien und China der Bläscheninhalt von leicht an Pocken Erkrankten auf gesunde Menschen übertragen wurde, um so vor schweren Erkrankungen zu schützen, führte der englische Landarzt Edward Jenner[32] 1796 erstmals Pockenimpfungen durch und dokumentierte sie. Er selbst hatte die schwere Erkrankung, die im Großbritannien des 18. Jahrhunderts zehn Prozent der Bevölkerung, in Städten aufgrund der engeren Lebenssituationen sogar zwanzig Prozent tötete, durchgemacht und nur knapp überlebt. Als Landarzt beobachtete Jenner später, dass Melkerinnen viel seltener schwer an Pocken erkrankten. Er führte daher ein gewagtes Experiment am Sohn seines Gärtners, James Philipps, durch: Er infizierte das Kind mit Kuhpocken. Die Folge: Der Bub erkrankte leicht, wurde aber gegenüber den gefährlichen Menschenpocken immun. Weitere Versuche, die Jenner an seinem eigenen Sohn durchführte, bestätigten diese Wirkung. Ähnliche Experimente fanden auch in der Türkei und in Wien statt, wo Maria Theresia zur großen Förderin der Impfung gegen Pocken wurde. Sie selbst hatte drei ihrer Kinder an die Viruserkrankung verloren.

Doch es dauerte lange, bis sich die Pockenimpfung durchsetzte. Noch 1967 meldete die Weltgesundheitsorganisation WHO 15 Millionen Infektionen und zwei Millionen Todesfälle nach Pockenerkrankungen – und veranlasste im selben Jahr erstmals und bisher zum einzigen Mal eine weltweite Impfpflicht. In der

Folge wurden 2,4 Milliarden Dosen Pocken-Vakzine verimpft, was dazu führte, dass 1980 die Ausrottung der Pockenerkrankung erklärt werden konnte. Erstmals und bisher zum einzigen Mal wurde eine tödliche, weltweite vorhandene Infektionskrankheit durch die Impfung gestoppt.[33]

Seit jeher wurde um Impfungen gestritten. Kinder würden nach der Pockenimpfung das Sprechen verlernen und wie Kälber schreien, hieß es; Gott würde sich rächen, weil man ihm ins Handwerk pfusche; im katholischen Tirol ging zu Zeiten Andreas Hofers gar das Gerücht um, man würde durch die Vakzine mit dem Protestantismus infiziert und wie die Bayern werden, die Impfungen wären ein Eingriff in die göttliche Ordnung, und sogar der Philosoph Immanuel Kant meinte, die Impfung übertrage tierische Charakterzüge.[34]

Dass sich die Impfung letztlich dank nimmermüder Aufklärung doch durchsetzte, zählt zu den größten Erfolgen in der Geschichte der öffentlichen Gesundheitsfürsorge. Ende des 19. Jahrhunderts waren Louis Pasteur und Robert Koch führend daran beteiligt, abgeschwächte Formen von Krankheitserregern gegen Diphtherie, Tollwut und Tuberkulose einzusetzen, 1923 wurde der erste Impfstoff gegen die Diphterie erstmals breit angewendet. US-Militärärzte verwendeten im Zweiten Weltkrieg erste Impfstoffe gegen die Influenza – gegen die Spanische Grippe Anfang des 20. Jahrhunderts hatten diese noch gefehlt. Um 1950 verzeichnete die Forschung mit Vakzinen gegen Polio und Masern, später gegen Röteln und Mumps enorme Fortschritte. Die Erfindung der Impfnadel in den 1960er Jahren leistete einen weiteren großen Beitrag.[35] Für die mRNA-Impfung wurden die ersten Weichen in den 1950er Jahren mit der Erforschung der DNA gestellt. In den Neunzigern gelangen dann der Biochemikerin Katalin Karikó[36] und dem Biologen Ingmar Hoerr die wichtigsten Erfolge zur Erforschung der mRNA-Technologie. Nach der Finanzkrise 2008 fehlte jedoch das erforderliche Kapital für die schnelle Weiterentwicklung.

Zum Zeitpunkt des Ausbruchs der Covid-19-Pandemie existierten dennoch erfolgversprechende Vorarbeiten, an die mehrere Pharmafirmen mit Impfprojekten anknüpfen konnten. Dazu kamen zwei weitere Impftechnologien, die gegen Corona in Stellung gebracht wurden: vektorbasierte Impfstoffe, wie sie gegen das Dengue-Fieber und Ebola zur Anwendung gekommen waren. Und die altbewährten, gegen Krankheiten wie Influenza oder FSME millionenfach erprobten Totimpfstoffe. Der internationalen Forschung kam darüber hinaus zugute, dass es durch zwei weitere Coronavirus-Ausbrüche im 21. Jahrhundert bereits Erfahrungen gab: SARS[37] im November 2002 in der südchinesischen Provinz Guangdong mit offiziell 774 Todesfällen; und MERS, das ab 2012 einige Tausend Erkrankungen im Nahen Osten verursachte.

Der 27. Dezember 2020 wird in die Geschichtsbücher eingehen: Mit diesem angemessenen Satz startet Wissenschaftsleiterin Astrid Norton nach der TV-Übertragung des Impfstarts ein Zoom-Meeting mit ihrer Studienkollegin Lisa, die in den vergangenen Jahren zu einer führenden Impfstoffforscherin geworden ist. Eine Freundschaft verbindet die beiden seit ihrer Kindheit.

Lisa, ich benötige Informationen über den Ablauf der letzten Monate bis heute. Das Tempo der Impfstoffentwicklung ist so ungewöhnlich hoch, dass es sicherlich zu politischen Debatten kommen wird. Da werden die Impfgegner ansetzen.

Das ist recht einfach und gut zu erklären, antwortete sie. Die Forscherinnen und Forscher können auf jahrelange Vorarbeiten zurückgreifen. Schon im April, also keine vier Monate nach dem Ausbruch der Pandemie, waren die Pharmakonzerne AstraZeneca, Sanofi und Johnson & Johnson zuversichtlich, bald eine Impfung liefern zu können. Eine erste Absichtserklärung über die Reservierung von 300 Millionen Impfdosen wurde mit AstraZeneca abgeschlossen. Zunächst sah es wieder nach nationalen Alleingängen aus – vier EU-Mitgliedsstaaten um Deutschland schlossen den Vorvertrag mit AstraZeneca. In diesem Moment wurde die Kommission aktiv. Mitte Juni wurden alle Mitgliedsstaaten von der Kommission eingeladen, sich an einem gemeinsamen Beschaffungsprogramm zu beteiligen, und alle sagten sofort zu. Hier hat die Europäische Union großartig reagiert.

Warum ging das so schnell? Wir kalkulieren normalerweise mit mindestens drei Jahren Entwicklung für neue Impfstoffe.

Diesmal hat alles gepasst: Die Vorarbeiten an drei verschiedenen Impftechnologien waren da, die Erfahrungen durch SARS und MERS wertvoll. Die Wissenschaft der ganzen Welt war sich einig, und ein Großteil konzentrierte sich sofort auf die Herausforderung. Wären die Vorarbeiten rund um SARS zügig fortgesetzt und nicht mehr oder minder auf Eis gelegt worden, wären wir sogar noch schneller gewesen.

Und die EU handelte entschlossen und klug!

Keine Rede mehr von bürokratischer Behäbigkeit. Die Genehmigungsverfahren der Arzneimittelbehörde EMA waren hart und konsequent, aber vom Willen gekennzeichnet, das gemeinsame Ziel zu erreichen. Es ist völlig unüblich, dass sich bereits in der Startphase von Forschungsprojekten die Genehmigungsbehörde einschaltet und sie laufend positiv begleitet. Es war auch neu, dass die einzelnen Schritte des Genehmigungsverfahrens parallel und nicht nacheinander verwirklicht wurden. Innerhalb der EU herrschte Konsens darüber, sich nicht neuerlich – wie zuvor bei Medikamenten und Schutzkleidung – von Produktionsketten auf anderen Kontinenten abhängig zu machen. Man war sich einig, bei der Entwicklung und beim Einkauf auf alle drei vermutlich vorhandenen Impftechnologien zu setzen und sie weitgehend in Europa selbst zu produzieren. Denn zum Zeitpunkt der Vertragsabschlüsse wusste niemand, welcher Impfstoff tatsächlich eine Genehmigung erhalten würde, welcher sich bewähren würde. Die Unterschiede zwischen vertraglich garantierten Liefermengen und realen Lieferungen sind ja gigantisch. Einige der Vertragspartner haben letztlich kein Ergebnis zustande gebracht. Durch die Strategie der Risikostreuung konnte die EU dennoch gut mit Impfstoff versorgt werden.

Wer weiß davon in einer breiteren Öffentlichkeit?

Nicht allzu viele. Und was in Europa auch fast niemand weiß, ist die Bedeutung der Milliarden von ESI.

Als große Herausforderung erwies sich die Notwendigkeit, blitzartig gigantische Produktionskapazitäten zu schaffen; immerhin müssen Milliarden von Impfdosen produziert werden. Die EU greift den Pharmafirmen daher mit jeweils dreistelligen Millionenbeiträgen für die Schaffung von großen Produktionskapazitäten unter die Arme, als Vorgriff auf die Bezahlung der Vakzine. Dabei ist entscheidend, dass der ESI-Investitionsfonds für genau diesen Fall – einen in Krisenzeiten erforderlichen Zukauf von Medikamenten – mit zwei Milliarden Euro dotiert ist. Jetzt wurde er zusätzlich innerhalb weniger Tage um weitere 700 Millionen aufgestockt, ein Entscheidungsfindungsprozess, der normalerweise Monate gedauert hätte.

Interessant! Jeden Fehler, den die EU begeht, kennt innerhalb von Stunden die halbe Welt, große Leistungen wie diese dringen kaum durch.

Astrid kommt nun auf einen nächsten Punkt zu sprechen: Ich muss für den Minister ein Briefing zusammenstellen, warum sich welche Unternehmen durchgesetzt haben und andere nicht.

Nummer eins ist aktuell unbestritten BioNTech/Pfizer. BioNTech hat sicher Großes in der Forschung geleistet und im Sommer 2020 rechtzeitig mit Pfizer einen großen Vertriebspartner gefunden. Das fehlt dem US-Unternehmen Moderna zwar, aber auch dort ist man mit der mRNA-Technologie sehr stark und kompetent aufgestellt. Die große Überraschung für mich ist AstraZeneca – viele setzten auf den Impfstoff, weil er an der Universität Oxford entwickelt worden ist. Sympathisch daran war noch dazu, dass das Projekt auf Reingewinne verzichten wollte. AstraZeneca aber hatte Schwierigkeiten beim Aufbau der Produktionskapazitäten in Europa und konnte die vereinbarten Liefertermine und Mengen nicht einhalten. Das sorgte für viel Kritik. Trotzdem hat AstraZeneca ein historisches Verdienst, von dem auch fast niemand weiß: Weil das Projekt als Non-Profit-Projekt aufgezogen wurde, kostete die Impfdosis nur 2,80 Euro. In Europa ist das zwar nicht entscheidend, es hat aber generell den Preis der Impfstoffe gesenkt. Das macht es für ärmere Regionen einfacher, sich breitflächige Impfungen leisten zu können. Und AstraZeneca wurde in vielen Regionen der Welt eingesetzt. Weitere Impfstoffe anderer Produzenten werden folgen, auch auf Basis von Proteinen und Totimpfstoffe.

Wie ist es dir in dieser wichtigen Phase der Erforschung des Covid-19-Impfstoffes ergangen?

Für mich war das eine großartige Zeit. Da ich nicht direkt im Labor stehe, habe ich im Frühling 2020 die meiste Zeit vom Homeoffice aus gearbeitet. Meine beiden Söhne haben sich gefreut. Sie waren richtig glücklich und vielleicht deshalb sehr aufgeregt und sorgsam. Ich konnte gut arbeiten. Sogar meiner Ehe haben diese Wochen gutgetan.

Was müsste mit Stand heute deiner Meinung nach unternommen werden, damit die Impfung das Match gegen die Pandemie gewinnt?

Das ist mir ziemlich klar: Erstens braucht es eine hohe Durchimpfungsrate bis zur nächsten Risikophase im Herbst – wir sprechen von 85 Prozent und mehr. Die Politik muss der Bevölkerung klarmachen, dass sich über kurz oder lang jeder Ungeimpfte infizieren wird und Covid sich so zu einer Pandemie der Ungeimpften entwickelt. Es braucht offensivere Angebote an impfskeptische Bevölkerungsgruppen, an Junge und an Menschen, die nur schwer oder gar nicht Zugang zum Internet finden. Eine rasche hohe Impfquote ist besonders wichtig, damit sich keine sogenannten Fluchtvarianten ausbreiten. Ein langsamer Fortschritt der Impfkampagne ist der ideale Nährboden für Mutationen, gegen die Impfungen möglicherweise nicht wirken. Zweitens ist eine rechtzeitige dritte Impfung als Auffrischung nötig. Und drittens eine rasche Weiterentwicklung der Impfstoffe, um flexibel auf regionale Ausbrüche und Mutationen reagieren zu können – innerhalb von längstens hundert Tagen. Am allerwichtigsten ist es aber, die Impfung möglichst schnell weltweit zu verabreichen. Solange weite Teile Afrikas und Asiens nur geringe Impfquoten schaffen, gefährdet das auch uns. Solidarität bedeutet insofern Eigennutzen. Denk an die Mutationen: Egal, wo sie entstehen, innerhalb von kurzer Zeit gibt es sie überall auf diesem Planeten. Daher braucht es – wie insgesamt bei der Pandemie – ein völlig neues Denken: Allein kann sich niemand retten, nur wenn alle gerettet werden, ist der Einzelne sicher. Und schließlich muss weiter großzügig in die Forschung investiert werden, auch um eine Pan-Impfung, eine Impfung gegen alle Coronaviren, zu entwickeln. Mit der mRNA-Technologie sehe ich überdies die große Chance, in den nächsten Jahren auch Impfungen beziehungsweise Therapeutika gegen Krebs, Alzheimer und Parkinson zu erfinden. Und wir können es schaffen, die Form der Impfungen weiterzuentwickeln, etwa durch die Verabreichung als Spray oder als Tablette, wieder besonders wichtig für ärmere Regionen.

Das sind gute Perspektiven. Noch eins: Was siehst du als das größte Risiko?

Dass wir die genannten Ziele nicht erreichen und dass wegen der aktuellen Konzentration auf die Covid-Impfstoffe viele andere Forschungen – etwa gegen Malaria – blockiert werden. Unglaublich viel wäre jetzt möglich, wenn wir die Erkenntnisse aus der Pandemie für eine weltweite Offensive gegen schwere Erkrankungen einsetzen.

Was wünschst du dir?

Mehr öffentliches Geld für die Forschung und mehr Mitarbeiter für die zuständigen Behörden, denn die sind durch Covid-19 für die kommenden zwei Jahre weitgehend blockiert. Ich bin zuversichtlich, dass die Leute endlich erkennen, wie wichtig Wissenschaft und Forschung sind. Früher war dieser Bereich für viele weit weg, schien unbedeutend für das tägliche Leben. Das hat sich grundlegend verändert. Vielleicht antworten die Kinder bald schon auf die Frage nach ihrem Berufswunsch: Ich werde Forscherin! Ich erfinde den Impfstoff gegen Krebs.

DAS ZWEITE JAHR

5. Jänner 2021

Bericht aus dem Maschinenraum

Nach dem phantastischen Start der Impfung kippt die öffentliche Stimmung innerhalb von nur wenigen Tagen ins Gegenteil, in Österreich und in ganz Europa. Offensichtlich erwarten viele, dass ab sofort große Bevölkerungsgruppen geimpft werden können. Dabei war immer geplant, vorerst nur Probeimpfungen durchzuführen, um Bestellsystem, Verteilung und Organisation in den Altenheimen zu testen – und erst dann in die Breite zu gehen, wenn alles entsprechend funktioniert und größere Impfstoffmengen von den Produzenten geliefert werden.

In Österreich wird seit dem Jahreswechsel skandalisiert. Ist unsere Kommunikation dafür verantwortlich? Die Erwartung, dass Rettung jetzt und sofort und für jeden kommen muss? Mit dem symbolischen Impfstart vor dem Jahreswechsel haben wir offensichtlich europaweit zu hohe Erwartungen geweckt.

Als ich heute zur Verhandlungsrunde über Öffnungsschritte komme, die von der ÖVP gewünscht werden, traue ich meinen Augen nicht, als ich erlebe, was sich vor dem Eingang in den Sitzungsraum abspielt: Tourismusministerin Elisabeth Köstinger ermahnt mich im ORF-TV-Interview, bei der Durchführung der Impfung schnellstmöglich in die Gänge zu kommen. Anschließend thematisiere ich bei den Verhandlungen das Vorgehen der vergangenen Tage: keine gemeinsame Linie, kaum

Abstimmung, öffentlicher Dissens. Es ist ja nicht neu: Kommt öffentliche Kritik, habe ich den Eindruck, dass sich Kurz wegduckt. Anstatt sich gegen die Welle der Kritik zu stellen oder von der Welle erfasst zu werden, surft er auf ihr. Das macht die Zusammenarbeit – höflich formuliert – schwierig. In dieser herausfordernden Phase können wir politische Spielchen innerhalb der Regierung nicht gebrauchen.

Auf Twitter wird die Kritik der Ministerin an mir bestätigt, der Streit schaukelt sich an den Forderungen nach Öffnungsschritten hoch, die meiner Meinung nach überzogen sind. Ich verlasse die Sitzung unter Protest. Es ist mir wichtig, Grenzen zu markieren: So will ich in einer Pandemie nicht arbeiten. Krisenbekämpfung muss vor dem Gegeneinander der Parteipolitik stehen. Wer zu schnell öffnet, provoziert die nächste Welle und damit den nächsten Lockdown.

Die Verhandlung wird unterbrochen. Aussprache im Büro des Bundeskanzlers. Fortsetzung der Gespräche nach einer Stunde.

Die ÖVP wünsche raschere Öffnung, wird mir von Mitarbeitern vermittelt. Wäre ich in diesem Punkt beweglicher, dann sei mehr Entgegenkommen und auch öffentliche Unterstützung bei den Impfungen möglich, wird spekuliert. Eine Vermutung, die ich so nicht glauben will. Ich entschließe mich, auf meinem Weg zu bleiben.

Als ich am nächsten Abend mit einigen Gesundheitsministerkollegen aus EU-Staaten telefoniere, merke ich, dass diese in ihren Ländern ähnliche Debatten führen. Aus dem Jubel ist in der Berichterstattung vehemente Kritik geworden. Der *Guardian* stellt einige Tage später Schlagzeilen aus internationalen Blättern zusammen: Alle bekritteln den zu langsamen Impfstart, teilweise sind die Schlagzeilen beinahe identisch. Was vor wenigen Tagen noch europaweit für Jubel gesorgt hat, wird jetzt zum Skandal gemacht.

Der österreichische Impfbeauftragte Clemens Martin Auer erhält von mir den Auftrag, mit der ÖVP noch enger zu kooperieren. Außerdem rufe ich eine »Steuerungsgruppe Impfen« ins Leben, in der die Mitarbeiter des Bundeskanzlers ebenso vertreten sind wie alle an der Impfkampagne beteiligten Organisationen und Abteilungen – von der Logistik bis zum Bestellshop und dem Bundesheer, dessen Unterstützung hervorragend klappt. Ich übernehme selbst die Leitung. Motto: Einbindung schafft Mitverantwortung.

8. Jänner 2021

Bericht aus dem Maschinenraum

Seit Monaten haben die Mitarbeiterinnen und Mitarbeiter des Gesundheitsministeriums die Impfkampagne vorbereitet, die Sozialpartner und viele andere für ein aktives Mittragen gewonnen, Koordinatoren wurden von den Bundesländern bestimmt, eine Impfstrategie entworfen und beschlossen. Die Reihenfolge der Impfungen ist klar, sie richtet sich nach dem Risiko: Als Erstes sind Bewohner und Mitarbeiterinnen der Altenheime, das Gesundheitspersonal und Hochrisikopatienten dran.

Zur weiteren Verstärkung der Zusammenarbeit findet heute eine Videokonferenz mit den Landeshauptleuten statt. Wir präsentieren, was seit Monaten gemeinsam vorbereitet wurde: Impfstrategie, Beschaffungsmengen und Organisationskonzept; Bestellung via E-Shop, logistische Auslieferung durch externe Profis und organisatorische Unterstützung durch das Bundesheer.

Wie aus dem Nichts kommt für mich die plötzliche Forderung der Mehrzahl der Länder, die Umsetzung der Impfkampagne selbst zu übernehmen. Ich bin völlig überrascht, es gab keinerlei Vorinformation. Ich schicke Bundeskanzler Kurz ein Protest-SMS – er meint nur, die Länder würden das eben unbedingt wollen. Aus der ÖVP höre ich einige Tage später, dass das auch mit ihm so vorbesprochen war, ohne mich zu informieren.

Nach langen Diskussionen, in denen ich allein das bisherige Konzept vertrete, entsteht ein Kompromiss: Beschaffung, E-Shop, Logistik durch den Bund, vollständige Umsetzung der Impfkampagne in den Ländern durch die Länder. Ich setze noch durch, dass dies auf Basis der Impfstrategie geschehen müsse, und lasse eine entsprechende Verordnung erarbeiten, mit der die Impfstrategie verpflichtend wird. Konsequent umgesetzt wird das freilich nicht von allen. Journalisten, die von diesen Vorgängen nichts wissen, fragen immer wieder bei mir nach, was der Kanzler gegen mich habe, warum er bei der Impfkampagne Stimmung gegen mich mache.

5. Februar 2021

Bericht aus dem Maschinenraum

Wieder ein Erfolg: Nach wochenlanger Diskussion über den Ausbau von Testungen und ersten Öffnungsschritten kann ich in einer gemeinsamen Pressekonferenz mit der Wirtschaftsministerin und der Chefin der Apothekerkammer einen großen Schritt präsentieren. Das flächendeckende Testangebot, das für den Zugang zu Dienstleistungen wie Friseurbesuchen notwendig ist, steht. Am Montag kann's losgehen.

Der Bundeskanzler hat sich seit Wochen stark für Massentestungen eingesetzt. Nun wechseln wir gemeinsam von dieser Strategie auf Zugangstests: Das wird eine Vervielfachung an Ergebnissen bringen, weil wir nun nicht nur die Freiwilligen, sondern alle an den Zugängen etwa zu den Friseuren Interessierten erreichen, es wird die Dunkelziffer verringern und vorsichtige Öffnungen ermöglichen – in einer großangelegten Zusammenarbeit mit den Bundesländern, die für die Teststraßen zuständig sind; den Kommunen, die Lücken mit Testangeboten in Gemeindehäusern schließen wollen; den Betrieben, die geförderte Testungen an ihren Standorten durchführen; und den Apothekerinnen und Apothekern, die kurzfristig einsteigen. Ein tolles Zusammenwirken, ein wirklicher Durchbruch, ich freue mich sehr. Antigen- und PCR-Tests werden mittlerweile in Österreich im großen Stil eingesetzt.

Es ist kein Jahr vergangen, seit Wissenschaftlerinnen und Wissenschaftler die Möglichkeit geschaffen haben, Corona-Infektionen durch das Adaptieren der gängigen PCR-Tests präzise nachzuweisen. In der Pionierzeit war das teilweise echtes Handwerk. Inzwischen werden tausendmal mehr Tests durchgeführt, das Ergebnis liegt im Regelfall innerhalb von 24 Stunden vor. Antigen-Tests sind eine wichtige Ergänzung, bergen aber auch das Risiko falscher Ergebenisse, müssen also stark mit PCR-Tests gekoppelt werden. Österreich ist eines jener Länder, die weltweit am meisten testen. Das ist wichtig, weil dadurch die Dunkelziffer niedrig gehalten wird, Infektionsketten getrennt werden können und wir starke Veränderungen des Infektionsgeschehens rascher erkennen. Ja, es geht voran!

18. Februar 2021
Astrid Norton
Die Maßnahmen wirken

Die Menschen werden zunehmend ungeduldig und nervös: Ein Ende des Winters ist nicht in Sicht, der Frühling ist weit weg, das Wetter gefällt dem Virus und lässt die Stimmung der Leute auf den Tiefpunkt sinken.

Manchmal gibt es aber gute Nachrichten: Nach dem Höhepunkt Mitte November konnte die Zahl der Neuinfektionen durch den Lockdown zunächst stabilisiert und dann schrittweise gesenkt werden. Kontaktbeschränkungen, Abstandsregeln, Maskenpflicht – all das zeigt auch diesmal Wirkung. Vor einem Jahr hatten besseres Wetter, steigende Temperaturen und ein breiter gesellschaftlicher Konsens zur Entspannung beigetragen. Jetzt ist es zwar kalt, die Stimmung ist depressiv, im Land prallen die Gegensätze aufeinander, trotzdem funktionieren die Maßnahmen. Der drohende Zusammenbruch des Gesundheitssystems und die befürchteten Triagen haben die Bevölkerung aufgerüttelt und das Verhalten der Mehrheit geprägt. Die Infektionswerte liegen wieder dort, wo sie im September waren. Auch von den Intensivstationen kommen Signale einer Entspannung. Nach wie vor jedoch werden die meisten der mittlerweile mehr als 150 Verordnungen des Gesundheitsministeriums vor dem Höchstgericht angefochten. Der entscheidende Punkt dabei ist neben der formalen Korrektheit die Frage der Verhältnismäßigkeit und Wirksamkeit der Maßnahmen, die schwere Eingriffe in die Grundrechte und Milliarden an Kosten für Staat und Wirtschaft verursachten.

Forschungsleiterin Astrid Norton recherchierte aufs Neue die internationale Sicht und bringt sie zur Kenntnis:

Die Wirksamkeit der Maßnahmen ist weltweit klar belegt: Unmittelbar nach ihrer Umsetzung beginnen die Infektionszahlen zu sinken, wie sich anhand aller umgesetzter Lockdowns belegen lässt. Mehr noch, schon ihre Ankündigung sorgt für Vorsicht. Je schneller und konsequenter agiert wird, desto positiver sind die Auswirkungen, desto schneller können steigende Infektionszahlen wieder verringert werden. Dazu kann ich bei Bedarf eine Analyse einiger Staaten und auch jene von WHO und ECDC nachliefern, die eindeutig belegen, dass in allen Fällen auf Kontaktbeschränkungen dämpfende Auswirkungen auf die Entwicklung der Neuinfektionen folgen. Dazu kommen unterschiedliche Detailstudien. Ebenfalls dramatische Verbesserungen bestätigen Studien, die im Fachmagazin *Nature* veröffentlicht wurden. Danach haben die Maßnahmen vom Beginn der Pandemie bis zum 6. April 2020 allein in den sechs untersuchten Ländern China, Südkorea, Italien, Iran, Frankreich und den USA rund 530 Millionen Infektionen verhindert. Studienleiter Solomon Hsiang von der UC Berkeley fasst seine Ergebnisse so zusammen: »Kein anderes menschliches Unterfangen hat jemals in so kurzer Zeit so viele Leben gerettet.«[38] Und auf besonders breiter Basis haben Wissenschaftler von der Monash University Melbourne den Effekt analysiert und dafür insgesamt 72 Studien über die Wirksamkeit der Corona-Maßnahmen untersucht. Alle Daten zusammengenommen, senkt die räumliche Distanz die Infektionszahlen etwa um ein Viertel, Masken reduzierten die Ansteckungen sogar um fünfzig Prozent.[39]

So zeigt eine Untersuchung der Universität Oxford[40], dass strenge Kontaktbeschränkungen zu den wirksamsten Maßnahmen gegen die Covid-Pandemie zählen. Dabei wurde untersucht, wie stark sich nichtpharmazeutische Maßnahmen auf die Absenkung der effektiven Reproduktionszahl und damit das Ansteckungsrisiko in einer Region auswirken. Sehr strenge Kontaktverbote erreichen eine Verringerung um 26 Prozent, nächtliche Ausgangsbeschränkungen um 13 Prozent, die Schließung der Gastronomie um 12 Prozent.

Auch höchstgerichtliche Urteile in verschiedenen Ländern dokumentieren, dass Maßnahmen gerechtfertigt und notwendig waren, Wirksamkeit zeigten und punktgenau gesetzt werden mussten. Die allermeisten Höchstgerichte bestätigten in Beantwortung von Einwendungen die grundsätzliche Notwendigkeit und Wirksamkeit.

Im Umkehrschluss ist eine parlamentarische Untersuchung der Vorgehensweise der britischen Regierung in den ersten Pandemiemonaten ein Beleg dafür, wie dramatisch die Auswirkungen verspäteter und falscher Maßnahmen sind: In dem 151 Seiten starken Report wird die Strategie der Regierung Johnson analysiert. In den ersten Monaten der Pandemie wurde im Vereinigten Königreich auf eine kontrollierte Durchseuchung der Bevölkerung gesetzt, um Herdenimmunität zu erreichen. Es wurde wochenlang kaum getestet, und die Umsetzung von Schutzmaßnahmen kam zu spät. Das Hinauszögern eines Lockdowns wird von der Kommission als »eines der schwersten Versäumnisse im Bereich der öffentlichen Gesundheit in der gesamten Geschichte des Landes« bezeichnet.[41]

Schutzmaßnahmen sind also wirksam und haben bisher Millionen an Menschenleben gerettet. Der französische Sozialwissenschaftler Jean Viard rechnet damit, dass andernfalls bereits zehnmal mehr Menschen an den Folgen der Pandemie gestorben wären.

Zudem hatten die Maßnahmen nicht nur eine großartige Auswirkung bei der Bekämpfung der Covid-Pandemie, nebenbei haben sie dafür gesorgt, dass auch die Zahl der Grippetoten von jährlich Hunderttausenden heuer auf beinahe null gesunken ist. Warum die Grippewellen vor Covid-19 regelmäßig kamen und nach wenigen Monaten mit steigenden Temperaturen wieder abebbten, konnte bis heute wissenschaftlich nicht vollständig geklärt werden. Auch andere Erkrankungen wurden als positive Nebenwirkung der Corona-Maßnahmen massiv verringert: alle Infektionserkrankungen, vor allem bakterielle wie Lungenentzündungen und Meningitis, aber auch Erkrankungen wie Asthma.

Das Magazin *The Atlantic*[42] dokumentiert anhand vieler Einzelfälle die Situation von Asthmakranken, die sich vor allem zu Beginn der Pandemie besonders gefährdet fühlten. Ihre Ängste bewahrheiteten sich glücklicherweise nicht: Zur allgemeinen Überraschung bezeichnen viele 2020 als – für sie –»schönes Jahr«. In den USA, wo die Erkrankung in den vergangenen Jahrzehnten durchschnittlich 3500 Menschenleben jährlich forderte, ging die Zahl der Asthmaanfälle um durchschnittlich vierzig Prozent zurück.

Das ist zunächst großartig, mittelfristig liegt darin aber auch ein Risiko, gibt Astrid zu bedenken: Erkrankungen tragen dazu bei, dass Immunität entsteht. Fehlt diese und werden die Schutzmaßnahmen zu schnell abgesetzt, kann das besonders schwere Grippewellen auslösen. Eine gute, vorsichtige Steuerung bleibt daher dringend erforderlich.

Eindrucksvoll schließlich ist – um zu Covid-19 zurückzukehren – eine uns bereits bekannte Untersuchung aus Wien.[43] Sie belegt, dass es viermal so viele Infektionen gegeben hätte, wenn der Lockdown in der ersten Welle im März 2020 auch nur um eine Woche später gekommen wäre. Es sind also die alten, seit Jahrhunderten erprobten Maßnahmen, die nachweislich gegen eine Seuche wirken: Hygiene, Mindestabstand, Schutzmasken, Kontaktbeschränkungen sind hundertfach wissenschaftlich belegt und werden generell von Höchstgerichten nicht in Frage gestellt.

So weit die konkreten Auswirkungen der Schutzmaßnahmen. Die vorliegenden Daten sollten vor den Höchstgerichten eine eindeutige Beweisführung ermöglichen, schließt Astrid Norton.

7. Februar 2021

Bericht aus dem Maschinenraum

Tirol: Ein Ausbruch der gefährlichen Südafrika-Variante alarmiert die Fachwelt. Ich berufe sonntags eine Dringlichkeitssitzung ein und bringe Fachleute, denen ich besonders vertraue, mit der Landesregierung in Innsbruck und dem Gesundheitsministerium virtuell an einen Tisch. Ich bin entschlossen, alles zu unternehmen, damit sich ein Desaster wie in Ischgl nicht wiederholt.

Zuletzt gab es immer wieder Probleme in Tirol, vor allem in Zusammenhang mit den geöffneten Liften, für die das Land Tirol ebenso wie Vorarlberg und Salzburg gekämpft hat. Unser Ziel, klassischen Wintertourismus und damit große Besucherströme durch geschlossene Hotels zu unterbinden, wird von Hunderten Zweitwohnungsbesitzern umgangen, indem sie eine Gesetzeslücke nutzen. Manche bieten Dritten ihre Wohnungen gegen Mietzahlungen an. Besonders skrupellos gehen Einzelne vor, die in Großbritannien und Skandinavien Flüge bis Zürich samt anschließender Zugfahrt in die schönen Tiroler Berge anpreisen. Bei Nachfrage behaupten die Gäste, sich zu Ausbildungszwecken in den Skiorten aufzuhalten – somit dürfen sie dort wohnen. Es gelingt, diesen gefährlichen Unsinn in Zusammenarbeit mit Landeshauptmann, Bürgermeistern und Exekutive zu stoppen. Ein Problem bleibt, und zwar ein großes: Die neue, in Südafrika erstmals nachgewiesene Corona-Mutante, die später die Bezeichnung Beta erhält, ist in Tirol aufgetaucht.

In der Videokonferenz sind auch internationale Fachleute zugeschaltet, unter anderem der Virologe und Impfstoffforscher Florian Krammer aus New York. Alle bestätigen sie den dringenden Handlungsbedarf, um eine Ausbreitung von Tirol auf Österreich und ganz Europa zu verhindern. Jetzt geht es um die politische Durchsetzung von Maßnahmen.

Wir verhandeln zu dritt am Telefon: ÖVP-Landeshauptmann Günther Platter in Innsbruck, Bundeskanzler Sebastian Kurz im Bundeskanzleramt und ich im Gesundheitsministerium. Es ist mühsam. Platter kündigt eine Reihe von Maßnahmen an, steht aber offensichtlich unter schwerem Druck seitens der Tiroler Wirtschaftsvertreter, die sich bereits in Fernsehauftritten positioniert haben. Notwendige strenge Regeln will der Landeshauptmann nicht akzeptieren, vor allem eine Quarantäne für das von Beta am stärksten betroffene Tal kommt für ihn nicht in Frage. Bundeskanzler Kurz hingegen unterstützt mich in allen Belangen. Wir lassen uns nicht einsperren, tönt es wiederholt aus dem Mund von Günther Platter. Damit gibt er die Stimmung wieder, die während der vergangenen Tage in Tirol aufgebaut wurde.

Kurz und ich versuchen alles, aber Platter lässt sich nicht bewegen. Nach dem Ende des Gesprächs ein Telefonat mit dem Bundeskanzler: Wir beschließen, die Maßnahmen unter Ausnützung aller Kompetenzen durchzuziehen. Als Platter vor vollendete Tatsachen gestellt wird, stimmt er doch zu. Zwei Tage später starten wir: Nur mehr Personen mit negativem Testergebnis dürfen Tirol verlassen.

Durch diese eine große und viele kleinere Maßnahmen sowie durch die konsequente Arbeit der Tiroler Behörden kann die Südafrika-Variante eingedämmt werden. Ein gemeinsamer Erfolg, der mich freut. Er bildet eine Ausnahme in einem seit Monaten schwieriger werdenden Arbeitsverhältnis.

24. Februar 2021
Julian
Im Bodybag

Für ihn ist es ein Beruf wie jeder andere. Er spricht über Umsatzentwicklungen, Fallzahlen, Werbung und Marktanteile. Er wundert sich, warum Innovationen in der Branche in internationalen Medien für Furore sorgen, den heimischen aber kaum eine Zeile wert sind.

Julian ist seit mehr als zwanzig Jahren Bestatter. Als Covid über das Land hereinbrach, befürchtete er wie viele andere ein Massensterben. Aber er ist nicht nur ein Mensch mit Ängsten vor Krankheit und Tod, mit Sorgen um seine Familie und Angestellte, sondern er ist auch Unternehmer, der sich Gedanken um sein Geschäft macht, nicht zuletzt darüber, wie die Herausforderung der Pandemie zu bewältigen ist. Die ist beträchtlich. Zunächst sind der Aufwand und die Kosten gestiegen – ständig müssen neue Vorschriften, neue Verordnungen und Vorgaben berücksichtig werden. Julian erinnert sich daran, dass er einer der wenigen war, die es schafften, Schutzkleidung zu bestellen, ehe diese wenig später ausverkauft war. Dann schnellte die Zahl der Todesfälle nach oben. Dreißig bis vierzig Prozent mehr

Bestattungen sorgen seit November für viel Arbeit unter erschwerten und gänzlich anderen Bedingungen als zuvor. Weitaus mehr Feuer- und weniger Erdbestattungen; Engpässe bei Särgen und Urnen; starke Beschränkung der Teilnehmerzahlen und der Musik bei den Trauerfeiern; erstmals Übertragungen von Begräbnissen im Livestream.

Julian schaffte es, dass sein Unternehmen so ein Abschiednehmen der Trauergemeinde ermöglicht, auch wenn die Hinterbliebenen der Zeremonie nicht persönlich beiwohnen können. Darüber wurde nicht hierzulande, aber in Bangladesch berichtet. Ihm ist klar, dass manche von der Pandemie erzwungenen Umstände für sein Team und die Betroffenen gewöhnungsbedürftig sind. Allein das Abholen der Leichen: Seine Leute kommen im Einmalschutzanzug mit Visier, Schutzbrille, FFP2-Maske und Überschuhen, ein Aufzug wie von Außerirdischen. Die Beratungsgespräche mit den Angehörigen erfolgen vielfach online.

Jeder Covid-Tote muss aus Gründen des Infektionsschutzes rasch nach seinem Tod in eine Leichenhülle aus Plastik eingepackt werden, den sogenannten Bodybag. Es war einige Zeit lang schwer, diese Säcke in ausreichenden Mengen aufzutreiben. Er bezieht sie aus der Ukraine.

Merkwürdig ist das schon, denkt Julian, nicht einmal während der Pandemie wird über die Arbeit der Bestatter öffentlich gesprochen. Der Tod rückt zwar ins Zentrum der Berichte, die Totengräber jedoch bleiben am Rand der Wahrnehmung.

1. März 2021
Bericht aus dem Maschinenraum

Nach der Telefonkonferenz im engsten Regierungskreis steht wieder die allgemeine Bewertung der Lage auf dem Programm. Der Tenor der Experten bei der Vorbereitung lautet: Die Infektionszahlen sind seit den Öffnungsschritten am 7. Februar deutlich gestiegen, eine noch stärkere Lockerung kommt nicht in Frage. Auch im Bundeskanzleramt warnen die Experten eindeutig vor weiteren Lockerungen. Um 11 Uhr 30 Videorunde mit den Parlamentsparteien, um 13 Uhr Beratung mit den Landeshauptleuten. Von den Telefonaten des Vortags weiß ich, dass die überwiegende Mehrheit stärker öffnen will, vor allem die Gastronomie. Die Länderchefs fordern, der Bundeskanzler hält sich heraus. Ich übe mich in der Fertigkeit des Nein-Sagens und erkläre den Sitzungsteilnehmern klar und deutlich: nicht mit mir als Gesundheitsminister! Mehrfach wird die Sitzung mangels Fortschritten unterbrochen und schließlich ohne weitreichende Ergebnisse beendet.

Über die Rolle des Bundeskanzlers kann ich nur rätseln. Hat er eine eigenständige Position? Setzen ihn die sechs ÖVP-Landeshauptleute, die schnellere Öffnungen fordern, unter Druck? Oder schiebt er sie vor? Die Linie von Sebastian Kurz hat sich im Lauf der Pandemie stark verändert: Zu Beginn war er der Antreiber und ein guter Partner mit gleichen oder zumindest ähnlichen Zielen. Im Sommer 2020 begann er seinen Kurs zu ändern. Seine Unterstützung für Teile der Corona-Ampel blieb aus. Als es im November eng wurde, klappte die Kooperation wieder. Seit dem Jahreswechsel haben wir Konflikte um Impfungen und Öffnungsschritte. Direkte Fragen blockt er ab. Vom Antreiber zum – in meiner Wahrnehmung – Bremser, aber warum? Hat sich die Macht in der ÖVP zugunsten der Länder gedreht? Manchmal wirkt er auf mich, als wäre er getrieben von Umfragedaten, in erster Linie von seinen eigenen. Ich erinnere mich an den vergangenen Juli, als er nach Jahren plötzlich nicht mehr die höchsten Zustimmungswerte hatte – sondern ich. Kollegen prophezeiten mir daraufhin, dass Kurz das nicht verzeihen würde, vor allem mir nicht. Damals habe ich gelacht. Er übrigens auch, als ich ihm davon erzählte. Inmitten einer Pandemie wird wohl niemand so kindisch sein, entgegnete ich und wischte solche Gedanken weg. Es geht schließlich um die Pandemie und nicht um Befindlichkeiten. Oder reagiert er auf die sinkende Zustimmung der Bevölkerung zu harten Maßnahmen und versucht, für mittlerweile Unpopuläres nicht mehr verantwortlich gemacht zu werden?

16. März 2021
Bericht aus dem Maschinenraum

Zwei Uhr früh: Ich schließe müde die Tür meines Büros und gehe langsam zum Parkplatz. Mein Fahrer wartet seit Stunden und ist hinter dem Lenkrad eingeschlafen. Nach wochenlanger Anstrengung ist es tatsächlich gelungen: Im vergangenen Herbst hat die Regierung auf den Zuwachs der Neuinfektionen zu spät reagierte. Jetzt ziehe ich eine offensive Kommunikationsstrategie durch, zum Teil ohne Abstimmung in der Koalition. Bis zuletzt betone ich öffentlich, dass es statt weiterer Öffnungsschritte eine Notbremsung braucht. Ich lege mein ganzes politisches Gewicht in die Schale, und es funktioniert.

Anstieg und Rekordzahlen an Neuinfektionen mit schweren Verläufen und Todesfällen im Oktober und November. Mitte

November ein Lockdown, der die Zahlen bis Weihnachten herunterdrückt. Eine vorsichtige Öffnung rund um den Jahreswechsel, danach wieder harter Lockdown bis Anfang Februar, der anschließend schrittweise gelockert wird: Zuerst fallen die Ausgangsbeschränkungen, dann dürfen mit negativen Tests körpernahe Dienstleistungen wie Friseurbesuche wieder in Anspruch genommen werden. Gleichzeitig wird ein flächendeckendes Testungsangebot geschaffen. Eine gewaltige Tour, die an meinen Kräften zerrt. Nicht zu vergessen, dass zwischendurch die sogenannte Südafrika-Variante in einem Teil des Landes um sich griff. Tagelang schalteten die Regionalpolitiker auf stur und lehnten Maßnahmen wie Ausreisebeschränkungen für nicht getestete Personen ab, bis sie endlich einlenkten. Als die Neuinfektionszahlen ab Mitte Februar wieder deutlich stiegen und die Landeshauptleute dennoch verlangten, Öffnungsschritte zu setzen, fühle ich mich vom Bundeskanzler alleingelassen, er verhielt sich neutral. Als sich dann in einigen Ländern eine Überlastung der Intensivstationen anbahnt, lege ich mich öffentlich fest: keine weiteren Öffnungen! Ganz im Gegenteil, regionale Lockdowns in der hauptbetroffenen Ostregion als echte Notbremse.

Am Tag der entscheidenden Sitzung hatte ich die Details der aktuellen wissenschaftlichen Analysen und Prognosen parat. Fazit: Um keine Überlastung des Gesundheitssystems zu riskieren, müsse man wieder schließen, anstatt zu öffnen. Es folgte heftiger Widerspruch der Länder, aber keinerlei Unterstützung durch den Bundeskanzler. Das Hauptargument: Ein Lockdown sei sinnlos, weil die Bevölkerung nicht mehr zum Mitmachen zu bewegen sei.

Ich frage zurück: Hebt ihr auch Geschwindigkeitsbeschränkungen auf, weil jemand zu schnell fährt? Wer verantwortet die

Toten, wer den Zusammenbruch der Intensivstationen? Diese Botschaft trommle ich über Tage in der Öffentlichkeit. Zwischen den Sitzungen telefoniere ich tagtäglich mit jenen, die auf den Intensivstationen arbeiten, meine Position stützen und dabei immer verzweifelter und wütender werden.

Und keine guten Nachrichten aus den Spitälern. Im Gegenteil, die Situation spitzt sich zu. Inzwischen werden immer mehr jüngere Patienten hospitalisiert. Sie müssen innerhalb von Stunden von der Normalstation auf Intensiv verlegt werden, so schlecht ist ihr Zustand. Die britische Variante hat uns im Griff, wir sind mitten in der dritten Welle, und niemand versteht, dass noch immer von Öffnungen gesprochen wird. Braucht es wirklich wieder so viele Tote wie im Herbst, bevor unser Land aufwacht?

Einige Landeshauptleute argumentieren währenddessen, dass niemand einen Lockdown und andere, härtere Maßnahmen einhalten würde. Es ist zum Verzweifeln: Mit Populismus können wir die Pandemie nicht stoppen. Wir wissen doch mittlerweile, dass es nach Maßnahmen etwa zwei Wochen dauert, bis die Infektionszahlen sinken. Und dann dauert es noch einmal zwei Wochen, bis diese Entwicklung in den Intensivstationen ankommt.

In den Folgetagen gelingt es tatsächlich, über Experten und über Medien so viel Druck zu erzeugen, dass riskante Öffnungen unterbleiben und wir uns auf eine Sondersitzung mit den hauptbetroffenen Bundesländern einigen, in denen die Situation in den Intensivstationen besonders schwierig ist.

16. März 2021
Bericht aus dem Maschinenraum

Die Sondersitzung mit den Landeshauptleuten Ostösterreichs bereite ich besonders gut vor. Einerseits durch Telefonate mit dem Wiener Bürgermeister Michael Ludwig – er hat sich nun mit seinen Experten ins Einvernehmen gesetzt und versichert mir seine Unterstützung für strengere Maßnahmen. Andererseits spreche ich mit Fachleuten und Journalisten, die bei der abendlichen Verhandlung dabei sein werden. Das Umdenken von Ludwig finde ich bemerkenswert, er hat seinen Experten offensichtlich zugehört und vertritt nun eine neue, engagierte Position. Respekt!

Um 19 Uhr treffen Ludwig, die niederösterreichische Landeshauptfrau Johanna Mikl-Leitner und ihr burgenländischer Amtskollege Hans Peter Doskozil im Ministerium ein. Die Anspannung steigt. Als ersten Tagesordnungspunkt habe ich eine Expertenanhörung im großen Sitzungssaal angesetzt. Die Wissenschaftler sprechen die Fakten klar und deutlich aus, Bürgermeister Ludwig interpretiert sie eindeutig, antwortet mit Klartext.

Dann ist das Wort bei Doskozil: »So habe ich das noch nicht gehört, das ist jetzt neu für mich. Ihr meint also, wir brauchen jetzt auf jeden Fall einen Lockdown in der Ostregion?«

Die Experten bejahen; ich beende die Anhörung, wir Politiker gehen im engsten Kreis in mein Büro, um über die erforderlichen Schritte zu beraten. Mehrfach schaltet sich der Bundeskanzler telefonisch zu. Er versichert zum einen, alles mitzutragen, was wir heute beschließen. Zum anderen will er aber nicht verstehen, warum man den Handel und die Geschäfte schließen soll, bei denen es keine Ansteckungen gebe. Die Verhandlungen drehen sich dadurch wieder im Kreis, Stunden vergehen, es ist intensiv, aber respektvoll. Doskozil hat sich unterdessen auf die Seite von Bürgermeister Ludwig und mir geschlagen. Respekt, auch er hat damit seine bisherige Position fallenlassen. Gegen zwei Uhr früh ist auch die Landeshauptfrau von Niederösterreich für die gemeinsame Linie: harter Lockdown in der gesamten hauptbetroffenen Region Ostösterreichs. Während in den nächsten Stunden die Juristinnen und Juristen an der Formulierung der notwendigen Verordnung arbeiten, wird eine Pressekonferenz zur Präsentation der Ergebnisse einberufen.

Nach wochenlangen Streitereien ist es durch einen Kraftakt gelungen, das Ruder noch einmal herumzureißen. Bei der Präsentation der Beschlüsse trete ich gemeinsam mit dem Wiener Bürgermeister, der Landeshauptfrau von Niederösterreich und dem burgenländischen Landeshauptmann auf. Wir signalisieren der Bevölkerung das Miteinander von Bund und Ländern, zeigen uns auf einer klaren Linie. Der Bundeskanzler nimmt nicht teil, aus Termingründen.

26. März 2021
Andrea
Team Long Covid

Die Ereignisse und Erkenntnisse überschlagen sich. Nachdem Long Covid monatelang weitgehend ignoriert wurde, beschäftigen sich nun zahlreiche internationale Studien mit der Krankheit, wöchentlich fast werden neue Forschungsergebnisse vorgelegt. Erste Schätzungen geben Auskunft über das Ausmaß des Problems.

Sie lassen befürchten, dass rund zehn Prozent der Covid-

Infizierten längerfristige Schäden erleiden – darunter deutlich mehr Frauen als Männer. Andere Studien sprechen von weltweit bis zu 16 Millionen Long-Covid-Erkrankten mit einer hohen Dunkelziffer. Eine Langzeitstudie der Gutenberg-Universität sowie der Universitätsmedizin Mainz belegt, dass knapp 40 Prozent der Erkrankten auch sechs Monate nach der Infektion an Beschwerden leiden, Frauen häufiger als Männer.[44] Eine weltweite Metastudie, die 56 Studien analysiert, setzt die Zahl der Betroffenen sogar noch höher an. Demnach leiden 54 Prozent der Covid-Erkrankten sechs Monate nach der Infektion an zumindest einem starken Symptom.[45]

In den USA zeigen Analysen[46] von 260 000 Krankengeschichten, dass ein Drittel der Genesenen sechs Monate nach Ausbruch der Infektion von neurologischen, körperlichen oder psychischen Beeinträchtigungen geplagt wird. Das belegt auch eine im Fachjournal *The Lancet Psychiatry*[47] publizierte Studie der Universität Oxford.

Dass schwere Infektionen Monate oder Jahre nach der Akuterkrankung Folgeerscheinungen auslösen können, ist bekannt. Etwa Herpesviren, die Jahrzehnte später zu den bekannten Bläschen an den Lippen, aber auch zu Gürtelrose oder dem Pfeiffer'schen Drüsenfieber führen können, in Einzelfällen sogar zu Diabetes und Multipler Sklerose – oder zum Chronischen Fatigue-Syndrom (CFS), auch bekannt als Myalgische Enzephalomyelitis (ME). Das ist eine schwere neuroimmunologische Erkrankung, die auch von eigentlich harmlosen Rhinoviren oder einer Influenza ausgelöst werden kann und kaum erforscht ist, obwohl sie äußerst häufig auftritt: Allein in Deutschland dürften laut Schätzungen etwa 250 000 Patientinnen und Patienten an diesem Syndrom leiden.

Immer deutlicher wird zudem, dass Covid nicht nur die Lunge attackiert, sondern auch alle anderen Regionen des Körpers, die von der Blutzirkulation gut erreicht werden wie die Nieren. Auswirkungen der Infektion auf das Gehirn hatten erste Studien schon im August 2020 nachgewiesen. Besonders alarmierend dabei sind Indizien der Cleveland Clinic, die Parallelen mit den Vorgängen bei Alzheimer-Erkrankungen befürchten lassen.[48]

Immer mehr Betroffene fühlen sich von den Forschungsergebnissen bestätigt, sie nehmen ihre Symptome im Widerspruch zu einer zunächst zum Teil skeptischen Ärzteschaft ernst und suchen nach einer Behandlung. Durch die wachsende Diskussion in der Fachwelt beschäftigen sich auch immer mehr Medizinerinnen und Mediziner mit der Krankheit. Eine dieser engagierten Ärztinnen sorgt dafür, dass die Long-Covid-Patientin Andrea, die inzwischen eine Selbsthilfegruppe gegründet hat, in einer stationären Rehabilitation aufgenommen wird.

Vier Wochen wird sie dort behandelt, was ihr guttut. Die Symptome sind zwar nicht verschwunden, aber merklich zurückgegangen. Die schwierigen Phasen werden kürzer.

Wenn die internationalen Studienergebnisse auch eindeutig sind, so bedeutet Long Covid nach wie vor für viele Betroffene Probleme mit dem Arbeitgeber, Unsicherheit bei der Krankschreibung und eine oft schier endlose Suche nach der richtigen medizinischen Begleitung. Obwohl erste spezialisierte Ambulanzen als Ansprechstelle entstehen, fehlt es an vielen Orten noch an Ressourcen. Das Gesundheitssystem reagiert nur langsam darauf. Zu langsam für viele Betroffene.

Die Long-Covid-Betroffenen Andrea und Miriam sehen sich in demselben Dilemma. Als Patientinnen brauchen sie vor allem Erholung und Unterstützung. Aber damit es diese Unterstützung gibt, müssen sie viel mehr an Selbsthilfearbeit leisten, als gesund für sie ist. Mit der Arbeit im Selbsthilfeverein bewegen sie viel. Einige Tage nachdem Andrea ihre Reha beendet hat, ist es so weit: Als Vereinsvorstand treffen sie sich mit der Forschungskoordinatorin Astrid Norton sowie Expertinnen und Experten des Gesundheitsministeriums. Andrea und Miriam berichten von ihren eigenen Krankheitsverläufen, fordern die Aufnahme von Long Covid als anerkannte Erkrankung und eine spezifische Ausbildung von Ärztinnen und Ärzten.

Astrid Norton berichtet vom Stand der wissenschaftlichen Erkenntnis: Covid ist eine entzündliche Erkrankung, die überall Schäden verursachen kann, wo viele Gefäße vorhanden sind. Daher sind neben der Lunge auch die Nieren und manchmal das Gehirn stark betroffen. Es gibt Hinweise auf eine Beteiligung des zentralen Nervensystems. Greift Covid auf das Gehirn über, ist das Ausmaß der dortigen Entzündungen überraschend groß. Warum sich die Erkrankung bei vielen längerfristig auswirkt und bei manchen erst nach Wochen oder Monaten richtig spürbar wird, darüber herrscht noch keine Sicherheit.

Dann berichtet Astrid von Studien aus Wuhan, die bereits bekannte Ergebnisse aus den USA und anderen Teilen der Welt bestätigen: Selbst unter den Erkrankten, die nicht auf die Intensivstation gebracht werden mussten, weisen 21 Prozent nach zwölf Monaten deutliche Beschwerden auf. Sechs Monate nach der Entlassung aus dem Spital haben 68 Prozent der Patientinnen und Patienten, nach einem Jahr 49 Prozent zumindest ein Symptom: Einzelne davon – etwa Muskel- und Kopfschmerzen – nehmen im Lauf der Zeit sogar zu. Über die Ursachen wird gerätselt.[49] Das Forschungsjournal *The Lancet* bezeichnet Long Covid aufgrund dieser Studie als »Gesundheitsherausforderung allererster Ordnung«. Insgesamt erwarten die Covid-Expertinnen und Experten allein in Europa in den kommenden

Jahren Hunderttausende chronisch Kranke, für die sofort ein medizinisches Versorgungsnetz aufgebaut werden müsse.

Aus der geplanten Stunde für die Besprechung werden drei. Drei Stunden, die Klarheit und Hoffnung schaffen. Astrid Norton fasst die notwendigen Schritte zusammen: Long Covid gemeinsam bekannt machen, die Ärztinnen und Ärzte besser informieren und über die weltweiten Forschungsergebnisse aufklären, Leitlinien für die Behandlung entwickeln. Und die Erkrankung anerkennen und ihre Behandlung rasch in das Gesundheitssystem integrieren.

Andrea und Miriam sind nicht gesund, sie sind aber erleichtert: Sie haben sich nichts eingebildet, sie sind nicht allein, und das Gesundheitssystem wird jetzt reagieren, hoffen sie.

Aber wie lange wird es dauern, bis Long Covid als Diagnose akzeptiert ist und entsprechende Therapieeinrichtungen aufgebaut werden? Und wann werden die Entscheidungsträger verstehen, dass sie Unmengen an Long-Covid-Erkrankungen produzieren, wenn sie auf eine Vorgehensweise gegen die Pandemie setzen, die zu viele Infektionen zulässt? Im Normalfall Jahre. Aber was ist in dieser Krise normal?

27. März 2021
Stefan
Das Match seines Lebens

Stehen kann er, gehen noch nicht. Innerhalb von drei Wochen hat er 17 Kilogramm abgenommen, das Volumen seiner Oberschenkelmuskulatur hat sich beinahe halbiert. Vor seiner Covid-Erkrankung war Stefan Spitzensportler und entsprechend gut trainiert, jetzt versagen seine Beine bei dem Versuch, einen einzigen Schritt zu tun. Ein Pfleger muss ihn im Rollstuhl bis zum Auto seiner Partnerin bringen. Das Einsteigen wird zum Kraftakt, der mit Hilfe von beiden gelingt. Als Stefan endlich neben der Fahrerin sitzt, ist er schweißüberströmt und stärker ausgepumpt als nach einem intensiven Wettkampf. Er atmet tief durch. Der Druck ist weg, endlich plagen ihn keine Todesängste und keine Panik mehr. Es ist, als wäre ihm ein neues Leben geschenkt worden. In diesem Moment ist er nur dankbar, ergriffen von einer tiefen Dankbarkeit. Er weint wie noch nie in seinem Leben, bis sie zwanzig Minuten später vor ihrer Wohnung in der Vorstadt ankommen. Dort wischt er sich die Tränen aus dem Gesicht: Die nächste Herausforderung wartet. Ausgerechnet heute ist der Aufzug ausgefallen. Sein Sohn Philipp muss ihn die Treppen hinauftragen. Ein verwirrendes Gefühl, vor mehr als zwanzig Jahren ist es umgekehrt gewesen.

Nach dreiwöchiger Covid-Erkrankung ist der Spitzensportler Stefan ein physisches Wrack. Aber er hat es geschafft, er ist zuhause, hat seinen größten Sieg errungen, den über den Tod.

Stefan lacht und schwitzt und weint. Und er weint, schwitzt, lacht.

Hunderte Millionen Menschen sind mit Covid infiziert, mehrere Millionen sind verstorben. Ein Ende ist nicht absehbar. Ganz im Gegenteil: Auch nach mehreren Lockdowns nehmen die Infektionszahlen wellenförmig zu. Mutationen sorgen dafür, dass das Ansteckungsrisiko steigt und die Krankheitsverläufe schneller und schwerer werden.

Stefan liegt in seinem Bett, das Fenster ist geöffnet, frische, kalte Luft dringt in das Zimmer. Er atmet und erinnert sich an die Wochen, die beinahe seine letzten geworden wären. An den Moment, als seine Partnerin Lisa in die Wohnung stürzt und ihm mitteilt, dass sie positiv getestet wurde. An die hektischen

Vorkehrungen, um durch eine Trennung des Haushalts zu verhindern, dass sich er und die beiden Kinder anstecken. An die positiven PCR-Tests später, die zeigen, dass das alles nichts genützt hat. Während die Kinder und Lisa nur leichte Symptome zeigen, werden bei ihm die Gliederschmerzen immer heftiger, die Halsschmerzen stechender, und das Fieber steigt höher. Schließlich klettert es auf fast vierzig Grad. Am fünften Tag beginnt die Atemnot, stärker zu werden. Stefan, der »eiserne Steff«, wie er im Verein genannt wird, wählt den Notruf.

Er ist noch nicht im Krankenwagen, als der Notarzt bereits eine besorgniserregend niedrige Sauerstoffsättigung misst. Um halb zwölf Uhr nachts wird Stefan in die Covid-Ambulanz eingeliefert. Gegen drei Uhr früh kommt ein völlig übermüdeter Arzt ins Zimmer und stellt die Diagnose: beidseitige schwere Lungenentzündung. Stefan rechnet damit, sofort auf die Intensivstation gebracht zu werden. Aber stattdessen gibt ihm der Arzt eine Schachtel starker Antibiotika und schickt ihn mit der Rettung nachhause. Die Klinik ist in der dritten Welle bereits mit Covid-Patienten überlastet.

Stefan ist geschockt.

Wie befürchtet, werden die Symptome stärker: Atmen ist nur mehr im Sitzen oder Gehen möglich, in den Nächten wankt er durch die Wohnung und bekommt keinen Schlaf. Lediglich im Schaukelstuhl nickt er hin und wieder ein. Seine Kräfte schwinden. Über Intervention eines befreundeten Arztes gelingt es, ihn im Spital aufnehmen zu lassen. Stefan erhält das letzte freie Bett in der Covid-Station.

Trotz künstlicher Beatmung bleibt sein Zustand am achten Tag kritisch. Es sieht nicht gut aus, sagt ein Arzt zu ihm und deutet gegenüber Lisa an, dass er nicht mehr an eine Gesundung glaubt.

Stefan wird in die Intermediate Care, die Vorstufe zur Intensivstation, verlegt. Er erhält eine High-Flow-Beatmung mit Atemmaske, kämpft gegen seine Schmerzen, kämpft um jeden Atemzug, kämpft gegen das Fieber, das auf über vierzig Grad steigt. Er kämpft um sein Leben.

Das Röntgenbild zeigte eine zu 85 Prozent verklebte »weiße Lunge«.

Im Lauf eines Sonntags macht er sich mit seinem Tod vertraut. Er starrt an die Decke, kann nicht sprechen, die Fernsehbilder aus Bergamo laufen wie ein Film vor ihm ab. Immer wieder, immer wieder. Er beginnt, seinen Nachlass zu regeln, gibt per WhatsApp-Nachrichten Anweisungen an Lisa, seine beiden Kinder, seine Mitarbeiter, seinen besten Freund. Er ahnt nicht, wie viel Angst und Sorge er damit auslöst. Er ist außerstande, die vielen Nachfragen zu beantworten.

Dann stirbt sein Zimmerkollege. Stefan bemerkt es vorerst nicht, da er in der Nacht auf den Bauch gedreht worden ist. Am nächsten Morgen, wieder in der Rückenlage, sieht er, dass das Bett des Nachbarn leer ist. Als die Pflegerin kommt, gestikuliert er herum. Der Mann habe es nicht geschafft, bedeutet sie ihm, und gleichzeitig teilt sie ihm mit, dass er selbst am kommenden Tag intubiert werden müsse.

Panik macht sich breit. Intubation – das ist für ihn die letzte Stufe vor dem Tod. Sie rüttelt ihn auf. Er denkt daran, was ihn, den »eisernen Steff«, immer ausgezeichnet hat: kämpfen, nicht aufgeben, versuchen, ein schwieriges Match noch in der Schlussphase umzudrehen.

Jetzt muss er das Match um das Überleben drehen. Er erinnert sich, dass er als Sportler Autosuggestion trainiert und über viele Jahre perfektioniert hat: immer und immer wieder die entscheidende Phase im Geist durchspielen – diese Technik hat ihm geholfen, die letzten Kräfte zu mobilisieren. Jetzt erst recht, denkt Stefan immer wieder. Auch wenn niemand es für möglich hält, ich glaube daran.

In der Nacht vor der drohenden Intubation erwacht der Kämpfer. Er beginnt, der Kraft seines Körpers zu vertrauen, mit seinem Immunsystem zu sprechen. Er feuert sich bei jedem Atemzug selbst an. Und er erzählt sich unentwegt, wofür es sich zu leben lohnt. Dazwischen dämmert er weg, aber selbst im Halbschlaf hört er nicht auf, seine letzten Reserven zu mobilisieren. Vor sich sieht er, wie die letzten Minuten im Spiel verrinnen, die Uhr läuft.

Er schafft es. Stefan, der Kämpfer, überwindet den tiefsten Punkt seines Lebens. Am nächsten Tag stellen die Ärzte fest, dass sich sein Zustand leicht stabilisiert hat und mit der Intubation zugewartet werden kann. Eine Rolle dabei spielt sicherlich die Überlastung der Intensivstation.

Drei Wochen lang geht es mit intensiver medizinischer Betreuung langsam aufwärts. Nach weiteren sechs Wochen Rehabilitation kann Stefan wieder gehen. Er hat das wichtigste Match seines Lebens gewonnen, wenige Monate später ist Stefan wieder fast völlig fit.

31. März 2021
Bericht aus dem Maschinenraum

Seit einigen Wochen verstärkt Bundeskanzler Kurz den politischen Druck. Den sichtbaren Gipfel bildet dabei eine abenteuerliche Pressekonferenz zum Thema Impfen in der Monatsmitte, während ich einen mehrtägigen Krankenhausaufenthalt absolviere und daher nicht reagieren kann. Kurz spricht dabei von

Geheimverträgen, einem Bazar in der EU, einer ungerechten Impfstoffverteilung, und er attackiert die österreichische Beschaffungspolitik. Sicher ist, dass das Büro des Bundeskanzlers seit Monaten über die Bestellmengen informiert war. Kurz kritisiert an anderer Stelle die Menge der bestellten Impfstoffe als zu gering und unter anderem die Tatsache, dass die mögliche Bestellmenge von Johnson & Johnson vom Impfbeauftragten des Gesundheitsministeriums nicht vollständig ausgenutzt wurde. Zu Jahresende werden viele Millionen Dosen an Impfstoffen auf Lager liegen, weil sie nicht benötigt wurden, darunter Hunderttausende Dosen der Firma Johnson & Johnson. Damit stellt sich heraus, dass die Strategie der Beschaffung – eine möglichst breite Risikoverteilung durch sieben unterschiedliche Vertragspartner und drei Technologien – absolut richtig war. Denn zum Zeitpunkt der Beschaffungsentscheidung im Herbst 2020 war offen, wie sich die Impfprodukte entwickeln. Letztlich wurden zwei Produkte zum Erfolg – BioNtech und Moderna –, AstraZeneca scheiterte teilweise an der eigenen Kommunikation und Mängeln in der Logistik, Johnson & Johnson wurde von manchen überschätzt, und andere Impfstoffe schafften die Produktion nicht rechtzeitig. Österreich hatte aufgrund dieser Strategie mehr als ausreichend hochqualitativen Impfstoff das ganze Jahr 2021 zur Verfügung.

Was geht in Kurz vor? Stört ihn, dass Österreich im Impfquoten-Ranking der EU-Staaten nicht an erster Stelle liegt? Will er mich persönlich desavouieren? Geht es um beides? Oder hat er tatsächlich Sorge, dass Österreich nicht ausreichend mit Impfstoff versorgt wird? Öffentlichkeitswirksam drängt er auf den Einsatz des russischen Sputnik-Impfstoffes, für den es keine Genehmigung der EU gibt. Die von mir konsultierten Impfexperten, die über eine nationale Zulassung zu entscheiden haben, warnen eindringlich vor einer Anwendung ohne EU-Zulassung. Es fehlen sowohl Informationen als auch Bewertungen. Für mich ist das ein Auftrag: keine Verwendung von Sputnik ohne EU-Zulassung. Die Menschen haben ein Recht darauf, dass nur bestens abgesicherte Vakzine angewendet werden. Nach meinem Informationsstand ist eine rasche Zulassung von Sputnik durch die EU unwahrscheinlich.

Dagegen spricht der Bundeskanzler davon, dass sich die Sputnik-Bestellung »auf den letzten Metern« befinde. Und – Überraschung – heute erscheint eine Umfrage des Research-Affairs-Instituts, wonach knapp siebzig Prozent der österreichischen Bevölkerung den Ankauf befürworten.

Warum macht Kurz das? Geht es ihm um die Rolle des Tabubrechers in der EU? Um seine Präsenz als Problemlöser? Letztlich kommt ein Ankauf nicht zustande. Nicht um den Mangel an Impfstoff geht es, sondern um die fehlende Impfbereitschaft eines Teils der Bevölkerung. Und diese Impfbereitschaft wird durch Skandalisierungsversuche nicht gefördert.

3. April 2021
Bericht aus dem Maschinenraum

»Jeder stirbt für sich allein«, steht auf der aus der *Süddeutschen Zeitung* gerissenen Seite, die mir jemand in meinen privaten Briefkasten gelegt hat.[50] Wieder einmal, viel zu selten, habe ich Zeit gefunden, über das Wochenende die zweihundert Kilometer nachhause zu fahren. Im Zug – unter Polizeischutz – 74 Minuten für mich selbst, Agur schläft rasch ein, er liebt Öffis so wie ich. Wieder einmal die Kopfhörer aufsetzen und in den Lichtern versinken, die im Rhythmus der Musik vor den Waggonfenstern vorbeiziehen. Die Welt um mich vergessen. Ein Stück Luxus, monatelang war auch dies nicht mehr möglich.

Bilder der vergangenen Wochen tauchen in meinem Kopf auf. Herrgott, ich habe seit Monaten überhaupt keine Zeit mehr, das Erlebte aufzuarbeiten, mich einzulassen auf die Auswirkungen von Entscheidungen, aus Fehlern lernen, im Nachhinein zu erkennen, wo ich falsch abgebogen bin und was richtig und gut war. Ich sehe meine Mitarbeiterinnen und Mitarbeiter vor mir, nehme ihre Erschöpfung wahr. Und ich fühle meine eigene, immer stärkere Ermüdung. Es ist, als würde mir derzeit mit jedem Tag mehr die Kraft ausgehen. In das Piano von Igor Levit mischen sich Wortfetzen aus den Verhandlungen in der Regierung. So viel Gezerre im Maschinenraum, so viele Energien, die in mühsamen politischen Streitereien verpuffen. Immer dieselben Wände aus Gummi, immer dieselben Einzelinteressen.

Der Zug hält im nächsten Bahnhof, das Grün und das Rot der Signalampeln spiegeln sich im Fenster. Ich denke an meine Partnerin, ihre große Geduld, ihre Zeit für Agur. Ich spüre Dankbarkeit. Und auch Sehnsucht, denn wir verbringen seit vielen Monaten kaum noch Zeit miteinander. Wie schön wäre es, wieder einmal ein gemeinsames Essen, Lachen, Unbeschwertheit zu erleben. Aber fast immer, wenn wir das versuchen, kommt ein Anruf, entsteht eine Baustelle. Je weiter sich der Zug von der Hauptstadt entfernt, desto ruhiger wird es in mir. Und als dann eines meiner Lieblingsstücke erklingt, Johann Sebastian Bachs Goldberg-Variationen, ist fast alles rund und harmonisch.

Für ein paar Minuten. Eine Durchsage, eine Geste der Personenschützer, gleich heißt es aussteigen. Herunter mit den Kopfhörern. Agur fühlt die kleinsten Veränderungen und ist bereits hellwach.

Am nächsten Morgen finde ich diesen herausgerissenen Artikel mit dem Titel »Jeder stirbt für sich allein«, wild sind einzelne Passagen unterstrichen.

Ich bin noch müde von der Nacht. Wieder konnte ich die seltene Gelegenheit zur Erholung nicht nutzen. Mein Körper hat sich an die drei bis vier Stunden Schlaf gewöhnt, die ihm unter der Woche bleiben, er lässt ein Ausschlafen wie früher nicht mehr zu. Mein Rücken schmerzt, schon Stunden vor der Morgendämmerung beginnen tausend Gedanken in meinem Kopf zu kreisen.

Die Pandemie und die Vereinsamung beim Abschied aus dem Leben, darum geht es in dem Zeitungsartikel. Oft haben sterbende Covid-Patienten aufgrund der Ansteckungsgefahr keine Chance mehr, sich würdig zu verabschieden. Wenn es überhaupt eine letzte direkte Berührung durch Pflegekräfte oder Angehörige gibt, dann immer durch mehrere Schichten von Schutzkleidung. In einigen Spitälern wird aus Sicherheitsgründen nicht einmal der Besuch von Angehörigen zur Verabschiedung akzeptiert. Manchmal naht der Tod durch Covid so schnell, dass kein Besuch mehr möglich ist. Für viele Menschen hat die Pandemie tatsächlich einen einsamen Tod gebracht. Interessiert lese ich den Artikel, ich lese ihn sogar mehrfach. Ich denke an die Motive der Person, die diesen Fetzen Papier in großer Emotion bearbeitet und mit einem roten Filzstift kommentiert hat. Ein alter Mensch, die Schrift wirkt abgehackt und hat wenig Rhythmus, vielleicht ein pensionierter Lehrer? Jemand, der seinen Liebsten oder seine Liebste verloren hat? Einer der vielen, die die schmerzhafte Erfahrung gemacht haben, nicht Abschied nehmen zu dürfen? Aus den Anmerkungen lese ich Wut, Trauer und Aggression, sie erzählen auch eine Geschichte der Folgen der Entscheidungen, die ich als Minister zu verantworten habe, vielfach ohne ihre konkreten Auswirkungen zu erleben. Dafür bleibt meist keine Zeit.

Die Pandemie ist ein Wettlauf mit der Zeit, ich weiß es und sage es mir immer wieder vor, aber das Tempo der Entscheidungen macht mir zu schaffen: Die notwendige Abwägung über das jeweils gelindeste Mittel ist oft nicht möglich, ehrliche Rückmeldungen über die Folgen der Entscheidungen erreichen mich viel zu selten. Dieses Mal ist es anders. Dieses Mal möchte ich mich darum kümmern. Mir das nehmen, was ich nicht habe: Zeit. Irgendwie muss das möglich sein.

Draußen am Gartentor steht der Wagen der Personenschützer, vor dem Garagentor hinter dem Haus ein weiterer – eine Sicherheitsmaßnahme, die notwendig geworden ist. Die Beamtinnen und Beamten, die mich schützen, winken mir zu. Ich gehe vor und hinter das Haus und frage, ob ich ihnen Kaffee bringen soll, und freue mich, als alle heftig nicken.

Langsam schlendere ich zurück zum Haus, den Papierfetzen in Händen, den Kopf voller Gedanken. Ich lasse mich auf der Gartenbank nieder, spüre die Sonne. Dieses Abwägen zwischen Schutz, Härte und Nähe, wer beurteilt, was richtig ist? Wie kann man abwägen, ob die Rettung von Menschenleben wichtiger ist als so viel Schmerz für viele, die nicht oder nur kurz Abschied nehmen können?

Ich denke daran, wie ich mich gefühlt habe, als ich während meines Zivildienstes den ersten Todesfall erlebte: eine Frau, die ich im Nachtdienst allein und ohne Vorbereitung beim Sterben begleiten musste, ihre durch dicke Brillen vergrößerten Augen sind mir noch in Erinnerung. Ich denke an Begräbnisse, an denen ich teilgenommen habe, an das lange Sterben meines Vaters. An die Beerdigung meiner Großmutter am Friedhof vor dem See, die Musik, die allen Tränen in die Augen trieb.

Ich denke daran, wie sich seit meiner Kindheit der Tod verändert hat: Heute ist er zwar medial dauernd präsent – im Film, im Fernsehen, im Internet. In der echten Welt wird er hingegen an den Rand der Wahrnehmung und aus dem Blickfeld gedrängt: in die Kliniken, die Pflegeheime, die Palliativabteilungen. In meiner eigenen Kindheit am Land wurden die Toten noch im eigenen Haus aufgebahrt. Die Familie, die Freunde, die Ortsgemeinschaft, alle verabschiedeten sich. Viele Menschen starben zuhause in Gegenwart ihrer Nächsten. Der Soziologe Norbert Elias[51] hat geschrieben, wir seien süchtig nach Sicherheit, Berechenbarkeit, Selbstbestimmung. Der Tod ist das Gegenteil. Daher wird er aus unserem Bewusstsein vertrieben.

Wenn es um den Tod geht, dann sind wir Meister der Verdrängung, denke ich. Und jetzt bringt die Pandemie wieder das Gegenteil. Sie macht das Sterben erneut zu einem Teil unseres Lebens und zeigt uns: Wir sind nicht so allmächtig, wie wir gedacht haben. Vielleicht trifft sie uns auch deshalb so sehr.

Sorgsam falte ich das Stück Papier, gehe in die Küche, um den Kaffee für die Personenschützer zu holen. Vier Tassen Espresso für die Menschen vor und hinter unserem Haus. Und eine für mich selbst.

4. April 2021

Bericht aus dem Maschinenraum

»Jeder stirbt für sich allein«: Diese Zeile im Schreiben an meine Privatadresse, gleichsam ein Aufschrei gegen die allgemeine Vereinsamung in Zeiten der Pandemie, nehme ich mit, als ich wieder in die Stadt aufbreche. Auf der Fahrt schicke ich eine Nachricht an Mitarbeiterinnen meines Kabinetts und Expertinnen, in der ich um einen raschen Telefontermin ersuche.

Thema: Wie nehmen wir Abschied? Was verändert Covid?

24 Stunden später haben sie sich in das Thema eingearbeitet und sind mir zugeschaltet. Ich ersuche die Expertin des Ministeriums um eine Einführung.

Sterbebegleitung ist generell ein sehr wichtiges, aber schwieriges Thema in der Intensivmedizin. Covid verschärft dies noch einmal massiv. Die Angehörigen haben viel zu oft keine Möglichkeit, sich würdig von den Sterbenden zu verabschieden – aufgrund der Infektionslage, aber auch, weil sich der Gesundheitszustand der Erkrankten oft sehr schnell verschlechtert. Viele gehen daher einsam in den Tod. Sie fühlen sich alleingelassen von den Liebsten. Und das Letzte, was sie sehen, sind nicht erkennbare Personen hinter Ganzkörper-Schutzanzügen. Zudem weckt Covid Urängste: Das Virus lässt die Lungenbläschen platzen und vernarben, dadurch kann der Körper immer weniger Sauerstoff aufnehmen. Lässt sich dieser Prozess nicht stoppen, führt er zu einem langsamen, qualvollen Ersticken. Zu sterben, noch dazu auf eine so grausame Weise, ist die eine Urangst. Dabei auch noch alleine zu sein, lässt eine zweite dazukommen. Die Pflegenden können diese psychische Notlage auch nicht vollständig ausgleichen, sie sind zu überlastet, um auch noch die Rolle der Angehörigen vollständig zu übernehmen. Die Situation ist also für alle drei Seiten besonders schwierig. Generell hat Covid das Abschiednehmen spürbar verändert: Auch bei diesem dramatischen Schritt mussten Ansteckungsrisiken möglichst minimiert werden.

Ich danke der Expertin für diese Einleitung. Das Thema ist mir wichtig, wie können wir die Situation verbessern? Ich erfahre viel, mache mir Notizen:

In einigen Spitälern gibt es erfolgreiche Initiativen, um diese Probleme zumindest zu mildern, setzt sie fort. Die müssen wir bekannter machen, damit sie zum Standard werden. In diesen Intensivabteilungen ist klar, dass es für unser Leben wichtig ist, wie wir sterben. Für lebensgefährlich Erkrankte und Patienten im Tiefschlaf ist der Kontakt zu Familie und Freunden extrem wichtig. Wir wissen längst nicht alles über den Zustand zwischen Leben und Tod. Eine Möglichkeit bieten Telefonate und Tonaufnahmen.

Eine Mitarbeiterin meines Kabinetts hat sich ebenfalls in das Thema eingearbeitet: Die Pandemie bringt uns an Grenzen. Wir wollen ja möglichst wenige spitalsfremde Personen im unmittelbaren Covid-Behandlungsbereich, um alle möglichen Risiken für Ansteckungen zu verhindern. Daher müssen wir die Kontakte zu den Angehörigen deutlich limitieren. Manche Spitäler untersagen Besuche überhaupt, sogar bei der Verabschiedung. Diese versuchen aber, den Verlust so gut es geht auszugleichen. Zum Beispiel durch möglichst intensiven telefonischen Kontakt unserer Mitarbeiter mit den Angehörigen, soweit unsere Kapazitäten es erlauben. Sie setzen auch auf möglichst starke Kompensation durch akustische Nähe. Die Angehörigen werden gebeten, Alltagsgeräusche aufzunehmen, die den Patienten vertraut sind und ihnen immer wieder vorgespielt werden: das Bellen des Hundes, das Klappern von Besteck und Geschirr beim Mittagessen, das Rauschen des kleinen Baches hinter dem Wohnhaus, das Knallen eines Korkens.

Sollte sich der Gesundheitszustand der Patienten massiv verändern, auch in Richtung Abschied, darf ein Angehöriger zum Patienten.

Mein Team hat für mich auch recherchiert, wie in unterschiedlichen Spitälern die palliative Betreuung und die Seelsorge unter den erschwerten Bedingungen gehandhabt werden. Es gibt viele gute Ansätze. Um die Arbeit mit den Geräuschen zu erleichtern, werden den Angehörigen nicht mehr benötigte Diktiergeräte mitgegeben oder Smartphones zugekauft. Weil es aufgrund der Schutzkleidung kaum möglich ist, die Pflegekräfte voneinander zu unterscheiden, ist ein kleines Spital auf die Idee gekommen, Fotos von Pflegerinnen, Ärzten und Seelsorgern auf die Schutzkleidung zu kleben. So entsteht eine Verbindung zur pflegenden Person.

In vielen Intensivstationen werden auch große Uhren aufgehängt, damit der Tag nicht in einem zeitlosen Einheitsfilm zwischen Wachzustand und Sedierung zerrinnt. Die Uhr gebe Struktur, vermittle Sicherheit im Wachzustand, erzählt eine Mitarbeiterin.

Oder eine andere, ebenso einfache Idee: eine Art Lieferservice für jene, die sich noch artikulieren können. Warum das? Weil es oft auch um Zeitvertreib, um Ablenkung durch Dinge aus dem Krankenhauskiosk geht. Um ein bisschen Normalität. Und wenn es nur eine bestimmte Zeitung oder die Lieblingsblume ist.

Eine Oberärztin berichtet, es sei wichtig, Erfolge zu feiern. Wenn es einem Patienten wieder so gut geht, dass er die Station verlassen kann, gibt es Applaus und auch Blumen. Geht es beim Krankheitsverlauf jedoch in die andere Richtung, dann ist es vor allem vor dem Intubieren generell wichtig, sich genug Zeit für den Patienten zu nehmen. Das ist oft der Moment, in dem ihnen ihre tiefsten Ängste bewusstwerden.

Viele Erkrankte versetzt es in Todesangst, wenn sie erfahren, dass sie intubiert werden müssen. Manche sehen es zwar als Chance, wieder Luft zu bekommen, viele aber als den letzten Schritt vor dem Ende. Manche sind voller Verzweiflung und Panik, andere sorgen sich mehr um ihre Angehörigen. Die Medizinerin berichtet von einem sehr alten Mann, der vor der

Intubierung vor allem um seine demente Gattin Angst hatte. Es ist wichtig, in dieser Phase da zu sein, zuzuhören und auch Zusagen zu machen, um Sicherheit zu geben. Dem gerade erwähnten Patienten konnte etwa versichert werden, dass es eine 24-Stunden-Betreuung für seine Frau geben werde.

In dieser Phase wird den Patienten vieles bewusst, sie möchten vieles loswerden. Sie brauchen daher Zeit und Geduld. Sie erzählen zum Beispiel, was sie im Leben verabsäumt haben oder was sie besonders bereuen. Oft geht es um Beziehungen. Um Verzicht. Um jahrelang verschobene Träume. Um die Liebe des Lebens. Um Unrecht. In dieser Phase müssen wir einfach da sein. In dieser Phase sollte auch eine nahestehende Person da sein. In dieser Phase darf niemand allein sein, berichtet die Oberärztin. Die Phase des Sterbens ist auch für Mitarbeiterinnen und Mitarbeiter eine Ausnahmebelastung.

Vor allem Pflegerinnen und Pfleger sind nun ganz besonders gefordert: Patienten etwa, die im Tiefschlaf liegen, so zu behandeln, als würden sie trotz der Sedierung alles mitbekommen. Sie begrüßen sie daher jedes Mal, wenn sie ihre ICU-Einheit betreten, stellen sich vor und beschreiben, wo und wer sie sind. Sie erzählen jedes Mal die Geschichte der Patienten unter dem Motto »Was bisher geschah«, versichern, dass gut auf sie achtgegeben wird, und erklären auch die vielen Geräusche: Das Pfeifen und Piepsen auf einer Intensivstation klingt oft sehr schrill, dient aber der Kontrolle und damit der Sicherheit.

Bekannt ist auch, dass die langen Aufwachphasen von teilweise heftigen Albträumen geprägt sind – auch dem soll Vertrautes, ein wenig Nähe entgegengesetzt werden. Wichtig ist dabei die intensive Zusammenarbeit mit den Seelsorgern, egal ob säkular oder geistlich.

Noch eine Erfahrung: Mitarbeiter entwickeln in den Tagen,

Wochen oder Monaten der Betreuung der Patienten auf der Intensivstation oftmals eine Beziehung zu den Erkrankten. Daher ist das Verabschieden auch für sie selbst sehr wichtig. Dafür würde es ebenfalls Zeit brauchen, die aber fehlt. In einigen Spitälern gab es sogar die Anweisung, Patienten sofort nach dem Tod in Leichensäcke einzuschließen. Für viele Pflegekräfte war das äußerst belastend. Zuerst wurde der Leichensack in Schutzhülle umbenannt, dann entschieden, die Verstorbenen erst zwei bis drei Stunden nach dem Ableben einzuschließen. Das Rauschen, wenn der Reißverschluss hochgezogen wird, ist oft die letzte Erinnerung an einen Verstorbenen.

Diese Worte wirken lange in mir. Ich versuche, das Gehörte zusammenzufassen und schließe die Konferenz. Diese Probleme können wir nur durch viele kleine Schritte mildern. Gute Ansätze, die ich heute erfahren habe, wollen wir in allen Spitälern bekanntmachen. Es bleibt die Überlastung der Mitarbeiterinnen an sich. Sie sind überlastet, müssen andauernd über ihre Grenzen gehen und werden sogar angefeindet. Die Befürchtung, dass sich viele Pflegekräfte nach dieser Pandemie um eine andere Beschäftigung umsehen, ist allgegenwärtig.

10. April 2021

Jan

Sie haben 1 neue Nachricht

Sie kann es kaum erwarten, die Nachrichten auf ihrem Handy zu checken. Womöglich hat er ihr wieder geschrieben: knapp vor halb vier, Kirstin ist mit ihren Kolleginnen in der Teststraße der Firma. Ein schneller Kaffee und eine Zigarette vor dem Eingang, jetzt ist sie am Weg zurück in ihr Büro.

Die Tage zuvor waren geprägt von der Sorge um ihren Lebensgefährten Jan. Es wird schon, sagte er. Der Arzt war gerade bei mir, die Werte haben sich deutlich verbessert: Das war gestern die frohe Botschaft. Und heute? Sie hat ein mulmiges Gefühl, hofft auf weitere gute Nachrichten aus der Klinik in Tschechien. Vielleicht wird er bald aus der Intensivstation entlassen? Dann kann sie ihn bald wieder in die Arme nehmen!

Liebe auf den ersten Blick war es nicht. Gefallen hatte er ihr schon länger, aber sie wusste, dass er verheiratet war und zwei Kinder hatte, zuhause in Tschechien. Jan leitet dort die Firmenfiliale und pendelt jede Woche zwischen den beiden Produktionsstandorten. Vor drei Jahren hat es dann gefunkt zwischen ihnen. Jan war damals 33, Kirstin ein paar Jahre jünger. Er ließ sich scheiden, die kleinen Kinder litten sehr unter der Trennung. Als Kirstin ihn vor zwölf Tagen zum letzten Mal gesehen hat, war noch alles in Ordnung. Bevor er nach Tschechien gefahren ist, hat sie sich von ihm verabschiedet. Wie immer hat er Jeans getragen, dazu ein weißes Hemd, ein dunkelblaues Sakko und schwarze Schuhe. Das ist er. Im Job kommt dann meist eine dunkelblaue Krawatte dazu. Immer etwas gestresst. Hoffentlich fährt er nicht zu schnell, das ist ihre große Sorge.

Covid schreckte ihn nicht, beide gehen verantwortungsvoll damit um, auch wegen Kirstins Vater, den eine schwere Krebserkrankung zum Hochrisikopatienten gemacht hat.

Der Tag nach Jans Abreise verläuft wie jeder andere, an dem er nicht da ist. WhatsApp-Nachrichten und ein Telefonat, wie immer um neun Uhr abends. Die beiden haben es sich zur Gewohnheit gemacht, um diese Zeit, jeder an seinem Ort, eine Zigarette zu rauchen und ein Glas Wein zu trinken. Verbundenheit ohne Nähe. Getrennt vereint. Am nächsten Tag ein Anruf von Jan in der Firma, das ist ungewöhnlich.

Mir geht es nicht gut. Ich hab heute Nacht Fieber gekriegt, fühl mich wie erschlagen und hab Probleme beim Atmen.

Bitte geh sofort testen, das klingt nach Covid.

Hab ich schon gemacht. Jetzt heißt es warten.

Zwei Stunden später auf WhatsApp: Shit happens. Ich bin positiv. Lass dich auch gleich anschauen.

Bei Kirstin ist der Test negativ, aber sie sorgt sich um Jan. Er jammert nicht, ist aber Diabetiker, leicht übergewichtig und eben oft gestresst.

Am Abend hören sie sich wie immer um 21 Uhr.

Soll ich kommen?

Damit du dich ansteckst? Auf keinen Fall. Ich bin jung, fit, hab zwar ein paar Kilo zu viel, bin aber bei weitem nicht übergewichtig.

Samstag, der nächste Tag. Heute haben sie Zeit für mehrere Telefonate, und mit jedem Anruf wachsen ihre Sorgen. Am Abend ringt Jan beim Telefonieren um Luft. Kirstin schläft schlecht.

Am Morgen eine neue WhatsApp-Nachricht: Mach dir keine Sorgen. Rettung gerufen, weil keine Luft. Im Krankenhaus gibt es Sauerstoff & dann ist wieder alles gut. Ich liebe Dich.

Sonntag: Jan in der Normalstation. Er wird beatmet, seine WhatsApp-Nachrichten wirken ruhiger.

Kirstin entspannt sich trotzdem nicht. Sie kennt ihn. Er versucht immer, den starken Mann zu spielen, gibt Schmerzen und Probleme nicht zu.

Montag, eine weitere WhatsApp-Nachricht: Schatz, es ist schlechter geworden. Fieber ist gestiegen, und ich weiß nicht, was ohne Sauerstoff wäre. Halt mir die Daumen!

Kirstin ist wie gelähmt. Anrufen hat keinen Sinn, weil er ja nicht reden kann. Besuchen kann sie ihn auch nicht. Und seine

Eltern sind nicht gut auf sie zu sprechen, weil sie ihr die Schuld daran geben, dass er seine Frau verlassen hat. Nach einigen Stunden versucht sie es dennoch, niemand hebt ab.

Wieder ein Tag, dann das nächste WhatsApp: Gute Nachrichten! Dein Schatz ist am Weg der Besserung. Fieber geht runter, fühl mich besser. Dein Schatz ist bald wieder bei dir! Nichts bringt deinen Schatz um. Auch nicht der Covid-Teufel. Freu mich so!

Kirstin weint vor Glück. Sie informiert den Chef und die Kollegen in der Firma, und alle freuen sich mit ihr. Jan hat es geschafft, bald wird er wieder bei ihnen sein.

Jetzt ist Mittwochnachmittag, sie hat heute noch nichts von ihm gehört, aber das heißt nichts, solange die Nachricht, die sicher bald kommen wird, positiv ist. Sie läuft die Stiegen hinauf, betritt ihr Büro, geht zum Schreibtisch und schnappt sich ihr Handy.

Ein roter Punkt auf dem WhatsApp-Icon. Eine neue Nachricht.

Öffnen.

Jan ist tot, steht da.

13. April 2021
Bericht aus dem Maschinenraum

Seit Wochen spüre ich, dass meine Kraft nachlässt. Nach meinem zweiten Kreislaufkollaps befinde ich mich tageweise im Spital. Die Ärzte stellen starke gesundheitliche Folgen meiner Überarbeitung fest: Der Blutdruck ist sehr hoch, die Zuckerwerte sind höher, der Tinnitus ist schwer zu ertragen. Manche Fragen, etwa von Journalisten bei Pressekonferenzen, kann ich akustisch nicht mehr vollständig verstehen. Es fehlt mir nach so vielen Monaten Überlastung die Kraft – eine Pandemie kannst du nicht mit sechzig Prozent deiner Kraft managen, sie verlangt alles von dir und oft noch mehr.

Was ist die Wahl? Entweder weiter zu viel zu geben und ernsthaft und dauerhaft zu erkranken, was bisher nach allen Untersuchungsergebnissen noch nicht eingetreten ist – oder auf die eigene Gesundheit zu achten und die Notbremse zu ziehen, so schwer mir dies auch fällt.

Das Management der größten Gesundheitskrise seit langem ist in allen Staaten eine große Herausforderung. (Mit Ende 2021 werden zwei Drittel der Ministerkollegen der EU-Mitgliedsstaaten, mit denen ich Anfang 2020 gestartet bin, nicht mehr im Amt sein.) Hinter mir liegen 16 Monate, geprägt von einer enormen Belastung: ein riesiges Ressort mit großen Reformzielen, die ich nicht bis zum Ende der Pandemie schieben wollte, mein Anspruch auf umfassende Kommunikation und direkten Dialog mit der Bevölkerung, Pandemie-Management in einer nicht einfachen Koalition. Hätte ich den Stil meiner politischen Arbeit verändern müssen? Oder für die Dauer der Pandemie Teile des Ministeriums an einen Regierungskollegen abgeben sollen?

Ich berate mich intensiv mit meinen engsten Vertrauten und mit Ärzten. Schließlich steht für mich fest: Ein Gesundheitsminister ist zuallererst für die Gesundheit verantwortlich. Auch für seine eigene. Wenn ich mich sehenden Auges kaputt mache, bringt das niemandem etwas. Eine Pandemie braucht einen Krisenmanager an der Spitze, der mit ganzer Kraft arbeiten kann. Ohne Pandemie könnte ich mir selbst als Minister vier Wochen Urlaub gönnen, völlig abschalten und mich erholen. Als oberster Verantwortlicher für die Bekämpfung der Pandemie ist das unmöglich.

Vor einigen Tagen ist für mich die Entscheidung gefallen, mehrfach habe ich mit Werner Kogler telefoniert, er ist ein echter Freund. Gemeinsam haben wir die Nachfolge geregelt, heute befinde ich mich am Weg nach Wien, um bei einer Pressekonferenz eine »persönliche Erklärung« abzugeben: meinen Rückzug.

Bundeskanzler Kurz informiere ich telefonisch.

Knapp vor Beginn der Pressekonferenz, die im Gesundheitsministerium stattfindet, betrete ich mein Büro, atme durch und nehme mir vor, kurz, sachlich und gefasst zu bleiben. Ein knappes Gespräch mit meiner Kabinettschefin Ruperta Lichtenecker, die mich über den Ablauf informiert und die Dinge wie immer im Griff hat. Der Weg zur »persönlichen Erklärung« führt durch ein Spalier, das zu meiner Überraschung meine Mitarbeiterinnen und Mitarbeiter gebildet haben. Sie applaudieren, ich schaue in ihre Gesichter, sehe viele Tränen, und vorbei ist es mit meiner Gelassenheit. Innerlich bebend betrete ich nun den Raum, der gefüllt ist mit vielen Journalistinnen und Journalisten, mit denen ich in den letzten Monaten zusammengearbeitet habe.

Ein Blick in die Runde, noch einmal durchatmen, ein Schluck Wasser, und los geht es ein letztes Mal. Meine Rede ist schlecht vorbereitet, und das ist ein Glück: Ohne einen Redetext vortragen zu können, spreche ich auf Basis einiger Stichwörter, sprechen mein Herz und mein Bauch.

Ich berichte von meinem Gesundheitszustand, schaue in die Augen der Anwesenden, eine Verbindung entsteht. Die Rede wird im Fernsehen live übertragen, meine Stimme bricht.

Wir haben die große Welle in diesem Frühling gut bewältigt, auch weil es gelungen ist, einen Lockdown in Ostösterreich durchzusetzen. Jetzt sinken die Zahlen, die nächsten Wochen werden eine Erleichterung bringen. Ich mahne und bitte darum, vorsichtig zu bleiben. Das Virus ist nicht weg, auch wenn die Infektionszahlen sinken und wir nun die Impfungen haben. Das Virus wird uns nur eine Atempause gönnen.

Ich verabschiede mich, winke und gehe die wenigen Meter aus dem Saal im Gesundheitsministerium in mein Büro und lasse mich in meinen Schreibtischstuhl sinken. Mitarbeiterinnen und Mitarbeiter kommen, Tränen werden vergossen, die ersten Blumensträuße und Geschenke gebracht. Beinahe im Sekundentakt treffen E-Mails, Postings, SMS und WhatApps ein. Ich verabschiede mich von einigen besonders liebgewordenen Mitarbeiterinnen und Mitarbeitern und beginne mein Büro auszuräumen. Ablenkung. Ich gehe eine kleine Runde durch die Stadt, brauche Sauerstoff. Mitten auf der Brücke bremst ein schwarzer BMW, zwei junge Männer springen aus dem Fahrzeug und stürmen auf mich zu: Wir wollten nur rasch danke sagen, Sie sind ein guter Mann.

Autos, Radfahrer, Fußgänger kommen vorbei – viel Applaus.

In den kommenden Tagen treffen weiter Zehntausende Briefe, Postings und E-Mails ein. Die Geschenke hätten ausgereicht zum Eröffnen eines kleinen Blumengeschäftes und eines Fachgeschäftes für Mohnstrudel, meiner Lieblingsmehlspeise. In den nächsten Wochen und Monaten höre ich ein Wort so oft wie noch nie in meinem Leben: danke. Das gibt mir Kraft und unterstützt mich auf dem Weg der Genesung. Kein Tag in diesem Jahr ohne Dutzende Menschen, die mich auf der Straße, im Zug, in der U-Bahn ansprechen und sich bedanken. Keine Ehrfurcht vor dem Amt, sondern Respekt vor dem Menschen.

Mein Fahrer bringt mich nach Oberösterreich. Die letzte Fahrt, wegen der vielen Geschenke ausnahmsweise nicht mit der Bahn.

Zuhause angekommen, begrüßen mich meine Partnerin und mein Hund. Ein langsamer Spaziergang in die Abenddämmerung, zu dritt, wie schon so lange nicht mehr.

Ich habe alles gegeben, was in mir war. Gemeinsam mit einem tollen Team. Ich habe einen ausgezeichneten Nachfolger und werde eine gute Übergabe sicherstellen. Jetzt beginnt mein neues Leben. Und davor die Zeit des Durchatmens, Krafttankens und Wieder-gesund-Werdens. Ich spüre, es ist die richtige Entscheidung. Die Alternative wäre meiner Selbstaufgabe gleichgekommen.

2. Juli 2021
Maria
Long Covid mit 14

16 Monate nach dem Beginn ihrer Erkrankung fühlt sich Andrea besser. Die stationäre Reha hat der Long-Covid-Patientin gutgetan, die Impfung auch, Krisenphasen werden kürzer.

Sie nützt die Zeit für die Arbeit in der Selbsthilfegruppe. Die Anfragen von Betroffenen werden mehr. Weil es noch immer keine öffentliche Unterstützung gibt, gründen Andrea und Miriam regionale Vereine, um die Arbeit besser aufzuteilen. Dennoch bleibt vieles an ihnen hängen – von der Schulung der Vereinsleiterinnen bis zum individuellen Kontakt mit Patienten, die über außergewöhnliche Symptome klagen. Was als freiwilliges Engagement begonnen hat, wird phasenweise zum Fulltimejob und damit zum Balanceakt zwischen der eigenen Gesundheit und der Hilfe für andere. Heute kommt die 14-jährige Maria zu Andrea.

Am Beginn war es nicht arg, aber in den vergangenen Wochen ist es immer schlimmer geworden, erzählt das Mädchen.

Mir fallen oft Wörter nicht ein, seit einigen Wochen rieche und schmecke ich fast nichts, so wie am Beginn der Erkrankung. Ich bin immer müde, Sport geht gar nicht mehr.

Maria ist kein Einzelfall. Immer mehr Jugendliche mit Long Covid benötigen rasche, gute medizinische Betreuung. Bei weitem nicht alle sind so selbständig auf ihrem Weg durch die Krankheit wie sie. Mitte März des heurigen Jahres hat sich das schlanke Mädchen infiziert. Im Gegensatz zu ihren ebenfalls erkrankten Eltern sind die Symptome bei ihr anfangs recht schwach. Der Verlust des Geruchs- und Geschmackssinns bereitet Maria Probleme.

Du isst dein Lieblingsessen und schmeckst absolut nichts von den Gurken, nichts von den Radieschen, nichts vom Knoblauch, nichts vom Salz. Du kostest die Salatmarinade und erkennst keinen Unterschied zu Schlagobers. Es ist, als würdest du Astronautennahrung zu dir nehmen. Den Spaß am Essen verlieren, das klingt harmlos. Aber es ist mehr, dir fehlt damit etwas Großes im Leben. Etwas, von dem du erst merkst, wie wichtig es für dich war, wenn du es nicht mehr hast.

Andrea hat sich intensiv mit den Ursachen für den Verlust von Geruch und Geschmack, dem ältesten Sinn, beschäftigt: Bei jedem Atemzug geraten Geruchsstoffe in die Nase. Rezeptorzellen senden Signale an das Gehirn, das die Information verarbeitet. Es sind dieselben Stellen des Gehirns, die sich auch mit Erinnerungen befassen. Die schlechte Nachricht ist, dass mehr als die Hälfte der Long-Covid-Erkrankten den Geschmack- und Geruchssinn verlieren, oft monatelang, in manchen Fällen sogar über ein Jahr. Die gute Nachricht: Den Geruchssinn kann man trainieren, etwa durch intensives regelmäßiges Beschnuppern besonders intensiver Gerüche wie Zitrone, Orange, Lavendel oder Nelke.

Nach zwei Wochen kehren Marias Sinne wieder zurück. Es beginnt damit, dass sie den Duft von Kaffee wiedererkennt. Sie glaubt, alles überstanden zu haben. Aber Anfang Mai schmeckt der Kakao wieder nach nichts. Hinzu kommen neue Probleme: Ihre Leistungsfähigkeit nimmt stark ab. Sie recherchiert in eigener Sache und stößt dabei in Journalen wie *The Lancet* und *Nature* auf Berichte über Long Covid bei Heranwachsenden. Davon berichtet sie Andrea, wie bei einem Referat in der Schule hat sie die Notizen vor sich liegen:

Die erste große internationale Studie ist zu Jahresbeginn vom Gemelli University Hospital in Rom verfasst[52] worden. Sie kommt zum Ergebnis, dass ein Drittel der infizierten Kinder vier Monate nach ihrer anscheinenden Genesung immer noch ein oder mehrere Symptome aufweisen. Das trifft vor allem junge Patientinnen und Patienten, bei denen die Infektion ursprünglich mild oder sogar symptomlos verlaufen ist.

Das UK Office of National Statistics berichtet[53] von 12,9 Prozent der infizierten Zwei- bis Elfjährigen und 14,5 Prozent der Zwölf- bis 16-Jährigen, die mehr als fünf Wochen nach der Infektion zumindest unter einem Symptom leiden, fast eine halbe Million Kinder wurden bisher in Großbritannien positiv auf Covid-19 getestet. Laut einer Studie von *The Lancet*[54] wiesen 3,9 Prozent von 1324 untersuchten Kindern, die in Spitalsbehandlung gewesen waren, neurologische Beeinträchtigungen auf – darunter epileptische Anfälle, Muskelzuckungen, Psychosen und vorübergehende zerebrale Durchblutungsstörungen.

Zwar sind Heranwachsende von schweren Corona-Erkrankungen und auch von Long Covid deutlich weniger oft betroffen als Erwachsene, dennoch gilt, was das deutsche Robert-Koch-Institut feststellt: Je mehr Kinder infiziert werden, desto mehr schwere Krankheitsverläufe entstehen daraus – vor allem bei kleinen Patientinnen und Patienten mit Vorerkrankungen.[55] Und umso mehr Long-Covid-Erkrankungen sind die Folge.

Maria atmet durch: Jetzt weiß man all das – und trotzdem sind infizierte Jugendliche und Kinder kaum ein Thema bei den Entscheidungen über Maßnahmen. Ich kapiere es nicht.

Was passiert, antwortet Andrea, ist ein großes Experiment, bei dem am Ende Zigtausende Long-Covid-Patienten produziert werden. Die momentanen Freiheiten werden damit erklärt, dass es vergleichsweise wenige Patienten auf den Intensivstationen gibt. Wir wissen aber, dass auch leichte Erkrankungen zu Long Covid führen können. Eine Durchseuchung, wie das manche nennen, wird ihre Zahl mittelfristig heftig steigen lassen.

Andrea berichtet weiter über neue Erkenntnisse zu Long Covid: Nicht nur für Kinder, für alle Altersgruppen werden die Daten aussagekräftiger. Es scheint, dass das Virus zur Zerstörung von kleinen Blutgefäßen im Hirn führen kann. Das würde Erkenntnisse erklären, die vom Fachmagazin *Jama* anhand einer Untersuchung von 740 Covid-Patienten in den USA präsentiert wurden. Demnach leiden 35 Prozent der Hospitalisierten später an Wortfindungsstörungen und 39 Prozent an Erinnerungslücken.[56] Ob, und wenn ja, wie stark dadurch das Demenzrisiko steigt, ist noch ungewiss. Es ist nicht einmal bekannt, warum das so ist. Ist es der Sauerstoffmangel, sind es Entzündungsprozesse? Eric Guedj von der Uniklinik Marseille hat dokumentiert, dass in bestimmten Gehirnbereichen der Energieverbrauch sinkt. Derartige Veränderungen des Hirnstoffwechsels können auch bei betroffenen Kindern festgestellt werden.[57] Die Wissenschaft hat aber auch eine gute Nachricht: Das Virus selbst gelangt nicht direkt ins Gehirn, wie Gewebeproben von Verstorbenen belegen, die von Forschern der Max-Planck-Forschungsstelle für Neurogenetik in Frankfurt am Main analysiert wurden.

Maria besucht seit einigen Wochen eine der ersten Kinder-Long-Covid-Ambulanzen und hofft, dass die Symptome sich verbessern und sie irgendwann wieder ganz fit sein wird.

Ich weiß, dass ich das schaffe, sagt Maria. Alle Ärzte sagen, dass das irgendwann wieder gut sein wird.[58] Fragt sich nur, wie viele Monate meines Lebens mir Covid noch stehlen wird, bevor es so weit ist.

7. Juli 2021

Josef

Noch eine Welle schaffen wir nicht

Kurz nach Andrea besucht Josef die Selbsthilfegruppe. Er ist als Pflegeleiter in einer Klinik am Land beschäftigt, leidet ebenfalls an Long Covid und will aktiv werden.

Sehr viele meiner Kollegen haben Long Covid und gestehen sich das nicht ein, erzählt er Andrea. Würden sie es tun, würde bei uns der Betrieb zusammenbrechen. So geht das nicht weiter, wir können nicht ewig über unsere Belastungsgrenze hinaus arbeiten. Nur wenn wir unsere Erkrankung öffentlich machen, ändert sich daran etwas.

Josef hat es Anfang November 2020 erwischt. Fieber rauf bis auf 39 Grad, klassische Grippesymptome. An Covid will er nicht glauben. Nach dem fünften Tag im Krankenstand wacht er um zwei Uhr nachts mit stechenden Schmerzen auf. Er möchte schreien, will aber seine beiden kleinen Buben nicht wecken. Er krümmt sich im Bett und winselt, bis seine Partnerin aufwacht.

Es ist, als ob mir gerade jemand ein langes Messer in die Brust gestochen hätte.

Die Schmerztabletten aus der Hausapotheke bringen etwas Erleichterung. Was ist das? Herzinfarkt? Covid?

Als ihn seine Frau im Morgengrauen ins Spital fährt, fühlt sich seine Zungenspitze taub an, die ersten Sonnenstrahlen stechen schmerzhaft im Gesicht. Kopfweh kündigt sich an. Nach einem positiven Test kommt er in Quarantäne. Doch kein Infarkt, Josef ist erleichtert. Im Bett spürt er erstmals in seinem Leben kalten Schweiß am ganzen Körper. Die Zungenspitze ist nun völlig gefühllos, das Licht bereitet ihm solche Schmerzen, dass er darum bittet, den Raum zu verdunkeln. Nach zehn Tagen Quarantäne kehrt er an seinen Arbeitsplatz zurück, erkennt sich aber selbst nicht wieder. Nicht nur, dass er massiv Gewicht verloren hat, auch seine Leistungsfähigkeit hat stark nachgelassen. Und dann ist da noch der Nebel in seinem Kopf, wie er es nennt. Vor allem bei Wetteränderungen hat er das Gefühl, dass es um ihn herum immer enger wird, dass sich sein Gesichtsfeld einschränkt. Er versucht, sich zusammenzureißen. Auf seiner Station herrscht Personalmangel, jede und jeder wird gebraucht. Als verantwortlicher Leiter darf er nicht ausfallen.

So geht das über Monate. Im April, fünf Monate nach der Infektion, erhält er die erste Impfung, AstraZeneca. Sein Zustand bessert sich. Von seiner vollen Leistungsfähigkeit ist er noch immer weit entfernt. Im Juni wird bei ihm Long Covid als Berufskrankheit anerkannt. Während eines Rehabilitationsaufenthaltes wird er mit BioNTech zum zweiten Mal geimpft. Sein Zustand verbessert sich neuerlich ein wenig.

Andrea schüttelt den Kopf: Dieses monatelange Leiden, die fehlende Anerkennung der Erkrankung, der enorme Druck bei der Arbeit. All das wird für die Betroffenen zu einer toxischen Mischung.

Josef ist ein Kämpfer: Die Pandemie ist für uns Pfleger ein Albtraum, sagt er. Am Beginn wurden wir überrollt und bei den Testungen benachteiligt. Eine Unzahl an Infektionen, die dau-

ernden Überlastung in 24-Stunden-Diensträdern bei Minimal-
besetzung, immer noch mehr Verantwortung bei wenig Personal und neuen Herausforderungen, das hält auf Dauer niemand
aus. Bis heute gibt es keinen Ausgleich, weder finanziell noch
durch mehr Freizeit. Es steigt die Wut.

Noch eine Welle schaffen wir nicht, sagt Josef.

13. August 2021
Tina Tassler
Per Ferie

Mir fehlt das Meer: Chiusa per Ferie.

Dieses Plakat mit handgeschriebenem Zusatz hängt Buchhändlerin Tina Tassler am Samstagnachmittag in die Auslage
ihrer Buchhandlung. Sie versperrt die Eingangstür, ihre Tochter Lena hat Prosecco vorbereitet und verteilt die Gläser an die
Mitarbeiterinnen und Mitarbeiter. Der erste Korken knallt, alle
applaudieren, nach vielen Monaten ist die Stimmung wieder
einmal gelöst und ausgelassen. Erstmals seit dem Bestehen der
Buchhandlung schließen sie das Geschäft für drei Wochen, um
Urlaub und Überstunden abzubauen und Kraft zu tanken. Vor-
freude und Erleichterung liegen in der Luft.

Ich danke euch!, sagt Tina, dass wir diese Ausnahmesituation so bewältigt haben, ist unser gemeinsamer Erfolg. Erinnert ihr euch, wie es war, als wir vor eineinhalb Jahren hier ge-
standen sind und wegen des ersten Lockdowns verzweifelt waren? Erinnert ihr euch an die zwanzig Wochen, in denen wir
geschlossen hatten? Wir haben zusammengehalten, wir haben
rasch reagiert und waren kreativ. Unsere Arbeit hat sich verändert, wir haben uns verändert. So haben wir es geschafft, dass

wir stärker sind als vor dieser Krise. Das verdanken wir uns, einem starken Team. Lassen wir es uns jetzt gut gehen, wir haben uns das verdient!

Hochrufe und Applaus, aber die Party ist rasch beendet, alle wollen nachhause, manche ans Meer.

Tina und Lena blicken sich an. Auf zum Bahnhof, die Rucksäcke sind schon gepackt. Einer voll mit Büchern.

Dreimal mussten sie in den vergangenen eineinhalb Jahren ihren Urlaub stornieren. Diesmal klappt es. Sie suchen sich ihr Schlafwagenabteil, und als der Zug langsam Richtung Süden rollt, jubeln Tina und Lena und stoßen mit Rotwein an. Der Morellino di Scansano ist ein Vorgeschmack auf ihr Reiseziel, die südliche Maremma.

Ich freue mich so, dass du mitfährst, sagt Tina. Ich habe das gar nicht zu hoffen gewagt.

Ich freue mich auch, dass wir gemeinsam fahren. Endlich einmal Zeit für gemeinsames Nichtstun, Kochen, Wandern am Strand und schwimmen. Und lesen!

Sie plaudern und lachen, und der Zug rollt sie in den Schlaf.

Fast hätten sie Bologna versäumt. Erst ein paar Minuten vor der langgezogenen Kurve in die Station wacht Tina auf. So gut hatte sie lange nicht geschlafen. Gleich hinter dem Bahnhof geht es bereits hinein in die erste Bar, die soeben geöffnet hat. Un caffè e un croissant, per favore!

Weiter auf die Piazza Maggiore auf einen zweiten Kaffee. Jetzt ist es neun Uhr, die Zimmer im Hotel sollten bereit sein. Abends wie geplant zu Emanuel in das Drogheria della Rosa, das Lokal, in dem sie wie Freunde empfangen werden. Auch hier gibt es bei den italienischen Freunden ein einziges Gesprächsthema: die Pandemie, der Schock, der alles dominiert. Berichte von den vielen Verstorbenen, vom monatelangen Ausnahmezustand in der

Stadt. Und ein einziges Gefühl: Dankbarkeit, überlebt zu haben. Und Erleichterung, dass es vielleicht bald vorbei ist.

Am nächsten Morgen bringt sie die italienische Eisenbahn direkt in die Maremma, dort werden sie vom Vermieter abgeholt und in ihr kleines Paradies gebracht: das Häuschen mit seiner knallgelben, winzigen Küche, zwei Zimmern und einem phantastischen Blick auf das Tyrrhenische Meer und den wilden Strand. Barfuß laufen sie bis zum Wasser und sind glücklich.

Die nächsten Tage bestehen aus Schlafen, Frühstücken, Einkaufen, Kochen, Essen, Wandern, Kochen, Essen, Reden und Lesen.

Immer wieder kommen sie auf die Klimakrise zu sprechen, eines der Bücher, die sie mitgenommen haben, handelt davon. Es ist wie früher, ihre Gespräche kreisen um die Bücher. Eines Tages kommen sie bei einer Strandwanderung auf die vergangenen Monate zu sprechen. Tina hatte sich fest vorgenommen, das wichtigste Thema nicht zu erzwingen, sondern ihrer Tochter Zeit zu lassen. Aber die Aufarbeitung muss sein.

Wie waren diese eineinhalb Jahre der Pandemie für dich, fragt Tina ihre Tochter. Wie waren sie für deine Freundinnen und Freunde, die du nur selten treffen konntest?

Ganz gut, eigentlich. Wir haben in der Schule viel gesprochen, das war gut. Unser Leben hat sich verändert, aber wenn wir das schaffen, haut uns nichts mehr um. Manchmal hätte ich dich mehr gebraucht.

Es ging nicht anders, tut mir leid.

Es geht immer, wenn du es willst.

Tina will das jetzt nicht, will auf keinen Fall Streit.

Aber du hast es großartig gemacht, bist gut durch die beiden Schuljahre gekommen. Wie ist es dir mit deinen Klassenkolleginnen und -kollegen ergangen?

Unterschiedlich, weil sie auch recht unterschiedlich auf die Pandemie reagiert haben. Franzi und Andi, die du kennst, haben das gecheckt und waren viel im Netz unterwegs. Sie sind zwar manchmal in Spiele und Serien gekippt, aber ich denke, es geht ihnen gut. Clemens hat große Schwierigkeiten, der hängt fast jede Nacht bis in die Morgenstunden vor dem Computer fest, zieht sich Videos rein und schafft es oft nicht mehr, rechtzeitig aufzustehen. Er lebt jetzt in seiner eigenen Welt und hat große Probleme in der Schule, weil er ja nie dort ist. Schlimm erwischt hat es Karola, die hat es nicht verkraftet, uns nicht treffen zu können, und ist ziemlich angeknackst. Ihr Vater hat ihr eine Therapie verschafft, und ich hoffe, das wird ihr guttun.

Ihr seid eine bunte Mischung, eine wie unsere ganze Gesellschaft. Was denkst du, wie sich unser Leben, das Leben der Leute, die wir kennen, verändert hat?, fragt sie Lena.

Genauso unterschiedlich.

Aber gibt es nicht manche Veränderungen, die sich ähneln?

Sicher. Dass die Welt für uns alle anders ist als zuvor.

Hast du Angst gehabt?, will Tina von ihrer Tochter wissen.

Ja, fürchterliche Angst. Dass du stirbst, dass ich sterbe, dass alle Freunde sterben. Dass es immer schlimmer wird, dass wir überhaupt nicht mehr rausgehen dürfen.

Warum hast du nie darüber gesprochen?

Was hätte das geändert? Und außerdem mit wem? Du warst ja nie da.

Schritt für Schritt folgen sie den Spuren, die Salzwasser und Muscheln am Ufer hinterlassen. Tina hat das Gefühl, dass ihre Fußsohlen atmen.

Was hat dir am meisten gefehlt?

Das Fortgehen und die Freunde. Aber am schlimmsten war die Angst.

Was sich auch geändert hat, war sicherlich, dass wir viel mehr als zuvor auf unsere Nachbarn, den Supermarkt, die Laufstrecke, unsere Wohnung geachtet haben, sagt Tina.

Darüber haben wir in der Schule gesprochen. Die Pandemie hat den Blick auf unsere Umgebung gelenkt, antwortet Lena.

Obwohl das Virus nicht regional ist.

Genau, das scheint ein Widerspruch. Wie so vieles in der Pandemie.

Manchmal kommt es mir so vor, als würde das Virus unser ganzes Leben durcheinanderrütteln.

Vielleicht können wir es jetzt neu zusammenbauen, uns klarmachen, was uns wichtig ist, meint Tina.

Und das ganze Straßenbild hat sich geändert! So viele Leute in Neonorange und Neongrün gekleidet!

Ja, die Zustellboten. Viele Menschen gehen nur mehr selten einkaufen, sondern bestellen online, wie bei uns in der Buchhandlung.

Viele hatten keine Arbeit mehr, einige viel zu viel.

Du bist keine Ausnahme, Mama. Dich hab ich noch weniger als früher gesehen, weil du immer gearbeitet hast ...

... arbeiten musste ...

... dich dazu entschieden hast, noch mehr zu arbeiten!

Sie lachen. Tina ist stolz auf Lena, es sind Gespräche wie mit einer guten Schwester oder der besten Freundin.

Bei vielen meiner Freunde haben sich die Eltern verändert. Die meisten waren im Homeoffice, haben sich nicht mehr schick gemacht und nehmen ihre Arbeit auch nicht mehr so extrem wichtig – diesen Eindruck haben zumindest meine Freunde. Auch darüber haben wir in der Schule gesprochen.

Aber findest du nicht auch, dass wir gelernt haben, dass wir alle, die auf diesem Planeten leben, fest zusammengehören?

Voll. Es geht mir ja nur gut, wenn es den anderen nicht schlecht geht.[59]

So vergehen die Tage wie im Flug.

An den Abenden auf der Terrasse mit Wein, Tee und der Musik aus Wasser und Wellen lesen sie sich oft Absätze aus ihren Büchern vor, erzählen sich Bemerkenswertes aus den Texten. Der Philosoph Slavoj Žižek schreibt da etwas Interessantes über die berühmte Novellensammlung von Giovanni Boccaccio, die die Pest in Florenz im 14. Jahrhundert zum Thema hat. Ich bin gespannt, wie du das siehst.

»Wer kann sich in Zukunft noch leisten, sich die Hände zu schütteln und zu umarmen?«, heißt es da. »Selbstverständlich die wenigen Privilegierten. Boccaccios ›Decamerone‹ ist eine Sammlung von Geschichten, die von einer Gruppe bestehend aus sieben jungen Frauen und drei jungen Männern erzählt werden. Diese haben sich in eine abgeschottete Villa außerhalb von Florenz zurückgezogen, um der Pest zu entfliehen, die ihre Stadt befallen hat. In ähnlicher Weise wird sich die Finanzelite in abgeschottete Zonen zurückziehen, wo sie sich im Stil des ›Decamerone‹ damit unterhalten wird, Geschichten zu erzählen, während wir – die normalen Menschen – mit den Viren leben müssen.«[60]

Siehst du das auch so? Können sich die Reichen zurückziehen, oder macht das Virus keinen Unterschied zwischen Arm und Reich? Oder verstärkt die Pandemie den Unterschied?

Lena überlegt.

Ja und nein. Natürlich ist es leichter, in großen Wohnungen und mit einem Garten durch Lockdowns zu kommen. Und ich habe gelesen, dass sich reichere und gebildetere Menschen eher impfen lassen. Aber die Erfahrungen, die ich in meinem Umfeld mache, bestätigen das nicht. Meine Freundin Karola hat die mit Abstand reichsten Eltern und wurde von der Krise trotzdem am stärksten getroffen. Die Nähe, die du brauchst, kannst du dir nicht kaufen. Und insgesamt ist das Virus so ansteckend, dass ich nicht glaube, dass dich Geld davor schützen kann. Nein, ein »Decamerone« gibt es so nicht, alle sind betroffen, alle müssen sich sorgen und schützen.

An einem anderen Abend macht sich Tina über die Auswirkungen der Lockdowns auf die Psyche von Kindern schlau. In der *Süddeutschen Zeitung* findet sie Fakten dazu, die auch für Lena interessant sein könnten:

Hör einmal, das ist dramatisch. Die Wissenschaftsjournalistin Berit Uhlmann schreibt, dass seit Beginn von SARS-Covid jeder vierte Jugendliche eine Depression und jeder fünfte Angstbeschwerden entwickelt haben könnte – etwa doppelt so viele junge Menschen als vor der Pandemie, schätzen kanadische Wissenschaftlerinnen. Als Grund nennen sie vor allem die soziale Isolation. Sie bedeutete nicht nur eingeschränkte Kontakte zu Freunden, sondern auch, dass über weite Strecken Hilfsangebote in den Schulen weggefallen sind – von Lehrern, Schulpsychologen und Beratern. Aber die sind häufig die erste und wichtigste Anlaufstelle für Kinder mit Problemen.[61]

Schon klar, *die* Jugendlichen gibt es nicht. Wir reagieren unterschiedlich, manche sind tatsächlich schwer betroffen, an anderen geht die Pandemie relativ spurlos vorbei. Nach dem Motto: Corona hab ich überstanden, jetzt kann mich nichts mehr erschüttern. Aber dass man für alle Betroffenen jetzt die Betreuungsangebote zur Verfügung stellen muss, die sie brauchen, das muss klar sein.

Einige Zeit später sieht Lena von ihrem iPad auf und betrachtet ihre Mutter.

Ich mag die Bücher von Zadie Smith total. Und hier schreibt

sie einen Satz über Corona, den ich besonders spannend finde: »Auf einmal spürt man die Zeit.«[62]

Hast du die Zeit gespürt?, fragt Lena ihre Mutter.

Eigentlich nicht, ich hab oft nicht einmal mich selbst gespürt, weil ich so viel zu tun hatte.

Ich schon. Vor allem während der Lockdowns hab ich oft nicht gewusst, was ich tun soll. Da hatte der Tag plötzlich keine Struktur mehr. Es war so still. Man hat die Zeit gehört.

Findest du, dass es eine verlorene Zeit war, dass dir die Pandemie die Zeit gestohlen hat?

Nein, finde ich überhaupt nicht. Ich hab viel gelernt in dieser Zeit. Keinen Schulstoff, etwas anderes. Etwas Neues.

24. August 2021
Tina Tassler
The war has changed

Der letzte Abend im Paradies. Beim Abendessen auf der Terrasse sagt Lena: Ich wünschte, die Zeit würde jetzt stillstehen. Tina denkt an den Liedermacher Georg Danzer und zitiert ihn: »Es war einmal ein Mann, der wollte die Zeit aufhalten. / So ging er hinaus in die Hügel vor der Stadt und rief: / Zeit stehe still! / Da kam ein Reiter des Weges und sprach: / Wenn dies dein Wunsch ist, so sei er dir erfüllt! / Und er zog seinen Degen und stach ihn dem Mann in die Brust. / Zu dem Toten sagte er sodann: / Es gibt nur eine Zeit: Deine Zeit. Und ihr Wesen ist Wandlung. Wer die Veränderung nicht will, der will auch nicht das Leben.«

Lena beginnt zu schluchzen. Tina will sie beruhigen, vergebens. Lena springt auf und läuft ins Schlafzimmer. Welchen

Nerv hat die Mutter da getroffen? Sie lässt ihrer Tochter Zeit; nach einigen Minuten klopft Tina an die Tür und betritt das Zimmer. Im Liegen schreibt Lena einen Brief an Opa Hans.

Zurück auf der Terrasse, nimmt Tina einen Schluck Wein und öffnet ihre Mails auf dem iPad. Eine Nachricht trifft sie unvermittelt: der vertrauliche Bericht eines Gesundheitsinstituts zur Lage der Pandemie, den ihr eine Freundin weitergeleitet hat. Betreff: »Für dich. Damit du weißt, was auf uns zukommt.«

Auswirkungen der Ausbreitung der Delta-Variante: Aktuell verfolgt die Forschung einen weltweiten Ausbruch der Delta-Variante, die erstmals im September/Oktober 2020 in Indien festgestellt wurde und das virologische Geschehen der Pandemie nun bereits in den meisten Ländern beherrscht. Das Virus passt sich immer besser an den Menschen an und ist naturgemäß schneller bei der Evolution als der Mensch.

Grundsätzliches: Delta hat sich noch vor den ersten Impfungen gebildet und entwickelt sich in verschiedene Subvarianten weiter. Es ist nicht auszuschließen, dass sich unter dem Druck der Impfung weitere Mutanten bilden.

Was wir bisher über Delta wissen: Die neue Variante verursacht eine der aggressivsten Atemwegsinfektionen, die wir kennen. Wir gehen davon aus, dass sie doppelt so ansteckend ist wie die sogenannte Wuhan-Variante. US-Forscher gehen von einer Übertragbarkeit aus, die mit den Windpocken vergleichbar ist – also deutlich höher liegt als etwa bei Pocken oder Ebola.

Aktuelle Prognose: Ein infizierter Ungeimpfter steckt im Schnitt fünf bis acht andere Ungeimpfte an. Die Wissenschaft vermutet, dass zudem ein deutlich höheres Übertragungsrisiko durch Aerosole besteht[63], und das ist vor allem für den Aufenthalt in Gebäuden beunruhigend.

Forscher in Kanada berichten zudem von einer vierfach

höheren Wahrscheinlichkeit, mit Delta auf der Intensivstation zu landen. Insofern verursacht Delta gleichsam eine Pandemie in der Pandemie. Auch die Wirksamkeit der Impfungen könnte sich durch Delta leicht verringern. Eine Übertragung durch Geimpfte ist nicht die Regel, aber sie ist möglich. Daher empfehlen US-Experten allen – also auch den Geimpften – im Gebäudeinneren Schutzmaßnahmen (etwa Masken), wenn der Impfstatus der anderen Anwesenden nicht bekannt ist.

In den USA sind derzeit 95 Prozent der Corona-Patienten in den Spitälern ungeimpft. Alle Studien deuten darauf hin, dass das Risiko einer Hospitalisierung durch Delta deutlich ansteigt. Gerade auch bei Kindern: Ihr Risiko, so schwer an Covid zu erkranken, dass sie in ein Krankenhaus eingeliefert werden müssen, ist zehnmal höher, wenn ihre Eltern nicht geimpft sind.[64]

Generell erfasst die Delta-Welle verstärkt auch Kinder. Ende Juli stieg in den USA die Zahl der Unter-14-Jährigen, die wegen Corona im Spital behandelt werden müssen, stark an. Die gute Nachricht ist: Sie befindet sich noch immer auf niedrigem Niveau, und die neue Variante führt bei Kindern bisher meist nur zu schwachen Symptomen und milden Verläufen.

Am stärksten durch Delta gefährdet ist derzeit offenbar die Gruppe der nicht immunisierten Jugendlichen. Die *New York Times* bringt es mit einer Schlagzeile auf den Punkt: »Is the Delta Variant Making Younger Adults ›Sicker, Quicker‹?«[65] Noch fehlen verlässliche Daten. Aber viele Mediziner in den USA berichten, dass derzeit viel mehr nicht geimpfte Heranwachsende krank, schwerer krank und schneller krank werden. An der Universitätsklinik in Arkansas liegt das Durchschnittsalter der Patienten laut Auskunft von Ärzten gegenüber der *New York Times* derzeit bei vierzig Jahren – im Winter waren es noch sechzig Jahre gewesen.

Eine entscheidende Frage lautet aber: Wie häufig führt Delta zu so schweren Erkrankungen, dass Infizierte im Krankenhaus behandelt werden müssen? Wissenschaftler der Universität Cambridge[66] haben das anhand von mehr als 40 000 Infektionsfällen in Großbritannien im Jahr 2021 untersucht und mit der Alpha-Variante verglichen. Das dramatische Ergebnis: Das Hospitalisierungsrisiko ist bei Delta um rund fünfzig Prozent erhöht – vor allem trifft das ungeimpfte Personen.

Unsere Fachleute rechnen damit, dass rund drei Prozent der mit Delta Infizierten so schwer erkranken, dass sie im Spital behandelt werden müssen, und zehn Prozent zumindest einige Monate anhaltende Beschwerden haben werden.

Die Untersuchung eines Ausbruchs im südchinesischen Guangdong[67] zeigt, dass die Viruslast von Delta-Infizierten rund tausendmal höher, die Übertragbarkeit mehr als doppelt so hoch und die Inkubationszeit um zwei Tage kürzer ist als beim »Wildtyp«. Die beiden letztgenannten Punkte machen das Contact Tracing besonders schwierig. Schweizer Experten ziehen daraus den Schluss: Sollten sich die Erkenntnisse aus China bestätigen, müssten Kontaktpersonen von Infizierten schneller in Quarantäne geschickt, Ungeimpfte engmaschiger getestet und die Gültigkeitsdauer von Antigen-Schnelltests möglicherweise verkürzt werden.[68]

Zusammengefasst: Delta ist eines der gefährlichsten bekannten Viren der Menschheitsgeschichte und wird uns vor völlig neue Herausforderungen stellen. Das erhöhte Übertragungsrisiko durch Aerosole kann dazu führen, dass die Übertragung weit über die bisher bekannten Mindestabstände ein Thema wird – vor allem während der kalten Jahreszeit in geschlossenen Räumen. Die nächsten Monate werden ein Kampf Delta gegen Impfung sein. Wenn wir es bis zum Herbst nicht schaffen, eine

Impfquote von zumindest 85 Prozent zu erreichen, wird die Wintersaison eine harte Zeit mit sehr vielen Toten.

Tina reibt sich die Augen, als sie das gelesen hat. Sie schließt das iPad und blickt in den Nachthimmel. Sie weiß, dass die kommende Nacht nicht nur jene der Heimreise sein wird, sondern auch die Nacht, in der jedes Jahr der Meteoritenschauer der Perseiden seinen Höhepunkt erreicht.

Es ist also nicht vorbei mit der Pandemie. Ganz im Gegenteil. Womöglich war das für länger der letzte Urlaub in ihrem Paradies, womöglich ist es mit dem Reisen bald wieder ganz vorbei?

In diesem Moment kommt Lena aus dem Schlafzimmer. Der Opa-Brief ist fertig, die Anschrift steht auf dem Kuvert.

Ich hab die Heimleiterin darum gebeten, dass sie dem Opa das vorliest. Ich werde ihn selbst so bald wie möglich besuchen.

Was hast du ihm denn geschrieben?

Nichts Besonderes: den Ort hier beschrieben, wie es riecht, wie sich der Sand anfühlt, das Meerwasser. Wie ich es mag, beim Einschlafen die Wellen zu hören. Und auch, was der Opa für mich ist und immer sein wird. Die schönen Geschichten, die ich mit ihm erlebt habe. Und dass ich ihn noch lange brauchen werde.

Das ist schön. Wir alle werden uns noch lange brauchen.

30. November 2021

Astrid Norton

Das Feuer brennt lichterloh

»Im Großteil Europas ist die Situation derzeit sehr schwierig. Auch nach zwei Jahren sind wir offensichtlich noch immer überrascht von den grundlegendsten Funktionsprinzipen des Virus. Es wurden wieder mehr direkte Kontakte, wieder mehr Mobilität zugelassen und viele Schutzmaßnahmen reduziert. Gleichzeitig wird es kalt, und die Menschen halten sich drinnen auf. Das führt zu einer sehr schwierigen Situation. Das Gesundheitssystem hat unter der Überlastung der letzten 22 Monate massiv gelitten. Wir haben zwar noch geringere Zahlen an Hospitalisierten, aber das System und seine Mitarbeiterinnen und Mitarbeiter sind übermüdet. Nicht wenige wollen und werden das Gesundheitssystem verlassen. Die erforderliche Leistung ist auf die Dauer nicht durchzuhalten. Im ganzen System breitet sich Erschöpfung aus, und dadurch entstehen Lücken.«[69]

Mike Ryan ist irischer Epidemiologe, als Exekutivdirektor der WHO für Notfallprogramme leitet er die Kampagne gegen Covid-19. Er ist einer jener klugen Köpfe, die zeigen, wie stark die Weltgesundheitsorganisation sein könnte, wenn ihr die internationale Gemeinschaft mehr Gewicht und mehr Budget zugestehen würde. Ryan ist ein trockener Typ. Ich liebe ihn dafür, sagt die Wissenschaftsleiterin Astrid Norton, als sie im Sitzungsraum des Gesundheitsministeriums einen Workshop zur aktuellen Lage mit einem Videostatement Ryans von Ende Oktober eröffnet.

Nur selten sind von ihm derart eindringliche, warnende Sätze zu hören. Denn jetzt wird sichtbar, wie groß das Dilemma ist, in das Europa geraten ist. Trotz Impfungen, die Europa vor einer dramatischen Katastrophe bewahren, steuern die Neuinfektionen in vielen EU-Staaten auf ein Rekordniveau zu, von Slowenien bis Tschechien, von Österreich bis Deutschland, von Kroatien bis zur Slowakei und von Rumänien bis Bulgarien. Auch die Todeszahlen sind in etlichen Ländern so hoch wie noch nie, in einigen sogar höher als in Italien im März des Vorjahres, ganz zu Beginn des Corona-Albtraums. Selbst in den stabilen Ländern Südeuropas, in Portugal, Spanien und Italien, die eine hohe Impfquote aufweisen, beginnen die Infektionszahlen deutlich zu steigen. Es droht ein Delta-Winter.

Europa befindet sich inmitten der vierten Welle. In diesen Tagen werden mehr als die Hälfte der weltweiten Todesfälle und zwei Drittel der weltweiten 3,1 Millionen Neuinfektionen in Europa registriert, Tendenz steigend. Der Kontinent ist zum Epizentrum der Pandemie geworden. Die Delta-Variante und der saisonale Effekt wurden unterschätzt, die Schutzwirkung der Impfung wurde nicht präzis kommuniziert. In einigen Ländern haben populistische Politiker Entwarnung gegeben und voreilig das Ende der Pandemie erklärt.

Weil es die Bevölkerung so hören wollte, seufzt Astrid Norton und erinnert an die Evaluierung der ersten zwölf Pandemiemonate im Auftrag der WHO, die bereits zu einem sehr kritischen Ergebnis geführt hatte:

Der Bericht besagt – das ist der größtmögliche Vorwurf –, dass die Krise ein vermeidbares Desaster gewesen wäre. Wörtlich. Die Pandemie hätte verhindert werden können. Um sich auf weitere vorzubereiten und professionell zu reagieren, wenn sie ausbrechen, braucht die Welt laut WHO daher ein neues internationales System, und zwar schnell, weil der Ernstfall jederzeit eintreten kann. Das Panel, das den Report erstellte, fand Schwächen in allen Bereichen: Die Vorbereitung war lückenhaft, die WHO hatte zu wenig Einfluss, globales politisches Leadership fehlte. Zudem seien die jahrelangen Warnungen vor der Gefahr einer Pandemie ohne Konsequenz geblieben. Nach den ersten Meldungen aus China dauerte es zu lange, bis die WHO reagierte. Im Februar und März 2020, als bereits in mehreren Ländern Infektionsfälle auftraten, hätten viele Regierungen abgewartet, anstatt sofort und unmittelbar zu versuchen, die Ausbreitung des Virus einzudämmen.[70]

Diese heftige Kritik der WHO betrifft das Jahr 2020. Für die Zeit danach fällt die Bilanz nicht besser aus. Bis Mitte 2021 waren dem Virus weltweit bereits mehr Menschen zum Opfer gefallen als im gesamten Jahr zuvor. Inzwischen hat sich die Lage zwar in Teilen Amerikas und Asiens verbessert, in einem Gutteil Europas spitzt sie sich aber wieder massiv zu. Eine gewaltige vierte Welle entsteht, trotz Impfung. Wieder reagieren die Nationalstaaten spät und unterschiedlich, mit einem Fleckerlteppich verschiedener Maßnahmen zu verschiedenen Zeitpunkten. In den Nationalstaaten selbst herrscht Uneinigkeit, werden zum Teil unterschiedliche und sogar widersprüchliche Schutzmaßnahmen verankert, Populismus und Föderalismus feiern in manchen Regionen fröhliche Urständ.

Astrid kommt zu einem wichtigen Punkt: Viele Politiker behaupten, man habe das nicht ahnen können. Das stimmt nicht. Prognosen für eine vierte Welle im Herbst liegen seit Juni vor. Einsehbar für alle Entscheidungsträger.

Das deutsche Robert-Koch-Institut hat im Frühsommer in einer Trendanalyse[71] prognostiziert, dass es bis zum Herbst eine sehr hohe Impfquote braucht, um eine neuerliche Eskalation zu verhindern. Sollten bis dahin lediglich 65 Prozent bei den Zwölf- bis 59-Jährigen geimpft sein, sei mit einer sehr starken Welle in Herbst und Winter zu rechnen – mit einer Sieben-

Tage-Inzidenz von bis zu 400. Eine massive Überlastung der Intensivstationen wäre dann unausweichlich. Sogar bei 75 Prozent Impfquote würde eine vierte Welle entstehen, allerdings ohne Überlastung der Intensivstationen. Erst ab einer Quote von über 85 Prozent der Zwölf- bis 59-Jährigen und über neunzig Prozent der Über-Sechzigjährigen werde die Welle relativ flach bleiben.

Das wird durch die Prognosen der ECDC erhärtet. Am 30. September hat die Europäische Gesundheitskontrolle ECDC für die kommenden Wochen und Monate ein hohes Infektionsrisiko für die meisten EU-Länder gesehen, die es nicht schaffen, die Impfquote zu erhöhen. Portugal und Spanien sind auf einem guten Weg, Dänemark, Frankreich und Italien mittlerweile ebenfalls. Länder wie Deutschland, Österreich und die Schweiz liegen weit zurück.

Die Delta-Variante, die sich europaweit durchgesetzt hat, birgt das doppelte Risiko von schweren Erkrankungen, warnte die ECDC damals. Denn damit verstärkt sich der oft unterschätzte saisonale Effekt noch einmal. Je ansteckender die dominante Variante, desto höher muss die Impfquote sein, wiederholt Astrid. Schutzmaßnahmen sind weiter notwendig, so die ECDC in demselben Bericht. Allerdings wurden diese in vielen Ländern weitgehend aufgehoben, zu einem Zeitpunkt, als manche geglaubt haben, die Pandemie wäre bezwungen.

Astrid fasst zusammen: Die notwendige Impfquote wurde in etlichen Ländern nicht erreicht, dennoch wurden viele Schutzmaßnahmen aufgehoben. Nicht wenige Entscheidungsträger sympathisieren möglicherweise mit einer Durchseuchung. Die Fehlerkette setzte sich fort: Die Wirkung der Impfung wurde vielfach unvollständig dargestellt – sie hat zwar Hunderttausende Todesfälle vermieden und einen großartigen Effekt dabei, das Risiko einer schweren Erkrankung zu minimieren, und sie reduziert auch das Übertragungsrisiko, schließt es aber nicht aus. Das wurde nicht ausreichend transparent kommuniziert. Stattdessen wurde die Impfung oftmals als das Allheilmittel zur sofortigen Beendigung der Pandemie beworben, unabhängig vom individuellen Verhalten. Die Pandemie ist für Geimpfte vorbei, behauptete etwa der damalige österreichische Bundeskanzler Kurz. Aus unterschiedlichen Gründen wurde das Risiko von Teilen der Bevölkerung unterschätzt, die Folge war und ist ein hohes Maß an Unvorsichtigkeit.

In Österreich wurde das Ende der Pandemie sogar auf Plakaten verkündet, ein beispiellos verantwortungsloser Akt. Ähnlich verhielt es sich mit der Ansage, nach einer Impfung sei die Pandemie Privatsache. Man stelle sich vor, der Feuerwehrkommandant ruft verfrüht »Brand aus!«, obwohl es rundherum lodert.

Ähnlich in Dänemark: Dort wurde Mitte September nach 548 Tagen der Einschränkungen der »Liberty Day« ausgerufen, der Tag der Freiheit, die Restriktionen fielen per 1. Oktober. Ein Schritt, den viele ersehnt hatten, aber ein kontraproduktiver Schritt: Die Infektionszahlen stiegen daraufhin auf Rekordhöhen.

Die bisher gefährlichste Variante und ihre Unterschätzung, Populismus, Pandemiemüdigkeit und Impfskepsis haben Europa in die bisher schwerste Welle geführt. Die Zahl der Infektionen ist so hoch, die Ausstattung des Kontaktpersonenmanagements zum Teil so mangelhaft, dass in manchen Regionen bei weniger als einem Fünftel der Fälle nachvollzogen werden kann, wo sich die Erkrankten angesteckt haben. Ohne funktionierende, schnelle Tests und ohne wirkungsvolles Contact Tracing ist es jedoch unmöglich gegenzusteuern. Jede Interessengruppe pocht darauf, es gebe keinerlei Belege, dass in ihrem Bereich viele Ansteckungen geschehen, Schließungen der Geschäfte, der Gastronomie und so weiter seien daher nicht gerechtfertigt. Kein Wunder, wenn so wenige stichhaltige Informationen über die Ansteckungswege vorliegen. Niemand will es gewesen sein, dennoch gab es noch nie so viele Ansteckungen wie in diesem November.

Auch in Deutschland nimmt die Kritik am Umgang der Politik mit der Pandemie massiv zu. Astrid Norton zitiert einen offenen Brief von 35 führenden Wissenschaftlern, die einen »wiederholt nachlässigen Umgang mit dem Wohlergehen der Menschen, die auf den Schutz des Staates angewiesen sind« kritisieren. »Wieso haben Verantwortungsträger des Staates so eine Situation zugelassen?«, fragen sie.[72]

Astrid kommt zu einem grundsätzlichen Punkt: Das Vertrauen in die Fähigkeit des Staates, die Bevölkerung zu schützen, wurde in weiten Teilen Europas schwer beschädigt. Vertrauen ist der wirksamste Wirkstoff in der Pandemie. Fehlt es, dann geht die Saat der Corona-Leugner auf. Je größer die Verunsicherung der Bevölkerung wird, desto mehr Menschen verweigern die notwendigen Schutzmaßnahmen, desto schwieriger wird der Kampf gegen das Virus, desto mehr Menschen erkranken und sterben, desto länger dauert die Pandemie.

Astrid erinnert wieder an den Hollywood-Blockbuster »Contagion« aus dem Jahr 2011. Die Hauptfigur ist der Blogger Alan Krumwiede, der eine pflanzlich-homöopathische Tinktur namens Forsythia als Lösung gegen das Virus anpreist. Damit macht er nicht nur viel Geld, er sichert sich vor allem die Aufmerksamkeit von zwölf Millionen Followern. Unsere Krumwiedes sind jene, die Corona leugnen und damit der Bevölkerung eine Möglichkeit bieten, ihren Ängsten zu entfliehen –

und jene meist extrem rechten Kräfte, die ein politisches Geschäft daraus machen. Indem sie die Impfung diskreditieren, verlängern sie nicht nur die Pandemie, sondern klarerweise auch die Dauer der Maßnahmen. Und sie gefährden das Leben von Menschen. Warum machen sie das? Die Erforschung der Impfstoffe ist doch eine großartige Chance. Würden wir sie solidarisch nutzen, könnten wir den Spuk rasch beenden. Es ist, als wollten manche genau das verhindern. Rechtsextreme Blogs in Österreich jubeln bereits über eine »Jahrhundertchance«. Sie legen es darauf an, zu verunsichern, zu destabilisieren und mithilfe der Angst, die sie schüren, Systeme und Regierungen zu stürzen.

Wie soll man es bezeichnen, wenn in Österreich der Vorsitzende der FPÖ vor laufenden Kameras ein Pferdeentwurmungsmittel und Vitamine als Heilmittel gegen Covid-19 empfiehlt? Wenn Agenturen melden, dass das Entwurmungsmittel in den Apotheken ausverkauft ist? Wenn eine Frau es in so hoher Dosis einnimmt, dass sie auf der Intensivstation landet? Wenn ein Mann nach der Einnahme von großen Mengen Vitamin D ein Nierenversagen erleidet? Und wenn gleichzeitig der FPÖ-Chef selbst mit einer Corona-Infektion das Krankenbett hüten muss?

Dummheit habe Hochkonjunktur, sagt die Psychiaterin Heidi Kastner gegenüber der *Süddeutschen Zeitung*[73], verbunden mit der Tendenz, Fakten zu ignorieren und alle Positionen außer der eigenen zu negieren.

Astrid seufzt: Das geht so lange, bis wir in einer Gesellschaft leben, in der niemand niemandem mehr etwas glaubt und alle allen misstrauen. Übrig bleiben die Erkrankten, vor allem die schwer Erkrankten. Drei Prozent der Infizierten landen derzeit im Spital, ein halbes Prozent kommt auf die Intensivstation. Von diesen stirbt fast die Hälfte. Seit die Delta-Variante das Infektionsgeschehen dominiert, sind vergleichsweise öfter auch Kinder betroffen. Zwar erkranken sie zumeist weniger schwer als Erwachsene, dennoch müssen wegen keiner anderen Infektionskrankheit so viele von ihnen ins Krankenhaus. Auch bei ihnen kann Long Covid auftreten und sogar das PIMS-Syndrom, ein sehr seltenes postvirales Entzündungssyndrom, das schwerwiegende Langzeitfolgen auslöst.

Astrid unterstreicht noch einmal: Über die Langzeitfolgen bei Kindern wissen wir sehr wenig, aber es steht fest, dass das chronisch überlastete Gesundheitssystem weiter an seine Grenzen getrieben wird. Pflegerinnen und Pfleger, Ärztinnen und Ärzte, Behörden in allen Teilen haben Großartiges geleistet, aber die einzelnen Menschen, die es aufrechterhalten, sind nicht endlos belastbar. Kaum weckt man Hoffnung, werden sie durch eine neue Welle überrollt. Das ist schwer zu bewältigen.

Mike Ryan hat vollkommen recht, es braucht einen Kurswechsel in der Pandemiepolitik Europas: Leadership durch die Politik, ein offensives Streiten um die Deutungshoheit in der Bevölkerung. Es braucht Aufklärung und Dialog, um weitere Millionen Menschen zur Impfung zu bewegen. Es braucht Schutzmaßnahmen auch für Geimpfte, eine klare, möglichst eine europaweite Strategie, die auf Minimierung, Vorsorge und frühzeitige Maßnahmen setzt, mit denen nicht erst dann gehandelt wird, wenn die Infektionszahlen wieder in Rekordhöhen sind, und damit wieder nur die Vollbremsung hilft. Aber jetzt braucht es zuallererst wieder einmal eine rasche Notbremsung, denn der Bremsweg ist lang. Es braucht einen Wellenbrecher für die vierte Welle. Sobald sie überstanden ist, müssen wir die Pandemiepolitik neu aufstellen. Denn auch danach wird Corona nicht vorbei sein. Eine fünfte Welle dürfen wir nicht zulassen, möglich aber ist sie!

2. Dezember 2021
Bericht aus dem Homeoffice

Ich bin nicht überrascht: Heute hat sich der ehemalige Bundeskanzler Sebastian Kurz nach seinem Teilrückzug im Oktober endgültig aus der österreichischen Innenpolitik verabschiedet – der Politiker, mit dem ich monatelang eng beim Krisenmanagement zusammengearbeitet habe, mal mehr, mal weniger nett. Sein Abgang ist so, wie ich ihn kennengelernt habe: gut im Umgang; manchmal spielerisch, fixiert auf die Außenwirkung, hart gegenüber anderen Meinungen.

Das Scheitern von Kurz hat viele Ursachen. Formal sind es die veröffentlichten Chats von und mit Mitarbeitern, die nicht nur ein Sittenbild sichtbar machen. Sie dokumentieren auch, dass der Kanzler und seine Umgebung vieles, zu vieles ihrer eigenen Karriere untergeordnet haben; und dass dabei viele, vielleicht zu viele Grenzen überschritten wurden – ob auch im strafrechtlichen Sinne, müssen die Gerichte klären.

Ich habe einen Politiker kennengelernt, der auf ein kleines Team eingeschworener Mitarbeiter setzte, einen Politiker, der ungewöhnlich oft, vielfach wöchentlich, die Stimmung der Bevölkerung ausleuchten ließ – von einem eigenen Umfrageinstitut; der laufend damit beschäftigt war, seine Macht zu vermessen; und der darauf aufbauend seine politischen Positionen adaptierte und weiterentwickelte, manchmal ungewöhnlich rasch. Und dabei immer wieder zuallererst an sich und seine eigene Karriere dachte.

Vielleicht ist so auch die schrittweise Wende von Kurz in der Pandemiepolitik erklärbar: Anfangs lange positiver Antreiber für konsequente Maßnahmen und guter Partner in der Regierung, mutierte Kurz später, parallel zur Stimmungswende in der

Bevölkerung, Schritt für Schritt zum Bremser, bis er im Sommer 2021 plakatieren ließ, dass die Pandemie geschafft sei. Ja, viele haben sich nach Normalität, dem Ende der Einschnitte und Beschränkungen gesehnt. Viele meinen, es charakterisiere Populisten, dass sie bei einem Verlust der Zustimmung der Bevölkerung nicht ausreichend für das Notwendige werben, sondern auf der neuen Stimmung politisch zu surfen versuchen. Ein fataler Vorgang in einer Gesundheitskrise.

16. Dezember 2021
Astrid Norton
Die Wand

Der Albtraum hört und hört nicht auf. Im Wettstreit Virus gegen Mensch oder schnelle Evolution gegen wissenschaftliche Innovation und gesellschaftliche Kraft überrascht das Virus mit einem weiteren Angriff: Eine neue Mutation wird aus Südafrika gemeldet, SARS-CoV-2 verfügt über eine enorme Evolutionsfähigkeit. Schon die Virusvarianten Alpha und Delta brachten Sprünge im Vergleich zum Ausgangsvirus, waren besser an den Menschen angepasst und brachten eine erhöhte Übertragbarkeit. Erste Analysen sehen nun bei Omikron starke Veränderungen im Vergleich zu allen bisherigen Varianten und warnen vor einer äußerst starken Ansteckungsfähigkeit, die aufgrund ihrer Verdoppelung innerhalb weniger Tage keine Kurve mehr ist, sondern beinahe so steil verläuft wie eine Wand. Allerdings geben Berichte aus Spitälern in Südafrika und Großbritannien, den Ländern mit dem schnellsten Durchbruch der Omikron-Variante, auch Hoffnung. Sie deuten darauf hin, dass sich Omikron stark von Delta unterscheidet. Es ist einerseits deutlich ansteckender, scheint aber weniger schwere Krankheits- und weniger Todesfälle zu verursachen. Aufgrund der hohen Infektionszahlen könnte der Druck auf das Gesundheitssystem allerdings trotzdem sehr groß werden, in erster Linie dann, wenn viele Mitarbeiterinnen und Mitarbeiter nach Infektionen durch die neue Virusvariante ausfallen.

Fachleute des Gesundheitsministeriums und der Spitalsverbände tagen permanent und skizzieren Krisenszenarien. Astrid Norton referiert den Stand der Dinge:

Vier Szenarien wurden von den Londoner Forschern der School of Hygiene and Tropical Medicine auf Basis der ersten Erfahrungen, Analysen und Prognosen erarbeitet. Im optimistischen Szenario würden sich in Großbritannien bis Ende April 2022 mehr als zwanzig Millionen Menschen mit Omikron infizieren. Die Forscher rechnen damit, dass 175 000 davon im Spital betreut werden müssen und fast 25 000 sterben würden. Ich erspare Ihnen die anderen Szenarien, nur so viel: Worst Case bedeutet fast 500 000 Hospitalisierte und fast 75 000 Todesfälle.[74]

Was ist die Ursache für diesen nächsten Irrsinn? Was macht Omikron so gefährlich?, unterbricht Kathrin Hinz, die für das Intensivnetzwerk an der Besprechung teilnimmt.

Bitte um Vorsicht, das sind Szenarienrechnungen, die von einem noch geringen Wissensstand ausgehen. Aber es geht um mehrere Faktoren, sagt Astrid. Omikron ist eine sogenannte Escape-Variante, weil es sich dem Zugriff des Immunsystems zum Teil entziehen kann. Das liegt daran, dass es sich im Vergleich zum ursprünglichen Wuhan-Virus, aber auch zu Delta, an derart vielen entscheidenden Stellen verändert hat, dass unser Immunsystem trotz Impfung oder Genesung viel schwerer damit zurande kommt. Der Schutz durch Antikörper scheint deutlich reduziert. Das ganz große zweite Thema: Es ist stark ansteckend,

stärker als Delta, die bisher ansteckendste Variante, die Anste-
ckungsintervalle sind ungewöhnlich schnell. Das führt dazu,
dass Großbritannien derzeit eine Verdoppelung der Omikron-
Zahlen alle zwei bis drei Tage erlebt.

Immerhin findet auch die EU erstmals sehr scharfe Worte, referiert Astrid Norton weiter. Ihre Gesundheitskontrollbehörde,
die ECDC, hat heute eindringlicher gewarnt als je zuvor. Ihre
Experten gehen davon aus, dass sich Omikron rasch ausbreitet und spätestens ab Februar die Pandemie in ganz Europa dominieren wird. Im Best-Case-Szenario geht ECDC[75] davon aus,
dass Omikron fast viermal mehr Todesopfer fordern wird als
Delta, im ungünstigsten Szenario sogar 18-mal mehr.

Kathrin Hinz schlägt die Hände vor die Augen. Die fünfte
Welle! In großer Geschwindigkeit laufen Zukunftsszenarien vor
ihr ab, was das für ihr Haus für die nächsten Monate bedeuten
könnte. Die Bilder sind hässlich, sie verlangen nach sofortigem
Handeln. Auch wenn es im Verhältnis zu den Infizierten weni-
ger Schwerkranke gibt, können die hohen Infektionszahlen zu
schweren Problemen beim Erhalt der Infrastruktur von der
Energieversorgung bis zur Exekutive, von den Spitälern bis zur
Pflege in den Altenheimen führen. Und vermutlich wird sich
das Zentrum der Überlastung von den Intensivstationen in die
Normalstationen verlagern. Und bei den befürchteten extrem
hohen Infektionszahlen kann auch die Zahl der an Long Covid
Erkrankten eine neue Dimension erreichen. Omikron ist ein
Trojanisches Pferd mit Long Covid als verstecktem Passagier.

Für Astrid Norton bedeutet das die Notwendigkeit einer sofortigen Vorbereitung eines Präventions- und eines Notfallkon-
zeptes. Wir dürfen jetzt keinen Tag verlieren, sagt sie.

Gibt es auch Positives?, fragt Intensivmedizinerin Kathrin
Hinz.

Ja, es gibt Positives, antwortet Astrid. Wir sehen bisher deutlich weniger Infizierte, die schwer erkranken. Und darüber hinaus: Die Antikörper sind ja nur unsere erste Verteidigungslinie. Die zweite sind die T-Zellen, sie scheinen gegen Omikron nicht so schlecht gerüstet zu sein. Das bedeutet: Wir gehen davon aus, dass die dritte Impfung weiterhin gut wirkt, zumindest für einige Zeit.

Gut, sagt Kathrin. Also zumindest Hoffnung. Was müssen wir also im Gesundheitssystem tun, um voll handlungsfähig zu bleiben?

Die Meinung der anwesenden Expertinnen und Experten ist einhellig: den dritten Stich, das Boostern rasch beschleunigen, vorrangig für die Mitarbeiterinnen und Mitarbeiter im Gesundheitssystem und für alle Risikogruppen. Und den Schutz der eigenen Mitarbeiterinnen und Mitarbeiter vor Infektion verstärken.

18. Dezember

Engelbert

Eine Wellenlänge

Sein Name ist Engelbert, er ist 67 Jahre alt und lebt alleinstehend in jener kleinen Gemeinde, in der er geboren wurde. Zeitungen liest er seit langem nicht mehr, weil er davon überzeugt ist, dass sie lügen. Radio und Fernsehen konsumiert er ebenfalls nicht. Er verlässt sich auf sogenannte freie Medien. Fragt man ihn, was freie Medien sind, antwortet er: Na solche, die nicht gekauft sind vom Staat. Telegram zum Beispiel – jener russische Instant-Messaging-Dienst mit Sitz in den Arabischen Emiraten, den jeder zur Verbreitung von Nachrichten verwenden kann. Schon vor Jahren ist Engelbert dort auf den Kanal der ehemaligen deutschen Fernsehmoderatorin Eva Herman gestoßen, ihr folgt er genauso wie einigen anderen aus ihrem Umfeld – zum Beispiel der sogenannten Wissensmanufaktur oder dem Institut für Wirtschaftsforschung und Gesellschaftspolitik. Dort sieht er Videos wie »Coronavirus ein Riesenfake?«. Er findet Meldungen über die »Auffälligkeit«, dass jene Gegenden in Europa, wo das Virus im März 2020 zuerst ausgebrochen ist, auch Vorreiter der 5G-Technologie seien – ob Oberitalien, die Schweiz, Tirol mit Ischgl oder der Kreis Heinsfeld in Nordrhein-Westfalen. Auch Wuhan, China. Das kann kein Zufall sein. Wenn Engelbert das liest, fühlt er sich verstanden und bestätigt. Gegen Handymasten war er immer schon, die Strahlung macht ihm Sorgen.

Auf Telegram erfährt er aber noch viel mehr: von totalitären Bestrebungen von Regierungen, einem generalstabsmäßigen Plan des Umsturzes samt Unterwerfung der Bevölkerung und dem Ende der freien Meinungsäußerung. Über die angebliche Weitsicht von Donald Trump und Verbindungen von Joe Biden zur Kommunistischen Partei Chinas. Über den Versuch globaler Eliten, die Pandemie fälschlich als »schrecklichste Geisel der Menschheit seit Pest und Cholera zu verkaufen«.

Neue Fragen tun sich auf, gestellt von scheinbar Wissenden: Wer hat die Macht und die Möglichkeiten, die »neue Zeitqualität« zu starten? Und mit welchem Ziel? Wie ist das mit den NGOs und ihren Verbindungen zur Industrie?

Viele Telegram-Kanäle sind mittlerweile zum Sprachrohr der Corona-Leugner geworden. Auf einigen wird der »Tag X« geplant, zu Anschlägen gegen Politiker aufgerufen.[76]

Weltweit hat Telegram mehr als 200 Millionen, manche sprechen sogar von einer halben Milliarde User, die größten Zuwächse erreicht der Dienst seit Beginn der Pandemie. Einzelne Gruppen haben bis zu 200 000 Mitglieder, bei manchen geht es um die Verbreitung von Fake News, um Mobilisierung für den Aufmarsch bis hin zur Bildung kommunaler Gruppen.[77] An der Radikalisierung der Bevölkerung ist Telegram maßgeblich beteiligt. Internationale Wissenschaftler bezeichnen Telegram aufgrund seiner Regeln als El Dorado für extremistische Gruppen.[78] Erst jetzt erfolgen Sperren.

Aus gesichertem Wissen wird hier gefühltes Wissen. Die Angst wird verschoben – vom Virus hin zur Impfung und zu dunklen Mächten, von denen die eigentliche Bedrohung ausgeht. Gewaltphantasien vermischen sich mit Todesängsten.

Engelbert ist in eine virtuelle Welt geraten, in der Demagogen und Propagandisten unter angeblicher wissenschaftlicher Etikette Relativierung, Verunsicherung und Verwirrung betreiben. Deren Wahrheiten bestimmen nach und nach die Realität der analogen Welt, in der Engelbert lebt.

In rechten Zeitschriften findet er einige dieser »Wahrheiten« gedruckt wieder. Impfungen würden ein »Monster-Virus« hervorrufen, erklärt etwa der *Wochenblick*, schreibt von einem »tyrannischen Regime« und behauptet, die Pandemie hätte nie existiert. In rechten Sendern wie »Auf1« werden sie ihm in professionell gemachten Nachrichtensendungen präsentiert. Dort erfährt er von einer »psychologischen Kriegsführung der Corona-Diktatur« und hört Warnungen von angeblichen Experten vor der Covid-Impfung – wer sich die Spritze geben lasse, könne sich genauso gut auf eine scharfe Tretmine stellen. Der Sender verschickt Broschüren an Haushalte in Deutschland und Österreich mit Propaganda gegen die Impfung und druckt Aufkleber, die in Städten verteilt werden.

Engelbert selbst ist kein Rechtsextremist, die Verbrechen der

202

Nazis findet er abscheulich. Es stört ihn aber nicht, wenn bei den Covid-Demonstrationen Rechtsextremisten mit dabei sind und die Verbrechen der Nazis verharmlost werden. Er lenkt ab und stellt Gegenfragen wie: Habt ihr euch schon einmal angeschaut, wer aller bei den Jesuiten in die Schule gegangen ist?

Sich selbst sieht er als rationalen Menschen, der andere vor Schaden und Leid bewahren möchte. Er hat sich eine klare Begründung dafür zurechtgelegt, die Impfung zu verweigern: Sie sei ja ohnehin unwirksam.[79] Es macht ihn wütend, wenn ihm vorgeworfen wird, er verweigere die Solidarität mit seinen Mitmenschen. Aus seiner Sicht ist genau das Gegenteil der Fall!

Engelbert ist vehement gegen Gewalt. Deshalb machen ihn Aussagen auf einzelnen Telegram-Kanälen betroffen: Durch Telefonate und Demonstrationen sei nichts zu erreichen, heißt es dort. Gegen eine Diktatur gebe es ein Notwehrrecht. Es sei legitim, die Verabreichung der »Todesspritze« zu verhindern, mit allen Mitteln.

Bei einer Demonstration Mitte November in Wien ist Engelbert unter den 40 000 Teilnehmern. Bunt gemischt geht es zu: Regierungsgegner; katholische Fundamentalisten, die die Hilfe der Mutter Gottes gegen die Impfung herbeiflehen; FPÖ-Funktionäre, die die Stimmung aufheizen, um ihr politisches Geschäft zu machen; Verschwörungstheoretiker, Esoteriker, aber auch einfach besorgte und verunsicherte Menschen. Eine neue Masse bildet sich. Um stärker zu werden, braucht sie Angriffe von außen.[80]

Dass während dieser Demonstration gegen Impfung und Schutzmaßnahmen keine fünfhundert Meter entfernt Ärztinnen und Pflegerinnen in einem Spital um das Leben schwerkranker Covid-Patienten kämpfen, will Engelbert nicht wahrhaben. Man höre so viel, sagt er, zum Beispiel, dass die Pflegerinnen über die wahre Situation in den Kliniken nicht sprechen dürfen; dass die Intensivstationen nicht wegen der Pandemie überlastet sind, sondern weil viele Betten aus Kostengründen abgebaut wurden. Man werde doch Fragen stellen dürfen, sagt Engelbert: Wer kann ein Interesse daran haben, dass jetzt wieder Druck für Schutzmaßnahmen gemacht wird, obwohl die Angst vor dem Virus völlig übertrieben ist? Falls es denn überhaupt existiere. Denk doch mal nach, wer kann ein Interesse daran haben, und warum machen die das?

Schutzmaske trägt Engelbert keine. Es sei wissenschaftlich belegt, dass das Virus viel zu klein sei, um von ein paar Lagen Zellstoff aufgehalten zu werden. Die Maske sei ein Symbol der Sklaverei, der Unterwerfung unter eine Diktatur. Abgesehen davon: Wurde im Internet nicht sogar berichtet, dass PCR-Tests und Masken aus China mit Parasiten verseucht sind? Er mache da nicht mit.

Nicht alles, was er bei den Kundgebungen hört, findet Engelberts Zustimmung. Zum Beispiel, dass Demonstranten einer Frau, die an einem Fenster im ersten Stockwerk steht, im Chor »Spring!« zurufen. Zum Beispiel, wenn von den Militanten der Sturm auf das Kapitol in Washington bewundert wird. Und erst recht nicht, wenn sich Gewaltaufrufe häufen. In den vergangenen Wochen wurden bei einer Recherche in Telegram-Chaträumen 250 Tötungsaufrufe gefunden, berichtete Tagesschau.de

Engelbert will, dass mehr miteinander geredet wird. Und dass jeder das sagen soll, was er meint. Er will, dass den »Wissenschaftlern«, die er von Telegram kennt, zugehört wird. Und er findet es nicht zu akzeptieren, dass das Krankenhauspersonal zum Impfen gezwungen werden soll. Für diese Freiheiten geht er zu den Demonstrationen. Darüber brauchen wir nicht zu diskutieren, sagt er. Er habe sie nämlich durchschaut, die Wirklichkeit.

Was habe er durchschaut, konkret?

Um die Grippe habe man auch nicht einen solchen Wind gemacht wie jetzt um Corona. Es gehe um einen großen Plan, um viel Geld, um die Unterwerfung der Menschen und um Bill Gates. Das würden auch seine Wissenschaftler sagen, und wenn man das nicht mehr sagen dürfe, dann sei unser Land wirklich eine Diktatur, wie damals.

Hunderttausende konsumieren im deutschsprachigen Raum die Parolen der Corona-Leugner und Impfgegner, häufig stammen sie von einem Wunderheiler-Netzwerk aus den USA[81], einzelne vom russischen Staatssender Russia Today DE[82], viele sind aus der rechtsextremen Giftküche.

Als weitgehend kontrollfreier Raum ist Telegram für solche Parolen ein Brandbeschleuniger. Da von einem regulierenden Eingreifen des Unternehmens oder sogar von einer Sperre einzelner Inhalte nicht auszugehen ist, fordern zunehmend mehr Länder ein härteres Vorgehen gegen Hass und Hetze bei den Kurznachrichtendiensten.

Die Pandemie hat Verunsicherung und Angst geschaffen, Menschen gehen verschieden damit um, manche reagieren mit einem uralten Reflex: Flucht oder Angriff.[83] Flucht in eine andere Welt, die erklärt, dass die Bedrohung nicht existiert oder dass die Beschützer die eigentlichen Bedroher sind, Angriff durch Hass und Aggressivität. Die Umleitung der Ängste im Dienst der Extremisten funktioniert. Gegen die Pandemie können sie nicht demonstrieren, gegen die Pandemie hilft nicht einmal Gewalt. Ihr Hass ist das Produkt der Verweigerung von Wissen und Meinungsaustausch.

Der dänische Politologe Michael Bang Petersen befürchtet, dass wachsender Druck zu geringerem Vertrauen und zu steigender Radikalisierung führt. Deutsche Politikwissenschaftler warnen vor undifferenziertem Druck auf alle, die skeptisch gegenüber den Corona-Maßnahmen sind: Das schafft eine mächtige Gruppierung, eine Gruppe wie geschaffen als Instrument von Rechtsaußen.

Je länger die Pandemie andauert, je größer die Verdrossenheit, desto stärker werden die Säulen der demokratischen Gesellschaft wie Politik, Medien und Wissenschaft untergraben. Das belegen Analysedaten des Umfrageinstitutes Sora, laut denen das Vertrauen gegenüber staatlichen Institutionen massiv gesunken ist.[84] Millionen Menschen sind demnach für Politik, Medien und Wissenschaft nicht mehr erreichbar, eine Blase der Irrationalitäten ist entstanden.

Staats- und Verfassungsschutz stellen bei einem Kern der Corona-Leugner und Impfgegner eine starke Radikalisierung und zunehmende Gewaltbereitschaft fest. Ab wann muss der Staat die Konsequenzen daraus ziehen und die Gesellschaft schützen? Geht er mit Dialog- und Aufklärungsangeboten auf die Besorgten und Verunsicherten zu, um sie aus der Gruppe der Hetzer und Demagogen herauszuholen, in die sie geraten sind? Und ab wann sorgt er dafür, dass Gewaltphantasien auf sogenannten sozialen Netzwerken keinen Platz mehr finden und konsequent geahndet werden?

Die Vergangenheit war beängstigend: Seuchen haben immer wieder extreme Ressentiments und Aggressionen freigelegt und waren vielfach die Zeit der Sündenböcke, immer wieder kam es zur Flucht ins Irreale. Mal asiatische Zuwanderer um 1900 in San Francisco, mal Landstreicher und Migranten, immer wieder wurden Minderheiten zu den Schuldigen der Katastrophen gemacht. Und immer wieder waren es jüdische Mitbürger, die verantwortlich gemacht wurden. Die Pestepidemie Mitte des 14. Jahrhunderts brachte zuerst Spannungen zwischen Christen und Juden, später schwere Übergriffe und Tausende Tote, die wichtigsten jüdischen Gemeinden der heute deutschsprachigen Regionen wurden ausgelöscht, weil Juden zu Brunnenvergiftern erklärt wurden. Seuchen, seit jeher die Zeit der Spaltung und der dunklen Irrationalitäten.

23. Dezember 2021
Andrea
Langsam wird es wieder gut

Sie sind ein ungleiches Paar vor dem Weihnachtsbaum in der Eingangshalle der Rehabilitationsklinik. Sie stehen für die beiden großen Bevölkerungsgruppen, die mit dem Covid-Virus infiziert wurden, überlebt haben, aber an Folgeschäden leiden: Der 72-jährige Erik ist leicht übergewichtig, hat hohen Blutdruck und Diabetes und ein Nervenleiden am Fuß. Andrea ist nicht einmal halb so alt wie er und war eine durchtrainierte Sportlerin ohne Vorerkrankungen. Die beiden verbindet Covid und das Ende der ambulanten Rehabilitation.

Mehrfach haben sie sich in den langen Tagen und Wochen der Therapie ihre Krankengeschichten erzählt, die unterschiedlicher nicht sein könnten.

Andrea wird in den Anfangswirren der Pandemie infiziert. Seit mittlerweile 22 Monaten ist sie nicht gesund, sie laboriert an Long Covid. Covid kann nicht nur mild oder tödlich verlaufen, das Virus wirft viele Erkrankte langfristig in eine schwierige Lebenssituation. Die Krankheit verläuft bei Andrea wellenförmig, die Wellen ebben langsam ab. Nach einer stationären Reha, zwei Impfungen und dann noch einer ambulanten Therapie hat sich ihr Zustand verbessert.

Erik hat sich aus Respekt vor dem Virus und im Wissen um sein erhöhtes Risiko immer sehr vorsichtig verhalten. Nach der dritten Welle beginnt er im vergangenen Sommer erstmals zu hoffen, dass er die Pandemie ohne Erkrankung übersteht. Aber dann geht alles ganz schnell: hohes Fieber, starker Druck auf der Brust, plötzlicher Verlust des Geschmacksinns, positiver Covid-Test, Einlieferung in das Spital. Nach nur einem Tag auf der Normalstation verschlechtert sich sein Zustand über Nacht. Auf Intensiv wird er rasch intubiert und in Tiefschlaf versetzt. Vier Wochen kämpft er mit Unterstützung der Ärztinnen und Ärzte, der Pflegerinnen und Pfleger und allen Möglichkeiten moderner Medizin um sein Leben: Beatmung, Überwachung, wiederholte Bauchlage, Schmerzmittel, Tiefschlaf-Medikamente, Cortison und Antibiotika, weil sich auf die geschädigte Lunge noch eine bakterielle Lungenentzündung setzt. All das hat erhebliche Nebenwirkungen, es bedeutet aber seine einzige Überlebenschance.

Bereits nach wenigen Tagen, als Erik noch im Tiefschlaf ist, bemüht sich jemand um ihn, den er später »Engel« nennen wird. Er ist nach vier Wochen die erste Person, die Erik beim Aufwachen wahrnimmt. Schemenhaft und immer nur für kurze Momente, aber die Bilder haben sich eingeprägt. Der Engel ist ein Physiotherapeut im Schutzanzug, der vorsichtig Eriks Arm hebt und ihn bewegt. Ihn hebt und abbiegt. Ganz langsam, ganz vorsichtig. Zuerst den rechten Arm, dann den linken. Dann das Gleiche mit Eriks Beinen.

Erik weiß noch nicht, was hier geschieht, er schläft auch rasch wieder ein. Aber immer, wenn er wieder einen Schritt ins Bewusstsein zurückgeholt wird, ist der Engel bei ihm. Unter all den Personen in Schutzanzügen, die sich um ihn kümmern, erkennt Erik ihn an einer Kinderzeichnung, die er auf seinen

Schutzoverall gedruckt hat. Er lernt mit dem Engel das Atmen neu, er übt das Heraushusten des Schleims, das richtige Schlucken. Der Engel lehrt ihn, die Beine und die Zehen zu bewegen, die Finger und die Arme. Später erhält Erik ein Theraband und beginnt mit Übungen, an seiner Muskelkraft zu arbeiten – und mit einem anderen Übungsgerät an seiner Atmung und seinem Husten. Und endlich, es ist wie ein zweiter Geburtstag, steht Erik erstmals wieder – sehr schwach noch, dreißig Kilogramm leichter als bei seiner Einlieferung und fest gestützt und gesichert von seinem Engel. Einige Momente nur, aber trotzdem kommt die Oberärztin und applaudiert mit ihren Schutzhandschuhen. Freude. Tränen. Schweißausbruch.

Anschließend folgen vier Wochen stationäre Rehabilitation. Das Aufbautraining wird fortgesetzt und schrittweise verstärkt. Viele Kontrolluntersuchungen werden durchgeführt: Wie steht es um sein Herz? Um die Kraft der Atemmuskeln? Um die Fähigkeit, Sauerstoff aufzunehmen? Gibt es noch Schäden an der Lunge?

Jetzt ist Erik seit vier Wochen auf ambulanter Rehabilitation. Mehr als drei Monate sind seit dem Beginn seiner Erkrankung samt Wiedergeburt bereits vergangen. Nie hätte er gedacht, wie schön es sein würde, seine schlaffen Muskeln aufzubauen, langsam wieder Kraft zu gewinnen, endlich selbständig zu werden: Schritt für Schritt hat er wieder gehen gelernt und gleichzeitig wie im Zeitraffer zum zweiten Mal alle Fertigkeiten, die er schon als Kind beherrschte. Und da ist ein Nervenschaden am rechten Fuß, der offensichtlich eine Folge der andauernden Bauchlage im Tiefschlaf ist. Viele helfen ihm dabei: Fachfrauen der medizinischen Trainingstherapie, der Arzt, die Sportwissenschaftlerin, die Physiotherapeutinnen ... Atemprobleme hat er immer noch. Auch daran wird nach Weihnachten weitergearbeitet. Er will nicht und er wird nicht für immer Patient sein.

Die Sportlerin Andrea steht für ein anderes Krankheitsbild. Wie weltweit Millionen anderer Corona-Patienten hat sie Long Covid zu einer Zeit erwischt, als noch niemand wusste, dass es so etwas gibt.

Vor zwei Jahren noch war sie über 5000 und 10 000 Meter eine der schnellsten Läuferinnen im Verein. Ein Jahr nach der Infektion kommt sie nicht ohne zu pausieren in den zweiten Stock. Aber auch für Andrea wird es besser. Es dauert länger, Long Covid braucht Zeit. Wann immer es ihre Kraft erlaubt, engagiert sich Andrea gemeinsam mit anderen Betroffenen: dafür, dass Long Covid offiziell als Erkrankung anerkannt wird. Dass Patientinnen und Patienten nicht stigmatisiert werden oder berufliche Nachteile erleiden müssen. Für ausreichende medizinische Kapazitäten. Und dafür, ein Bewusstsein zu schaffen, dass damit eine große, neue Herausforderung auf das Gesundheitssystem zukommt. Für sich selbst macht sie hier in der ambulanten Reha die bisher größten Fortschritte gegen die Krankheit, die sie »das Chamäleon« nennt, weil sie in den vergangenen zwei Jahren in den unterschiedlichsten Formen aufgetreten ist und ihr Leben zum Teil dominiert hat.

Andrea lernt, noch stärker in sich hineinzuhören und den Stress langsam abfließen zu lassen. Lernt, dass es einen Mittelweg braucht zwischen ihrem früheren Anspruch auf körperliche Spitzenleistungen – und der Resignation, in die sie manchmal abzugleiten droht. Und sie merkt, dass sie – auch mit Hilfe einer Psychologin – Fortschritte dabei macht, ihre Balance neu zu finden. Sie ist noch nicht dort, wo sie hinwill, aber sie ist am Weg dorthin schon sehr weit. Sie hat gelernt, Geduld zu haben mit ihrem Körper. Hier ist sie an einem Ort, an dem man sie versteht. Wo sie kompetent und engagiert unterstützt wird. Und das ist das schönste Geschenk für eine von Millionen Menschen, die an Long Covid erkrankt sind.

27. Dezember 2021
Astrid Norton
Millionen Leben

Genau ein Jahr ist vergangenen seit dem hoffnungsvollen Impfstart in Europa. Seither ist unfassbar viel geschehen. Wurde der neue Trumpf gegen die Pandemie genutzt? Sicher ist: Noch nie zuvor in der Geschichte der Menschheit wurde so viel Impfstoff produziert – elf Milliarden Dosen; noch nie zuvor wurden weltweit so viele Impfungen durchgeführt – zehn Milliarden würden es bis Februar 2022 sein; und noch nie zuvor wurden durch Impfungen so viele Leben gerettet.

Genau wie vor einem Jahr trifft sich die Wissenschaftskoordinatorin Astrid Norton mit ihrer Freundin Lisa, einer der führenden Impfstoffforscherinnen, zu einem Recherchegespräch über Zwischenbilanz und Perspektiven der Vakzine.

Lisa, es ist großartig, nach Berechnungen der WHO wurde allein in Europa durch die Covid-Impfung das Leben von einer halben Million Menschen gerettet. 500 000 Menschenleben! Gratuliere, du musst glücklich und zufrieden sein.

Ja und nein, es ist eine einzigartige Erfolgsgeschichte, aber es bleiben Sorgen. Wir sind so erfolgreich, aber noch nicht erfolgreich genug. In kürzester Zeit wurden die Impfstoffe gegen Covid erforscht und produziert, 2,3 Milliarden Dosen allein hier in Europa, nur in China waren es mehr.

Moment, Lisa! Ich unterbreche dich ungern, aber vor einem Jahr haben wir darüber gesprochen, dass es ein großes Verdienst der EU war, die Errichtung von Produktionskapazitäten enorm zu unterstützen. Bis heute weiß über diese Leistung der EU praktisch niemand Bescheid.

Astrid, da hast du recht, aber das ist nicht mein Job. Mir ist wichtig, dass die Impfstoffe wirken, dass es uns gelungen ist, viele schwere Erkrankungen und Todesfälle zu vermeiden. Inzwischen wurden Milliarden Dosen verimpft, die Vakzine gegen Covid-19 sind also so gut erprobt wie noch nie zuvor ein Wirkstoff. Weltweit werden heute 377 Menschen in jeder Sekunde geimpft, 23 verschiedene Covid-Impfstoffe sind im Einsatz. Laut jüngsten Studien anhand der Delta-Variante betreffen in Europa acht bis neun von zehn Neuinfektionen Ungeimpfte.[85] Impfungen schützen also nicht zu hundert Prozent, aber sehr gut – vor allem vor schweren Erkrankungen. Der Schutz vor Infektionen lässt mit der Zeit zwar nach, der Schutz vor schweren Verläufen bleibt aber recht stabil. Und während Ungeimpfte das Virus bei der Delta-Variante sieben bis acht Tage lang weitergeben können, besteht dieses Risiko bei Geimpften maximal zwei bis drei Tage. Vereinfacht formuliert: Die Impfung verlangsamt auch die Ausbreitung stark. Kommen hundert Geimpfte in Kontakt mit Covid, geben siebzig das Virus nicht weiter, und die restlichen dreißig in einem um siebzig Prozent weniger starken Ausmaß. Die Schweiz hat dazu Realzahlen erhoben aus der Wirklichkeit der Spitäler im Land.[86] Mit Jahresende liegt die wöchentliche Todesrate unter 100 000 Einwohnern bei Ungeimpften bei 13, bei Vollgeimpften ohne Booster bei 1,44 und bei Vollgeimpften mit Booster bei 0,27. Eine eindeutigere Beweisführung, wie man sein Leben schützen kann und wie stark die Schutzwirkung der Impfung auch in diesen Tagen ist, gibt es wohl nicht mehr. Dazu kommt, dass neue Studien aus Israel belegen, dass Impfungen auch das Risiko, an Long Covid zu erkranken, deutlich verringern.[87]

Wir haben immer gesagt, dass kein Impfstoff einen hundertprozentigen Schutz darstellt und es weiterhin Schutzmaßnahmen zusätzlich zur Impfung braucht. Genau das aber wurde von der Politik in vielen Nationalstaaten fahrlässig versemmelt, eine falsche Erwartungshaltung führt bei vielen zu Sorglosigkeit.

Wie sieht es aus mit den Nebenwirkungen?

Hier sehen wir keine beunruhigenden Entwicklungen, in Europa werden die Nebenwirkungen ja dokumentiert und überwacht. Interessante Nebeninformation: Eine aktuelle Studie spricht von einem hohen »Nocebo«-Effekt[88] bei zwei Dritteln der leichten Nebenwirkungen wie Kopfschmerzen und Müdigkeit, Armschmerzen und Schwellungen. Die negative Version des Placebo-Effekts entstehe durch Erwartungshaltungen und Angst.

Lisa, zurück zu den Impfungen. In etlichen Ländern ist es nicht gelungen, die notwendige Impfquote zu erreichen.

Gesundheitspolitisch entscheidend ist, die Impfquoten auf über 85 oder besser neunzig Prozent zu bringen. Warum ist das in vielen Ländern nicht annähernd gelungen? Das hängt vermutlich mit dem mangelnden Vertrauen der Bevölkerung in ihre Regierungen zusammen. In Russland etwa war Anfang November lediglich ein Drittel der Bevölkerung geimpft, trotz aggressiver Spots im Staatsfernsehen und Aufrufen von Präsident Putin. Gleichzeitig wissen wir aus Umfragen, dass dort vierzig Prozent der Regierung und ihrer Arbeit nicht vertrauen. Ähnlich ist die Situation in etlichen Ländern Ost- und Südosteuropas. Und in Zentraleuropa sind es vor allem Deutschland, Österreich und die deutschsprachigen Regionen der Schweiz und in Italien, die eine viel zu geringe Impfquote aufweisen.

Woran liegt das? An der Stärke rechtsextremer und populistischer Parteien?, überlegt Astrid laut.

Das wäre eine mögliche Erklärung. Andererseits gibt es die auch in Ländern mit hoher Impfquote wie Spanien und Frankreich, gibt Lisa zu bedenken.

Starke esoterische Bewegungen wären mein zweiter Gedanke.

Das könnte ebenfalls eine Rolle spielen. In den betreffenden Regionen liegt das Vertrauen in die Wissenschaft teilweise unter dem sehr hohen europäischen Niveau. Kann es etwas damit zu tun haben, dass hier durch die Nazis große Teile der wissenschaftlichen Intelligenz ermordet oder vertrieben wurden – und damit auch die gesellschaftliche Aufklärung Rückschläge hinnehmen musste?

Vermutlich die wichtigste Erklärung. Vielleicht hat es auch mit sprachlich bedingten Barrieren zu tun? Aber sicherlich wird nicht nur eine einzige Ursache dafür verantwortlich sein.

Ist das deine Hauptsorge?

Nein, mich ärgert vor allem, dass die Verteilung des Impfstoffes nicht fair funktioniert. Elf Milliarden Dosen wurden erzeugt, also mehr als eine Dosis pro Erdenbewohner, verimpft wurden sie hauptsächlich in den reichen Ländern, und dort liegen wegen der teilweise noch zu geringen Impfquote Abermillionen an Impfdosen auf Lager und drohen zum Teil sogar zu vergammeln. In China haben bisher 1,2 Milliarden Menschen eine Erstimpfung erhalten, in Indien 870 Millionen, in den USA 250 Millionen, in Deutschland 62 Millionen, in Österreich 6,6 Millionen und in der Schweiz 5,9 Millionen – und die allermeisten davon auch die Zweitimpfung. Währenddessen liegen wir in Afrika lediglich bei acht Prozent der Bevölkerung mit beiden Stichen, in Burundi bei 0,1 Prozent vollständig Geimpften. Die *Financial Times*[89] hat Daten zusammengestellt: In den reichen Ländern wurden allein in den vergangenen vier Monaten 120 Millionen Dosen Boosterimpfungen verabreicht. In den armen Ländern waren es im ganzen Jahr zusammengenommen nur etwas mehr als sechzig Millionen Dosen für alle Impfschritte. Das sagt alles. Experten, die vom Wissenschaftsmagazin *Nature*[90] vor einigen Monaten befragt wurden, gehen davon aus, dass der größte Teil der Weltbevölkerung erst im Lauf des Jahres 2023 geimpft sein wird. Und das, obwohl wir wissen, dass Mutationen gerade dort entstehen, wo viele Menschen ungeimpft und die Inzidenzen hoch sind.

Damit gefährden wir durch fehlende Solidarität den Erfolg, Lisa! Es braucht den Impfschutz auf der ganzen Welt, damit die ganze Welt sicher ist. Versagen wir bei der fairen Verteilung, können wir die Pandemie trotz bester Impfstoffe nicht beenden. Warum handelt die Politik so?

Ja, niemand ist sicher, bevor jeder sicher ist. Ich denke, es gibt mehrere Gründe für dieses bisherige Versagen: der übliche Egoismus, zuerst auf sich selbst zu schauen und dann lange auf nichts. Zweitens hat die Covax-Initiative, die genau zur Versorgung ärmerer Regionen gegründet worden ist und jetzt in die Gänge gekommen ist, lange nicht funktioniert. Und drittens ist ein Teil der Impfstoffe recht komplex zu handhaben, von der erforderlichen Kühlung bis zur geringen Haltbarkeit. Und da ist die Versorgung ärmerer ländlicher Regionen schwierig.

Lisa, was muss sich ändern, wie können wir nach dem großartigen Start noch besser werden?

Es muss den Regierungen der Welt klarwerden, dass es nur dann Schutz für alle geben kann, wenn Patente aufgehoben und geteilt werden, um es auch ärmeren Regionen zu ermöglichen, mit der Eigenproduktion von Impfstoffen zu beginnen.

Das ist ungewöhnliches Denken, und es dauert offensichtlich, bis sich das durchsetzt. Und wir brauchen neue Impfstoffe, die unter schwierigen Bedingungen leichter einsetzbar sind.

Optimistisch stimmt mich dabei, dass die Weiterentwicklung der Impfstoffe sehr gut läuft. Mit dem Durchbruch der mRNA-Impfstoffe besitzen wir einen enormen Vorteil, da ihre Anpassung an neue Varianten technisch vergleichsweise einfach und schnell umsetzbar ist. Wir haben jedoch neben dieser laufenden Adaptierung an neue gefährliche Mutationsvarianten noch größere Ziele, die Forschung an einem Impfstoff für alle Coronaviren ist weit fortgeschritten. Insgesamt sind derzeit 113 Impfstoffe gegen Covid in Testung, 44 davon bereits in der letzten Phase. Mit viel Engagement wird auch an einem Lebensimpfstoff gearbeitet, der als Nasenspray verabreicht werden soll. Ziel ist eine Immunität in den oberen Atemwegen, damit auch in Zellen der Nasenschleimhaut, der Eintrittspforte der Erreger. Forscher in den USA und China sind mit diesem Projekt bereits in der Phase 3 der klinischen Studien.[91]

Und schließlich wollen wir weiter gehen, bald soll es Impfstoffe gegen andere schwere Krankheiten, auch gegen Krebs geben. Auch gegen schwere seltene Erkrankungen, die durch einen Gendefekt im Erbgut entstehen. Das ist unser Traum. Und etwas erfüllt mich mit ganz besonderer Hoffnung: Die Coalition for Epidemic Preparedness Innovations (Cepi), die aus Regierungen, Stiftungen und Forschungsinstituten besteht, arbeitet intensiv daran[92], den zukünftigen Einsatz notwendiger Impfstoffe so vorzubereiten, dass er bei neuen Ausbrüchen von gefährlichen Viren innerhalb weniger Wochen erfolgen kann. Plattform-Technologien wie mRNA werden vorbereitet, eine Prioritätenliste der drohenden Seuchen erstellt, das Monitoring von Infektionskrankheiten verbessert, geeignete Prototyp-

Impfstoffe vorbereitet und Regelungen für beschleunigte Zulassungsprozesse und die notwendigen Produktionskapazitäten formuliert. Wir lernen also dazu, aber das braucht Geld, sehr viel Geld.

Lisa, wie schätzt du die Fortschritte bei den Medikamenten gegen Covid ein?

Diese sind zwar nicht so spektakulär wie bei der Impfung, doch in den letzten Monaten hat sich auch hier einiges bewegt. Mehrere Medikamente für Erkrankte sind vielversprechend, es gibt noch letzte offene Fragen zur realen Wirksamkeit und die Möglichkeit einer ausreichenden und zeitgerechten Versorgung. Das sind keine Wunderpillen, aber auch sie sollten uns wesentlich voranbringen.

Und das alles erklärt uns den Entwicklungsbogen dieser Pandemie: Während die Varianten im Lauf der Wellen immer ansteckender und gefährlicher wurden, die Infektionszahlen im Vergleich zum Start im März 2020 mit jeder Welle stark gestiegen sind, konnten wir mit Impfungen, Medikamenten und steigender Qualität der Behandlung dagegenhalten. Jetzt müssen Impfquote und globale Verteilung noch optimiert werden, dann hat die Menschheit mit ihrer Innovationskraft eine gute Chance gegen die enorme Evolutionsgeschwindigkeit des Virus.

28. Dezember 2021
Olga, Magda und Irina
Die drei Schwestern

Plötzlich läutet das Telefon. Hier ist Olga! Erinnerst du dich? Olga von der Pflegeschule! Magda braucht eine halbe Sekunde, dann ist die Erinnerung da.

Olga war eine ihrer besten Freundinnen während der Ausbildung zur Pflegerin, wie viele Jahre mag das bloß her sein? Acht? Seither haben sich die beiden aus den Augen verloren, obwohl sie sich nach der Abschlussprüfung das Gegenteil versprochen hatten.

Ich freue mich, dass du dich meldest, Olga. Was ist passiert, warum rufst du an?

Nichts ist passiert! Na ja, viel ist passiert. Arbeitest du noch in der Pflege?

Das ist eine lange Geschichte, die schwierig zu erzählen ist am Telefon.

Dann treffen wir uns doch. Mir würde es guttun.

Prima Idee, aber da fehlt uns noch jemand!

Genau! Irina habe ich schon angerufen, sie ist gerne dabei und freut sich schon sehr. Und sie hat einen Treffpunkt vorgeschlagen, den du auch gut kennst.

Die kleine Konditorei in der Altstadt, mir rinnt jetzt schon das Wasser im Mund zusammen, ruft Magda.

Olga, Magda und Irina waren unzertrennlich in der Pflegeschule. Gemeinsam lernen, gemeinsam lachen, gemeinsam den Liebeskummer beweinen. Über alles reden können.

Als sich Irina an den Tisch setzt und die drei sich nach so langer Zeit anschauen, sind sie ein bisschen verlegen, herrscht zunächst Stille, die aber wie früher von Olga gebrochen wird.

Wenn ich in letzter Zeit in den Spiegel schau, denke ich mir oft: gezeichnet vom Leben. Und auch ihr seht müde aus.

Wie könnte es auch anders sein, es war eine harte Zeit, so viel ist geschehen.

Wer beginnt zu erzählen?

Keine will so recht, keine weiß, wo beginnen und wie enden. Alle waren sie nach der Prüfung rasch in der Pflege tätig, davon berichten sie. Irina und Magda sind nach einer Zusatzausbildung in der Intensivpflege gelandet, Olga ist in der Betreuung von Seniorinnen und Senioren mit Demenzerkrankungen tätig.

Olga ist es, die einen Satz sagt, der die anderen aufhorchen lässt: Ich habe ja jetzt viel Zeit.

Warum? Machst du etwa nur mehr Teilzeit?

Nein, ich habe vor fünf Wochen gekündigt. Ich habe es nicht mehr ausgehalten. Schon davor bin ich im Frühling im Burnout gelandet. Im Sommer habe ich es dann mit aller Kraft wieder versucht, aber schon nach wenigen Wochen gemerkt, dass mir das alles über den Kopf wächst.

Erzähl!

Zunächst war mein Job wirklich fein. Ich dachte mir, ich kann gut mit alten Menschen umgehen. Ihr kennt mich, ich kann viel reden und auch scherzen. Eine Frohnatur musst du in diesem Bereich sein, glaubt mir. Aber dann ist die Pandemie gekommen, wir sind nicht mehr aus der Krise herausgekommen. Zuerst die Schutzmaßnahmen, die Schutzkleidung, das Testen, dann die ersten Infektionen von Kolleginnen, die niemand ersetzen konnte. Wir mussten aufgrund der Sicherheitsregeln immer schwerer arbeiten und gleichzeitig die Arbeit der anderen übernehmen. Irgendwie haben wir das geschafft. Dann kam die zweite Welle, und allein in meiner Abteilung sind vier von zwölf Bewohnern an Covid verstorben. Ich hatte Schuldgefühle, konnte nicht mehr schlafen und habe aus diesem Schlamassel nicht mehr herausgefunden. Dann, im März 2021, am Höhepunkt der dritten Welle, bin ich zusammengebrochen. Ich wollte für den Frühdienst aufstehen, aber es ging nicht. Ich konnte mich nicht bewegen, lag da wie gelähmt. Als hätte jemand meinen Off-Schalter gedrückt. Ich weiß nicht, wie lange ich im Bett gelegen bin und geweint habe, bis ich es endlich schaffte, im Dienst anzurufen. Meine Hausärztin hat sich wunderbar um mich gekümmert und mich an einen Spezialisten verwiesen. Wochenlang konnte ich so gut wie nichts denken, hab gezittert, war tagelang nicht einmal fähig, richtig zu gehen. Nach vier Monaten habe ich den Dienst wiederaufgenommen, bald wieder mit schlechtem Gewissen, weil ich die Leistung nicht mehr bringen konnte, die es braucht. Daher hab ich es mit einer starken Verringerung der Arbeitszeit versucht, ohne Erfolg. Vor ein paar Wochen habe ich mich nach endlosen Nächten entschieden und gekündigt. Hätte ich weitergemacht, wäre ich kaputtgegangen. Das hätte niemandem geholfen. Mir erst recht nicht, sagt Olga und bricht in Tränen aus.

Irina reicht ihr ein Papiertaschentuch. Ach Olga, das ist sehr schlimm. Aber du hast ganz richtig gehandelt. Niemandem hättest du damit geholfen, wenn du dich weiter aufopferst und ruinierst.

Für ein paar Minuten ist es ruhig am Tisch. Schweigend nippen sie den Kaffee, stochern herum an den Mehlspeisen. Alles erscheint ihnen so vertraut, es ist der Geschmack und der Geruch von damals. Der Geschmack ihrer Freundschaft. Der Geruch einer anderen Zeit.

Dann räuspert sich Irina und erzählt ihrerseits. Sie ist die Älteste der drei, kam als 24-Stunden-Helferin in das Land und hat sich Schritt für Schritt hochgearbeitet und weitergebildet, bis sie vor drei Jahren in der Intensivpflege landete.

Das war immer mein Traum, und das ist es bis heute auch geblieben. Aber, Olga, ich kann sehr gut nachempfinden, wie es dir ergangen ist. Auch ich war in den vergangenen Jahren immer wieder dem Ende nah. Aber irgendwie ist es dann doch wieder weitergegangen. Wir sind ein gutes Team in unserer Intensivabteilung, fangen uns immer wieder auf. Aber wie lange hältst du es aus, wenn du nach Dienstschluss oft weinend nachhause gehst? Nach der zweiten Welle dachte ich mir, dass es nicht mehr schlimmer werden kann. Dann kam die dritte Welle, und wir alle haben auf den Sommer gehofft. Schon im September ist es wieder losgegangen. Es hört und hört einfach nicht auf, es gibt kein normales Arbeiten mehr. Mit jeder Kollegin, die zusammenbricht, mit jeder, die ihre Arbeitszeit verringert oder erkrankt, wird die Arbeit für den Rest des Teams schwerer. Wir haben daher vor einigen Wochen, als es nicht mehr zu schaffen war, einen Beschluss gefasst. Alle Pflegerinnen aller Intensivstationen in unserer Klinik haben geschworen, gemeinsam weiterzumachen. Wir tun alles, damit wir uns gegenseitig Kraft geben, und wenn wir es irgendwann wirklich nicht mehr schaffen, dann hören wir auch gemeinsam auf. Doch das ist undenkbar, das ist unvorstellbar, sagt Irina kämpferisch.

Und du, Magda, was ist aus dir geworden?

Magda, die Jüngste, atmet laut. Sie will nicht zu weinen beginnen. Nimmt noch einen Schluck Kaffee und lädt sich ein großes Stück von der Schokotorte auf die Gabel.

Vermutlich bin ich eine Mischung aus euch beiden und habe dasselbe erlebt. Von Welle zu Welle habe ich stärker den Glauben verloren, dass wir noch einmal rauskommen. Auch wir halten im Intensiv-Team gut zusammen, wir reden, wir trösten uns, wir geben uns Kraft. Als im Herbst die großen Demonstrationen gegen die Schutzmaßnahmen begonnen haben und sogar vor unserer Klinik eine Kundgebung abgehalten wurde, da hat es mir dann gereicht. Wir opfern uns auf, und die beschimpfen uns und sorgen mit ihrer Verweigerung dafür, dass es nicht besser wird? Für die sollen wir uns aufopfern? Ich bin nach der Arbeit nachhause gegangen und habe erstmals seit langem auf diesem Weg nicht geweint. Dann habe ich mich hingesetzt und mit der Hand einen Brief an die Klinikleitung geschrieben. Ich habe eine Flasche Wein aufgemacht und sie viel zu rasch getrunken. Als mein Mann nachhause gekommen ist, war ich zum ersten Mal wieder richtig glücklich.

Was hast du in den Brief hineingeschrieben?

Nicht viel, ich habe ein Foto auf meinem iPhone, wenn ihr wollt, lese ich ihn euch vor – er ist sehr kurz.

KÜNDIGUNG

Sehr geehrter Klinikvorstand, mit heutigem Datum habe ich mich zu einem Schritt entschlossen, der mir sehr schwerfällt. Ich kündige mit sofortiger Wirkung meinen Dienst. Ich habe, wie Sie vielleicht gemerkt haben, meine Arbeit mit großer Freude gemacht. Bis die Pandemie gekommen ist und es für uns alle immer schwieriger wurde. Wir haben immer mehr gegeben und immer mehr Kräfte mobilisiert. Wir haben die Zusatzbelastung durch Schutzausrüstung, das weitgehende Ersetzen der Angehörigen und die vielen Sicherungsmaßnahmen monatelang immer wieder verkraftet. Wir haben es geschafft, das immer häufiger werdende Sterben um uns zu ertragen. Wir haben es geschafft, unsere erkrankten Mitarbeiterinnen zu ersetzen. Wir haben alles ausgehalten, weil wir Hoffnung hatten. Hoffnung, dass die Pandemie irgendwann aufhört, Hoffnung, dass die Bevölkerung zusammenhält und wir gemeinsam das Virus besiegen. Aber das wird nicht geschehen. Wir werden bei Demonstrationen gegen die Schutzmaßnahmen und gegen das Impfen jede Woche als »Mörder« beschimpft.

Ich kann nicht mehr Übermenschliches leisten, wenn mir jede Hoffnung fehlt. Es tut mir leid.

Stille am Tisch. Die drei Freundinnen blicken sich freundschaftlich und verständnisvoll an, eine Stimmung wie damals.

Recht hast du, dann hast du ja jetzt viel Zeit!

Magda lacht schrill, schüttelt den Kopf und sagt langsam: Nein, ich habe den Brief nicht abgeschickt. Ich trage ihn jeden Tag bei mir auf meinem Weg in die Arbeit, habe ihn bei mir in der Arbeit und trage ihn wieder mit mir auf dem Heimweg. Ich weiß, ich kann ihn jederzeit absenden. Ich weiß, ich habe das Recht dazu. Aber ich weiß auch, dass ich gebraucht werde. Tief drinnen habe ich noch immer Hoffnung.

DAS DRITTE JAHR

1. Jänner 2022
Kathrin Hinz
Das letzte Feuerwerk?

Was ist das?, fragt Oberärztin Kathrin Hinz. Ein kollektiver Schock? Kollektive Verdrängung? Verantwortungslosigkeit? Überforderung? Warum ist ein derartiges multiples Versagen möglich, und wie ist es zu erklären? Eine vierte Welle, die jetzt in eine fünfte mündet – und statt schneller Gegenmaßnahmen immer mehr Aufstand gegen die Maßnahmen. Nicht in einem Land, sondern in ganz Europa!

Jeder Tag Zögern verlängert den Bremsweg. Jeder Einzelne, der sich verunsichern lässt, verschärft die Situation in den Spitälern. Je mehr Menschen in die Resignation getrieben werden, desto länger dauert die Pandemie. Je mehr Mitarbeiter durch Demonstrationen, Beschimpfungen und Überlastung frustriert sind, langsam ausbrennen oder sogar kündigen, desto schwieriger wird es, die Versorgung zuverlässig aufrechtzuerhalten. Unser ganzes System ist nach zwei Jahren Überlastung schwer übermüdet.

Mit Omikron passiert eine Umdeutung der Pandemie. Plötzlich wird von einem milden Virus gesprochen, obwohl die WHO genau davor warnt und Omikron in der Schwere der Erkrankungen zwar hinter Delta, aber vor dem Wuhan-Virus und sogar vor Alpha liegt, das uns vor einem Jahr das Leben so schwergemacht hat. Und obwohl Omikron in den USA Rekordwerte an Hospitalisierungen produziert und auch deutlich mehr Todesfälle als während der Deltawelle zu verzeichnen sind. Auf dieser Grundlage sprechen Entscheidungsträger in Europa offen von einer Durchseuchung der Bevölkerung. Möglicherweise ist das politisch der einfachere Weg. Aber er produziert Abertausende Long-Covid-Erkrankte und füllt schnell die Normalstationen. Etliche Verantwortliche arbeiten engagiert, aber Teile der Bevölkerung sind weggebrochen.

Wir haben Angst, sagt Pflegeleiter Martin. Das ist jetzt eine Welle zu viel. Wir werden bei Omikron zwar mehr Behandlungserfolge haben, wir werden Patienten durchbringen, die frühere Wellen nicht überlebt hätten, aber die Vervielfachung an Infektionen bringt in den USA jetzt schon das Gesundheitssystem ins Wanken.[93] Die Vereinigten Staaten, Großbritannien und Dänemark sind bei der Entwicklung der Omikron-Welle einige Wochen voraus. Wir brauchen nur hinzuschauen, wie sich die Dinge in den USA, die bei der Impfrate am ehesten mit uns vergleichbar sind, entwickeln: überlaufene Spitäler, stundenlange Wartezeiten, eine Welle an Patienten im Gesamtsystem, in Teilen des Landes bereits zweimal mehr Schwerkranke pro Pfleger – das führt zu Fehlern und einem starken Verlust an Behandlungsqualität. Warum legt Europa angesichts dieser Erfahrungen nicht sofort eine Vollbremsung hin? Warum kommen die Demonstranten nicht endlich zur Vernunft? Die letzten Tage haben Rekordzahlen gebracht: Weltweit waren es 9,5 Millionen Neuinfektionen in der letzten Woche des Jahres 2021.

Das Dramatische ist, dass man den Kollaps eines Gesundheitssystems von außen nicht sieht, ergänzt Kathrin Hinz. Das ist kein Knall und Spitäler stürzen ein, sondern eine vielfach von außen nicht wahrnehmbare Entwicklung, eine schleichende Verschlechterung der Versorgung und Behandlung, eine sich langsam aufbauende Welle an Kündigungen wegen der andauernden Überlastung, ein Aufweichen von Kontrollen und Qualität. Die Kollegen aus den USA schreiben auf Twitter klar und deutlich, dass in etlichen Spitälern die Standards gesenkt werden und auf eine Art Notbetrieb umgeschaltet wird. Wir haben in vielen EU-Staaten ein großartiges Gesundheitssystem, und wir schützen es nicht genug, damit es allen helfen kann – warum nur? Wie dumm muss man sein, um vor Spitälern gegen unsere Arbeit und gegen Impfungen zu demonstrieren? Wie verrückt muss man sein, sich selbst zu infizieren, um sich nicht impfen lassen zu müssen? Was ist das für eine Gesellschaft?

Martin nimmt Kathrin in den Arm und tröstet sie. So kennt er sie nicht, die Kollegin mit der unbeugsamen Zuversicht. Er selbst hat Tränen in den Augen. Tränen der Erschöpfung, der Enttäuschung. Tränen aus Angst vor dem, was kommen wird.

Es ist auch die Unsicherheit, der Verlust der Sicherheit in ihrer Arbeit, der sie zermürbt. Während die Leugner immer offensiver werden, resignieren einzelne Länder und beschließen Öffnungen trotz Infektionsrekorden. Wie groß wird die Welle, die über uns zusammenschlägt?

Zum dritten Mal haben die beiden zu Neujahr gemeinsam Nachtdienst auf der Intensivstation. Beim ersten Mal war Covid noch nicht in Europa angekommen, eine Nacht normaler Arbeit. Ein Jahr später befand sich das Land am Auslaufen der dramatischen zweiten Welle und am Beginn der Impfungen. Ein Jahreswechsel voller Hoffnung. Heute ein Jahreswechsel mit vierter und fünfter Welle, mit hohen Infektionszahlen und einem Teil der Bevölkerung, der gegen Schutz und Beschützer demonstriert. Es zermürbt.

Silvester ist eine Zäsur, auch in der Pandemie. Jedes Jahr scheint schwieriger zu werden. Kathrin und Martin erleben die Stimmung als zunehmend wirres Dröhnen – widersprüchliche Meinungen von Experten, achselzuckende Bekenntnisse zur Durchseuchung und eine immer infamere Hetze durch Extremisten. Dazwischen fast machtlos die große Mehrheit der Bevölkerung. Verunsichert, aber weiterhin engagiert – und dankbar für die Arbeit von Kathrin, Martin und den vielen anderen.

Was denken sich die Schwurbler eigentlich, entfährt es Kathrin noch einmal, was denken die, was das alles mit uns macht? Was es heißt, wenn dich ein bärenstarker junger Mann anfleht, ihn da wieder rauszuholen, bevor du ihn intubierst? Wenn du wochenlang um sein Leben kämpfst und die Seuche am Ende doch siegt? Sterben, seit zwei Jahren nur mehr Sterben. Und immer mehr Aussichtslosigkeit. Du gehst an manchen Tagen verzweifelt nachhause und am Morgen wieder verzweifelt in die Arbeit. Dabei haben wir Erfolge, wir konnten die Sterbequote von den fünfzig Prozent in der ersten Welle auf etwas über vierzig Prozent in der dritten und vierten drücken. Aber das ist nur mit einem erbitterten Kampf um jedes einzelne Leben zu bewerkstelligen, mit einem Grenzgang zwischen Tod und Leben, der manchmal zwei Wochen dauert, manchmal drei Wochen, manchmal monatelang. Covid-Fälle liegen im Schnitt viermal länger auf Intensiv als Patienten mit anderen Erkrankungen, das schränkt unsere Aufnahmekapazitäten zusätzlich stark ein. Da kannst du im Dienst nicht zwischendurch etwas ruhigere Minuten einbauen, da hat jede kleine Unaufmerksamkeit fatale Konsequenzen. Seit fast zwei Jahren arbeiten wir so. Und was machen manche Leute? Sie könnten sich mit der Impfung schützen, tun es aber nicht, weil sie sich irgendeinen Unsinn einreden lassen. Sie demonstrierten vor den Spitälern!

Erst wenn sie hier liegen, kommen sie drauf. Ich habe mich so geirrt, heißt es dann. Aber dann ist es oft zu spät.

Es sind nicht alle so, versucht sie der Pfleger zu beruhigen, die meisten Leute lassen sich ja doch impfen und machen mit bei den Schutzmaßnahmen. Die überwältigende Mehrheit handelt verantwortungsvoll. Aber es stimmt, es sind viele, aber zu wenige, und sie sind zu leise. Gestern hat mir eine Freundin ein Video von einem amtsbekannten Rechtsextremisten gemailt, in dem er über angebliche Corona-Lügen in den Spitälern spricht, über eine Corona-Diktatur in unserem Land und einen notwendigen Aufstand. Früher dachte ich, unsere Demokratie hält diese Idioten aus. Heute weiß ich, dass das falsch ist: Diese Leute missbrauchen die Not der Menschen, um die Gesellschaft zu unterwandern, das System zu stürzen. Und wir zahlen die Zeche. Wir hier in den Spitälern. Wenn das alles irgendwann vorbei ist, werde ich mich einmischen. Denen dürfen wir unsere Gesellschaft nicht überlassen. Wenn einer lügt, hetzt und Menschen durch falsche Versprechungen in die Krankheit führt, dann darf man nicht mehr darüber lächeln und weitergehen, man muss widersprechen, es dokumentieren und anzeigen. Ich wirke immer so ruhig, aber innerlich koche ich.

Kathrin wird hellhörig angesichts der ungewohnten Worte des sonst so ruhigen Martin.

Nur mehr ein paar Minuten bis Mitternacht. Das ganze Team hat sich versammelt, um sich ein gutes neues Jahr zu wünschen. Draußen vor dem Krankenhaus baut sich der Lärmpegel Tausender Knallkörper auf, am Horizont glitzern unzählige Feuerwerksraketen, Rauchschwaden steigen auf. Bis nach Mitternacht werden es immer mehr, sie werden lauter, heller, chaotischer, die Intensität des Lärms nimmt zu und ebbt dann leicht ab, steigert sich wieder und klingt dann langsam ab.

Ein neues Jahr hat begonnen. Was wird es bringen? Das Ende der Pandemie? Die Kontrolle des Virus? Noch mehr böse Überraschungen? Die Aufgabe der Schutzmaßnahmen?

Kathrins iPhone summt, wieder ein SMS: MERRY CRISIS AND A HAPPY NEW FEAR – Luisa wünscht mit schwarzem Humor alles Gute! Nach vielen guten Monaten explodieren bei uns in Bella Italia wieder die Infektionszahlen. Bleib gesund! Wir schaffen das!

Kathrin lächelt, ihr wird warm ums Herz. Eine wunderbare Freundin, so weit weg und doch so nah. Die Intensivmedizinerin in Mailand, ihre Begleiterin in der großen Krise, ihre Seelenverwandte, die auch in der größten Not ein Lachen auslösen, Trost spenden kann.

Die Feuerwerke sind erloschen, die Knallerei ist verklungen, der Rauch senkt sich wieder auf den Boden, einzelne Windstöße spielen mit ihm. Kann es sein, dass das Jahr 2022 die Langversion der Minuten um Mitternacht wird – sich zunächst die Krise auflädt, um dann langsam endlich doch auszulaufen? Schön wäre das, bräuchte es nur mehr einmal eine große Kraftanstrengung. Zu schön, um wahr zu sein?

In den ersten beiden Jahren der Pandemie wurden weltweit 296 Millionen Menschen infiziert, 5,5 Millionen von ihnen sind gestorben. Das sind die offiziellen Zahlen, die Dunkelziffer dürfte weitaus höher liegen. Das Wissenschaftsmagazin *Nature* hat mehrere Studien zusammengetragen, die die tatsächlichen Todeszahlen dokumentieren.[94] Demnach melden über hundert Staaten aus unterschiedlichen Gründen zu niedrige Zahlen. In Indien sollen es demnach nicht 500 000, sondern mehrere Millionen Tote sein, in Russland nicht 300 000, sondern rund eine Million, in China nicht 4600, wie offiziell verkündet, sondern 750 000. Das sind Ableitungen aus der Statistik der Übersterblichkeit. Die Studien schätzen daher, dass zwischen neun und 22 Millionen tatsächlich an der Pandemie gestorben sind.

Auch in der offiziellen Statistik sind die Ansteckungs- und Todeszahlen in diesen zwei Jahren kontinuierlich gestiegen. In der letzten Woche des Jahres 2021 wurden durchschnittlich 935 000 Infektionen pro Tag nachgewiesen. So geht es weiter, ein Rekordwert jagt den nächsten.

AUSSICHTEN

Wo aber Gefahr ist, wächst das Rettende auch
Hölderlin

Die WHO meldet für die erste Woche des Jahres 2022 eine Steigerung der weltweiten Neuinfektionen um 55 Prozent – 15 Millionen neue Erkrankungen und 43 000 zusätzliche Tote in nur sieben Tagen. Sie warnt davor, dass in den kommenden zwei Monaten die Hälfte der Bevölkerung in Europa infiziert werden könnte. Nach Delta wütet Omikron, niemand kann sich sicher sein. In *Österreich* waren es am Höhepunkt der ersten Welle (26. März 2020) 146 Infektionen pro einer Million Einwohner, am Peak der zweiten (11. November 2020) waren es 830. Bei der dritten Welle (19. November 2021) waren es 1748, bei der vierten Welle (12. Jänner 2022) 1880.

Ähnlich in der *Schweiz*: 104 am 26. März 2020, 2515 am 2. November 2020, 407 am 8. September 2021 und 7304 am 10. Jänner 2022. In *Deutschland*: 82 Neuinfektionen pro einer Million Einwohner am 27. März 2020, 227 am 8. Jänner 2021, 1109 am 7. Dezember 2021 und 1433 am 11. Jänner 2022.

Je mehr sich die Situation verschärft, desto chaotischer wird die Lage, desto mehr Zulauf erhalten die Corona-Leugner, desto radikaler wird ihr Kern, desto widersprüchlicher werden Experten, desto stärker verunsichert werden immer größere Teile der Bevölkerung. Und umso zögerlicher reagieren viele Krisenmanager dabei, das Notwendige zu tun. Manche öffnen radikal.

Die Ungeduld wächst, die Sehnsucht nach einem Ende der Pandemie ebenso. Ein wirkliches Ende wird es so bald nicht geben. Zu weit ist das Virus verbreitet, auch bei Tieren. Nachgewiesen wurde es nicht nur bei Nerzen, sondern auch in freier Wildbahn. Im US-Bundesstaat Iowa[95] stellte sich heraus, dass mehr als achtzig Prozent der Wildtiere infiziert sind. Die Übertragung von Tier auf Mensch wurde bisher nur in einzelnen Fällen belegt, meist ausgeschlossen. Sollte SARS-CoV-2 in der Fauna mutieren und dann wieder auf den Menschen überspringen, würde das die Bekämpfung der Pandemie nochmals massiv erschweren.

Das ist eine sehr schlechte Nachricht. Die gute lautet: Es kann gelingen, das Virus unter Kontrolle zu bringen und uns wieder ein Leben in Sicherheit und Kontinuität zu ermöglichen.

Pandemie leitet sich vom altgriechischen Wort *pãn* ab, was gesamt, umfassend, alles bedeutet. Eine Pandemie ist eine weltumfassende Infektion. Niemand bleibt verschont, ob Reich oder Arm, ob Jung oder Alt, ob Städter in New York oder Bewohner einer kleinen Südseeinsel – überall gibt es Ausbrüche.

Wenn alle betroffen sind, wird die Welt zur Schicksalsgemeinschaft. Alle stehen vor denselben Herausforderungen, Maßnahmen für den Schutz vor dem neuen Virus zu treffen und einen Beitrag zu seiner Kontrolle zu leisten. Seit dem 13. März 2020, an dem die WHO den Ausbruch von SARS-CoV-2 zur Pandemie erklärt hat, ist aber ein Paradoxon zu beobachten: Die Schicksalsgemeinschaft handelt nicht gemeinsam oder zumindest koordiniert – nein, die Staaten agieren einzeln und zum Teil grundverschieden, manche streiten sogar innerhalb ihrer eigenen Grenzen und verankern noch einmal unterschiedliche Regelungen in den Regionen. Eine solche Vorgehensweise begünstigt das Virus: Es kann sich besser ausbreiten und dabei auch besser mutieren.

Zu den ältesten bekannten Bedrohungen des Menschen auf diesem Planeten zählt außer Kontrolle geratenes Feuer, zu den ältesten Fähigkeiten, sich zu schützen, seine Bekämpfung. Die Techniken dazu wurden im Lauf der Zeiten immer besser, immer zielgerichteter. Heute gibt es in fast jeder Kommune eine berufliche oder freiwillige Feuerwehr. Einer für alle, alle für einen, lautet ihr Motto. Die Feuerwehr bereitet sich auf den Ernstfall vor, mit Übungen, dem Ankauf von Gerätschaften. Bricht ein Brand aus, weiß jeder, was zu tun ist: Meldung, Alarm, Ausfahrt, Löschen. Es muss nicht bei jedem Feuer erst überlegt werden, wie vorzugehen ist, jeder Handgriff sitzt.

Feuerwehrleute sind nur gemeinsam, als Team, als Löschzug erfolgreich, das ist jedem und jeder einsichtig. Was zählt, ist Tempo. Je schneller, desto besser. »Brand aus« gilt erst, wenn der letzte Rest des Feuers gelöscht ist und nichts mehr glüht und glost. Bis dahin ist zumindest eine Feuerwache an Ort und Stelle. Beim neuerlichen Aufflackern wird sofort wieder gehandelt. Es ist ein trainiertes Verhalten, das prinzipiell auch auf das Krisenmanagement bei unserem aktuellen Großbrand, der weltweiten Pandemie, angewendet werden könnte. Fatalerweise handeln wir hier aber ganz anders: Bei jedem Brand wird aufs Neue diskutiert, ab wann es sinnvoll ist, mit dem Löschen zu beginnen; wie viel Wasser dafür nötig ist; ob die Bewohner des brennenden Gebäudes überhaupt damit einverstanden sind, dass die Feuerwehr anrückt; welche Teile des Hauses gerettet werden sollen; ob man nicht »Brand aus!« rufen soll, weil es die Leute gerne hören, obwohl noch die Flammen aus dem Dach schlagen.

Würde die Feuerwehr so handeln wie wir in der Pandemie,

gäbe es Demonstrationen gegen die Feuerwehr mit Tafeln, auf denen steht, dass das Feuer gar nicht existiere – und wenn ja, dass es kein Problem sei? Gefährlich sei vielmehr das Wasser, es sei ja bekannt, dass schon Menschen ertrunken sind. Und die Feuerwehr selbst? Müsse man nicht davon ausgehen, dass sie mit der Brandbekämpfung Geschäfte machen will? Sei es nicht diktatorisch, wenn sie ohne Rückfrage mit dem Löschen beginne?

Das klingt absurd und wäre unvorstellbar. Niemand würde mehr nach der Feuerwehr rufen, weil es ohnehin nichts bringt. Kein Feuerwehrkommandant der Welt handelt als Populist, sondern so, wie es eine rasche und effiziente Bekämpfung der Gefahr erfordert. Weil jedes Menschenleben zählt.

Es ist daher allerhöchste Zeit, eine gemeinsame Vorgehensweise gegen die Pandemie zu schaffen. Wenn es nicht weltweit gelingt, dann zumindest auf europäischer Ebene.

Für eine gemeinsame europäische Covid-Strategie gibt es drei Optionen.

Möglichkeit 1: Weitermachen wie bisher

Die Vorgehensweise etlicher EU-Mitgliedsstaaten, Schutzmaßnahmen bei sinkenden Infektionen rasch zurückzunehmen und bei steigenden – meistens zu spät – wieder zu verhängen, wird fortgesetzt. Das hat dazu geführt, dass die Zahl der Erkrankungen von Welle zu Welle und von Variante zu Variante immer stärker gestiegen ist – und damit auch die Zahl der Todesfälle, der Fälle von chronischen Folgeerkrankungen wie Long Covid und die Belastung für das Gesundheitssystem, die Gesellschaft und die Wirtschaft.

Der Stress, der damit einhergeht, führt zu einem »Sorgen-Burnout« unserer Gesellschaft. Wer sich über lange Zeit bedroht fühlt, stumpft ab und ermüdet[96], solange er keine glaubwürdigen Lösungsperspektiven erkennen kann.

Möglichkeit 2: Resignieren, radikal öffnen und der Pandemie ihren Lauf lassen

Covid wird uns weiter überraschen, Omikron wird nicht das Ende der Pandemie sein. Lässt man eine Durchseuchung zu, drohen schlimme Konsequenzen – Überlastung der Testkapazitäten, des Contract Tracings und schlimmstenfalls des gesamten Gesundheitssystems durch zu viele Erkrankungen. In den deutschsprachigen Ländern ist der Anteil von Älteren und Risikopatienten hoch – und das Risiko für diese Gruppen viel zu groß. Zudem gibt es viele offene Fragen der Auswirkungen auf Kinder. Nicht zuletzt bringt eine Durchseuchung ein hohes Risiko für Millionen von Menschen, an Long Covid zu erkranken.

Selbst für diejenigen, die eine Infektion ohne Folgen überstehen, gibt es keine Garantie, dass diese Form der Immunisierung auch bei der nächsten Variante greift. Omikron ist ein gutes Beispiel dafür: Eine überstandene Delta-Infektion hat viele nicht davor geschützt, an der neuen Variante zu erkranken. Und die Eigenschaften der nächsten Variante, die mit hoher Wahrscheinlichkeit auf uns zukommen wird, kennen wir nicht. Es ist daher notwendig, die Immunisierung der Gesellschaft nicht durch eine Durchseuchung, sondern durch die Impfung zu erreichen.

Möglichkeit 3: Ein dritter Weg

Ich appelliere daher für einen dritten Weg, der mehr Sicherheit gibt, Kontrolle und Kontinuität ermöglichen kann und uns allen eine Perspektive und Hoffnung auf eine schrittweise Normalisierung gibt. Der uns aus der zermürbenden Abfolge immer neuer Wellen, dem immer rascheren Wechsel zwischen Spannung und Entspannung, Schließen und Öffnen und dem wachsenden Vertrauensverlust in das Covid-Krisenmanagement herausholt.

Dieser dritte Weg ist gesamteuropäisch. Ja, die EU hat in Gesundheitsfragen keine supranationale Kompetenz. Aber angesichts der Notlage könnte ein EU-Rat sich auf eine gemeinsame Strategie der Mitgliedsstaaten einigen und diese in allen Mitgliedsstaaten konsequent umsetzen. Und eine neue generelle Zuständigkeit der EU bei allen grenzüberschreitenden Gesundheitskrisen vorbereiten. Ein gesamteuropäischer Pandemieplan wäre effizienter und transparenter als das Wirrwarr unterschiedlicher und teilweise widersprüchlicher Vorgehensweisen und würde wieder Vertrauen in der Bevölkerung schaffen.

Ein drittes Jahr ohne Perspektive halten Europa, die politischen Systeme vieler Mitgliedsstaaten, die Gesellschaft, die Gesundheitssysteme und die Wirtschaft nicht durch. *Der Weg aus der Pandemie ist europäisch, oder er ist nicht erfolgreich.*

Für diesen dritten Weg ist eine gesamteuropäische *Feuerwehrstrategie* notwendig. Wissenschaftler nennen sie *Niedriginzidenzstrategie*. Sie besteht darin, nach dem Abklingen der aktuellen Welle nicht wieder vorschnell die Schutzmaßnahmen aufzuheben, sondern durch ein Maßnahmenbündel die Zahl der täglichen Neuinfektionen weiter stark abzusenken, auf niedrigem Niveau zu halten und bei einem neuerlichen Aufflackern sofort einzugreifen. Der Einwand dürfte nun lauten, dass dies eine Reihe von Restriktionen und hohe Kosten bedeutet. Aber wenn der erste Schritt – die Reduktion der Infektionszahlen auf ein niedriges Niveau, daher der Start am Auslaufen einer Welle – einmal gemacht ist, wird dieser Weg weniger Einschränkungen, weniger Erkrankungen und Todesfälle, weniger chronische Folgeerkrankungen und auch geringere Kosten und Belastungen für die Wirtschaft bringen, wie Wissenschaftler wie Thomas Czypionka belegen.[97]

Was braucht es für diesen dritten Weg, abgesehen von der politischen Durchsetzung innerhalb der EU?

Schnelle Entscheidungen und Umsetzungen und eine klare, einheitliche und radikal ehrliche Kommunikation. Erst wenn wieder Vertrauen in Krisenmanagement und Maßnahmen aufgebaut ist, werden diese von der Bevölkerung wieder befolgt, so wie es in der Startphase der Pandemie bereits einmal gelungen ist. Vertrauen ist der wichtigste Wirkstoff gegen die Seuche. Dieser Wirkstoff ist zu vielen Regierungen Europas abhandengekommen. Vertrauen ist aber eine erneuerbare Ressource, wenn sie hart erarbeitet wird.

Wie soll diese Feuerwehrstrategie umgesetzt werden?

Indem nach einer Welle nicht vorschnell geöffnet wird, sondern die Maßnahmen – Masken, Abstand und andere Formen der Unterbrechung der Ansteckungsketten sowie eine professionelle Kontaktpersonennachverfolgung und schnelle Testungen – aufrecht bleiben, um die Infektionszahlen weiter zu senken und stabil zu halten, bis eine niedrige Inzidenz erreicht ist. Ziel ist es danach, im Fall von drohenden Neuinfektionen sofort wieder einzuschreiten und somit das Infektionsgeschehen kontinuierlich auf einem geringen Niveau zu halten. Rasches Einschreiten bereits bei geringen Inzidenzen verringert die Notwendigkeit harter Maßnahmen wie Lockdowns.

Nächste zentrale Maßnahme ist der verstärkte Einsatz der Impfung. Ziel ist eine Impfquote von mindestens neunzig Prozent innerhalb der gesamten EU. Erreicht werden soll sie durch gezielte Aufklärung von Gruppen mit niedriger Impfquote. Wer nicht geimpft ist, bekommt zudem einen konkreten Impftermin zugewiesen.

In jenen Staaten der EU, in denen die Quote nicht erreicht wird, tritt eine Impfpflicht in Kraft, die durch Informationskampagnen und einen Dialog begleitet wird. Die EU engagiert sich darüber hinaus für eine Freigabe der Impfpatente und (mit großem finanziellen Einsatz) dafür, dass auch in ärmeren Ländern rasch geimpft wird. Niemand ist sicher, bevor jeder sicher ist. Der Aufbau der Bevölkerungsimmunität erfolgt durch die Impfung, die weit gediehene Erforschung eines Gesamtimpfstoffes für alle Coronaviren kann dabei eine große Hilfe sein. Das Virus selbst kann für die Immunisierung erst dann eine Rolle spielen, wenn die Bevölkerungsimmunität besteht und erhalten bleibt.

Die Feuerwehrstrategie braucht europaweite Investitionen in die Verbesserung eines funktionierenden Test- und Contact-Tracing-Systems, um Ansteckungsketten wirksam zu durchtrennen. Derzeit sind vor allem bei hohen Infektionszahlen Aufklärungsquoten von dreißig Prozent und weniger keine Seltenheit. Das muss sich dahingehend ändern, dass auch bei höheren Inzidenzlagen flächendeckend in ganz Europa binnen 24 Stunden Testergebnisse vorliegen und das Kontaktpersonenmanagement durchgeführt wird. Dazu ist es notwendig, den Bereich schnell und flächendeckend zu digitalisieren. Zudem muss die Gesundheitskontrollbehörde ECDC kurzfristig so ausgebaut werden, dass sie ähnlich handlungsfähig wird wie die US-amerikanische CDC und weitgehend die wissenschaftliche Führungsfunktion in Europa übernehmen kann.

Der dritte Weg braucht viertens eine offensive europaweite Aufklärungsarbeit gegen Fake News, klare Kontrollregeln für Messenger-Dienste und strafrechtliche Schritte gegen – auch verbale – Gewalttäter. Europas Bürgerinnen und Bürger dürfen nicht länger rechts- und anders extremistischen Corona-Leugnern überlassen werden.

Begleitend startet Europa unter Einbeziehung aller Gemeinden und Bevölkerungsgruppen einen Dialog über Pandemie, Virus, Impfung und Krisenbewältigung. Dabei wird die Zivilgesellschaft aktiv einbezogen, um die kollektive Verantwortung des Einzelnen bewusst zu machen. Denn Eigenverantwortung haben wir in großen Teilen Europas nie gelernt. Sie muss ebenso trainiert werden, wie auch der Umgang mit Pandemien trainiert werden muss. Hier lohnt ein Blick in den Fernen Osten, in dem viele Länder bei der Pandemiebekämpfung deutlich erfolgreicher sind als Europa. Das ist auch die Folge von Erfahrungen im Umgang mit großen Epidemien in den vergangenen Jahrzehnten.

Transparenz ist die Grundvoraussetzung für Vertrauen. Daher werden alle Entscheidungsgrundlagen des Krisenmanagements lückenlos offengelegt. Täglich wird in den Medien ähnlich dem Wetterbericht über die Coronalage und sich daraus ergebende Handlungsempfehlungen informiert.

Der dritte Weg benötigt fünftens eine *Großinvestition* in die Menschen, die das Gesundheitssystem tragen, sprich eine deutliche Gehaltsaufbesserung etwa für Pflegerinnen und Pfleger, mehr Personal und zusätzliche Ressourcen sowie einen massiven Ausbau der Forschungsförderung. In viele Sicherheitsbereiche werden enorme Summen öffentlichen Geldes investiert. Warum also nicht auch in die *Gesundheitsforschung*, die es bei entsprechender Dotierung ermöglichen würde, mehr Menschen vor tödlichen Krankheiten zu schützen? Wäre dies bereits nach der SARS-Epidemie 2002/03 geschehen, in der viel Vorarbeit für Impfungen geleistet wurde, hätten wir die Pandemie früher mit Vakzinen bekämpfen können. Zehn Prozent der weltweiten Militärausgaben würden ausreichen, die Gelder für Gesundheitsforschung zu verdoppeln.

Sechstens startet die EU gemeinsam mit den Mitgliedsstaaten im Rahmen der Feuerwehrstrategie einen Schwerpunkt zur *Krisenvorsorge*. Dabei werden in allen Regionen Lagerbestände und Produktionskapazitäten für Schlüsselmedikamente, Impfstoffe und Schutzmaterialien aufgebaut. Nie mehr darf Europa so abhängig von Lieferketten außerhalb der EU sein, niemals von einer Krise so unvorbereitet getroffen werden wie 2020. Dafür wurde bereits HERA, die European Health Emergency Agency, gegründet und für die nächsten sechs Jahre mit dreißig Milliarden Euro dotiert. Gleichzeitig müssen auf nationaler Ebene koordinierte Pandemiepläne erstellt und ein Frühwarnsystem aufgebaut werden. Die EU erhält in Zukunft eine unmittelbare Kompetenz für alle schweren Gesundheitskrisen mit gravierenden, länderübergreifenden Auswirkungen.

Einen weiteren Schwerpunkt setzt die EU bei der *Bekämpfung der Ursachen der Pandemie.* Dazu zählen aktive Maßnahmen gegen die Zunahme von Zoonosen, unter anderem durch einen Ausbau von Tierschutz in der industriellen Landwirtschaft und einen europaweiten Ausstieg aus der Pelztierzuchtindustrie; eine Initiative für die Ächtung von Wildtiermärkten; eine Offensive für Naturschutz und Biodiversität, global und in Europa selbst. Weltweit müssen die angestammten Habitate von Wildtieren akzeptiert werden, um die Übertragung von Viren und eine unmittelbare Konkurrenz von Mensch und Tier um knapper werdende Ressourcen zu vermeiden.

Und selbstverständlich muss die Bekämpfung der Klimakrise ein zentraler Bestandteil der Krisenvorsorge Europas sein, um die Verbreitung von Infektionsüberträgern zumindest zu verzögern und zu reduzieren.

Der dritte Weg braucht eine *zentrale Steuerung,* sowohl innerhalb der EU durch eine Krisenmanagerin oder einen Krisenmanager als auch auf nationaler Ebene. Föderalismus ist für viele ein sympathisches Grundprinzip. In einer Megakrise mag es vernünftig sein, die Umsetzung vieler Maßnahmen auf regionaler Ebene zu organisieren. Passiert dies auch mit der Entscheidungskompetenz, ist das aber kontraproduktiv. Studien zeigen, dass der Föderalismus für das Krisenmanagement in etlichen Regionen auch wegen stärkerer Populismusgefahr[98], der manche Landesfürsten ausgesetzt sind, hinderlich war. Es braucht eine klare Entscheidungskompetenz bei den Bundesbehörden, die durch Pandemiegesetze festgeschrieben ist.

Schließlich muss sich Europa für eine massive Stärkung der Weltgesundheitsorganisation einsetzen. Ein deutlich höheres Budget und mehr Personal sowie die Einrichtung einer operativen Einheit für das Krisenmanagement sind die Grundvoraussetzungen dafür, der WHO eine Leitlinienkompetenz in Pandemiefragen zu geben. Dazu wird ein Weltpandemievertrag mit allen 194 Mitgliedsstaaten geschlossen, der Verbindlichkeiten schafft – von der Datenlieferung bis hin zur Umsetzung der Leitlinien der WHO durch die Unterzeichner.

Nur eine weltweit handelnde, professionelle Feuerwehr wird in der Lage sein, diesen Megabrand zu löschen, und helfen, weitere Großbrände zu vermeiden.

Eine andere Welt

Tage nach Beginn des ersten Lockdowns formulierte der Historiker Yuval Noah Harari in der *Financial Times* eine Prognose über die Zeit nach dem Ende der Pandemie: »Ja, der Sturm zieht vorbei, die Menschheit kommt davon, die meisten von uns werden überleben – aber wir leben danach *in einer anderen Welt*.«[99]

Die postpandemische Welt wird eine andere sein. *Niemand kommt aus einer Pandemie als derselbe, der er vorher war.*

Wir moderne Menschen sind süchtig nach Sicherheit und

Berechenbarkeit. Die Pandemie bewirkt einen umfassenden Kontrollverlust. Sie bringt den Tod in unser Leben, seine nahezu perfekte Verdrängung wird durch Covid-19 ebenso beendet wie das Gefühl der menschlichen Allmacht. Zeitweise waren 2,6 Milliarden Menschen, ein Drittel der Weltbevölkerung, gleichzeitig von Ausgangsbeschränkungen betroffen. Die Pandemie hat so den Nerv unserer Sorgen- und Sicherheitsgesellschaft getroffen und uns gezeigt, wie verletzlich wir sind.[100] Manche von uns haben den damit verbundenen Kontrollverlust nicht ertragen. Sie sind in eine *radikale Irrationalität* abgeglitten, die sie glauben lässt, die Lage wieder im Griff zu haben – in einer neuen, irrealen Wirklichkeit. Von dort aus betrachten sie nicht das Virus, sondern jene, die sie vor dem Virus schützen, als ihre schlimmsten Gegner. *Das Gift der Unvernunft führt zu Hass und Gewalt.*[101] Verstärkt wird es von Rechtsextremisten, die in der Auseinandersetzung um die Covid-Maßnahmen expressis verbis eine Jahrhundertchance sehen. Wie durchgeknallt muss man sein, um das größte Leid seit Jahrzehnten für ewig gestrige Eigeninteressen zu missbrauchen?

Die Pandemie legt den Charakter einer Gesellschaft offen. Sie zeigt uns, was wirklich ist, wird zum Brennglas für unsere Stärken und Schwächen, beschleunigt bereits begonnene Veränderungen und verstärkt auch die Fliehkräfte der Gesellschaft. Gleichzeitig hat sie zu einem enormen Digitalisierungsschub geführt, die Struktur und Bedeutung unserer Arbeit stark verändert und Wirtschaftssysteme in Bewegung gebracht.

Die Pandemie hat aber auch eine *Nachdenkpause* erzwungen und unseren Weg des Immer-schneller, Immer-weiter und Immer-mehr unterbrochen und in Frage gestellt. Was brauchen wir für ein gutes Leben? Wie können wir scheinbare Zwänge hinter uns lassen? Was macht uns glücklich? Viele von uns finden neue Prioritäten, viele ordnen *ihr durchgerütteltes Leben zu einem neuen Entwurf.*

Die Pandemie hat uns gelehrt, dass wir Teil eines großen Ganzen sind, sie hat uns gelehrt, Verantwortung füreinander zu übernehmen. Sie hat uns gezeigt, dass wir auf dieser Welt aufeinander angewiesen sind, dass es uns nur dann besser geht, wenn es auch den anderen besser geht. Sie hat uns vor Augen geführt, wie sehr die Menschheit zusammenhängt und voneinander abhängig ist – und wie stark Bedrohung verbindet.[102] Sie hat uns bewiesen, dass wir zueinander gehören, dass uns die anderen gerade dann fehlen, wenn wir ihnen nicht nahe sein dürfen. Sie hat zu einem positiven Egoismus geführt: zur Erkenntnis, dass ich anderen Gutes tun muss, um mir selbst Gutes zu tun. Sie hat unseren Freiheitsbegriff neu definiert und klargemacht, dass sich dann, wenn es um den anderen geht, zur *Freiheit auch die Verantwortung für das Ganze* begibt.

Die Pandemie hat ideologische Tabus gebrochen. Sie hat gezeigt, wie wichtig in Zeiten der Not ein starker, schützender Staat ist. Sie hat das Konzept der Schuldenbremsen umgestoßen und uns gezeigt, dass wir bei großen Krisen viel Geld in die Hand nehmen müssen, anstatt zu sparen, uns gewissermaßen aus der Krise investieren müssen. Sie hat den *Populismus und den Neoliberalismus entzaubert,* und sie zeigt uns, dass wir uns mit der Ideologie des hemmungslosen Materialismus selbst zerstören. Wer seine Lebensgrundlagen nicht schützt, Naturräume ausbeutet, Tiere quält, nimmt sich selbst die Substanz für das Leben. Der Gott des Konsums ist tot, die Trauerarbeit dafür hat in der Pandemie begonnen.[103]

Die Pandemie hat uns gezeigt, dass wir ohne Gesundheit nichts sind. Dass ihr Schutz die erste Priorität sein muss und die Wissenschaft uns dabei entscheidend hilft. Die Pandemie hat uns ein neues Verhältnis zur Wissenschaft eröffnet und dieser eine neue Rolle im Zentrum der Gesellschaft gegeben, als Forscher, Berater, Kommunikator. Es ist kein Zufall, dass die dunkle Hollywood-Komödie »Don't Look Up!« gerade jetzt zum Welterfolg wurde: Es ist die Geschichte einer Gruppe von Wissenschaftlern, die alles versuchen, um die Welt zu Maßnahmen gegen einen riesigen Kometen zu bewegen, der auf die Erde zurast – und erfolglos bleiben, weil niemand auf sie hören will. Wenn wir im Kino über die Pointen lachen, dann lachen wir vor allem über eine Ignoranz gegenüber der Wissenschaft, die, so hoffen wir zumindest, aus vergangenen Zeiten stammt. So sind wir nicht – nicht mehr.

Die Pandemie hat dazu geführt, dass mit Long Covid/ MECFS[104] eine neue Erkrankung sichtbar wurde, die auch nach der Pandemie das Leben von Millionen Menschen bestimmen wird und zur weltweit stärksten chronischen Erkrankung werden könnte.

Die Pandemie hat zu *Paradoxien* geführt:

Pandemieparadoxon 1: Der Erfolg der Prävention durch den ersten Lockdown führte zur Unterschätzung der Pandemie.

Pandemieparadoxon 2: Der Erfolg des Zusammenhalts führte zur Zerstörung des Zusammenhalts, weil einzelne Interessengruppen und Parteien befürchteten, Verlierer zu werden.

Pandemieparadoxon 3: Besonders Ängstliche fürchten sich mehr vor dem Schutz vor dem Virus als vor der Gefahr selbst – und stellen sich gegen die Schützenden, weil sie so ihren eigenen Kontrollverlust stoppen wollen.

Schließlich hat die Pandemie unglaubliche Kräfte in uns selbst mobilisiert: Viele begannen sich zu engagieren; verkraften die völlige Veränderung ihres Lebens; setzen diszipliniert und geduldig die Schutzmaßnahmen um; wachsen als Mitarbeiterinnen und Mitarbeiter des Gesundheitssystems über sich hinaus; schaffen es als Wissenschaftler in kürzester Zeit, das Virus zu erforschen und Tests, Impfung und Medikamente zu entwickeln.

Bei vielen werden nach mehr als zwei Jahren Pandemie Traumatisierungen spürbar. Expertinnen und Experten kennen jedoch auch das Phänomen des posttraumatischen Wachstums – einer Weiterentwicklung und Stärkung der Persönlichkeit. Die Aufarbeitung wird Geduld und Professionalität benötigen.

Wir haben ein Fundament für eine *neue postpandemische Gesellschaft* geschaffen, für eine Zäsur, wie wir sie seit dem Zweiten Weltkrieg nicht kannten.

Was es jetzt wirklich braucht

Es braucht eine neue Politik. Eine Politik, die bei den Megakrisen Pandemie und Klimaschutz die *Welt als Schicksalsgemeinschaft* begreift und auf einen neuen Multilateralismus und globale Steuerung setzt. Wie nach dem Zweiten Weltkrieg ist auch jetzt die *Stunde einer engen globalen Zusammenarbeit* gekommen, die internationalen Organisationen Macht und Einfluss einräumt. Die Demokratien der Nationalstaaten dürfen kein politisches Long Covid entwickeln, das heißt: Der Pandemie darf kein virales autoritäres Zeitalter folgen. Die Pandemocracy[105], die sich in den vergangenen Jahren etabliert hat, muss durch nationale Pandemiegesetze abgelöst werden, die Parlamente und Minderheitenrechte stärken und klare, verfassungsrechtlich verankerte Regeln für kommende Krisen definieren.

Es braucht eine neue Politik, die in Krisenzeiten einen starken, schützenden Staat trägt. Dieser muss auf Grundrechten und Menschenrechten aufgebaut sein. Sobald die aktuelle Pandemie überwunden ist, müssen alle Einschnitte in diese Rechte vollständig zurückgenommen werden. Gleichzeitig muss Vorsorge getroffen werden, dass *dieser starke, schützende Staat auch ein funktionierender Staat* ist. In der Pandemie haben wir vielfach dafür bezahlt, dass im Dienst der Ideologie eines schlanken Staats nach und nach die funktionierende Verwaltung ausgehöhlt wurde. Die neue Politik baut diese verlorengegangenen Ressourcen wieder auf.

Es braucht eine neue Politik, die dem Umstand Rechnung trägt, dass die Pandemie auf dramatische Weise die Grenzen des Nationalstaates bei der Krisenbewältigung und die toxische Wirkung von Populismus aufgezeigt hat. Es ist kein Zufall, dass die Zeit von Covid-19 mit der Entzauberung von populistischer Politik einherging: Sie brachte Staats- und Regierungschefs in den USA, Österreich, Tschechien, Großbritannien und Brasilien schwer unter Druck und teilweise zum Rücktritt und zeigte auch in Ländern wie Dänemark, wie schnell populistisches Handeln tief in die Krise führen kann. Das heißt auch: Es braucht eine umfassende Globalisierung der Politik statt noch mehr einseitiger Globalisierung der Wirtschaft. Die neue Politik führt in ein Zeitalter werte- und sachorientierter, ernsthafter internationaler Kooperation.

Es braucht eine neue Politik, die Gesundheitsvorsorge und Gesundheitsforschung ins Zentrum rückt und entsprechend dotiert. Zwanzig Millionen Menschen erkranken jedes Jahr an Krebs, 240 Millionen an Malaria, acht Millionen an Demenz, sechzig Prozent davon an Alzheimer. Vieles von dem Leid, das damit einhergeht, wäre durch die Erforschung entsprechender Impfstoffe und Medikamente zu verhindern. Mit dem neuen mRNA-Impfstoff wurde ein neuer Weg für die Behandlung verschiedener Krankheiten geöffnet. Alle erfolgversprechenden, ethisch verantwortbaren Ansätze müssen finanziell ermöglicht werden. Es kann nicht sein, dass jene Berufe, ohne die unsere Gesellschaften in der Krise erodiert wären, zu den am schlechtesten bezahlten gehören. Bruttoeinstiegsgehälter von 2200 Euro – je nach Einsatzbereich – für Pflegerinnen in Spitälern müssen Vergangenheit sein, von teilweise noch geringeren Löhnen für Kassiererinnen, Paketzustellern und Mitarbeiterinnen in Altenheimen gar nicht zu reden. Die neue Politik praktiziert Umverteilung, von alter Sicherheitspolitik hin zur Sicherung unserer Gesundheit und einer neuen Gerechtigkeit. Es kann nicht sein, dass während der Pandemie die zehn Reichsten der Welt laut einer Analyse von Oxfam ihr Vermögen verdoppelt haben und gleichzeitig über 160 Millionen Menschen neu in Armut geraten sind.

Es braucht ein neues Handeln. Ein Handeln, das die beiden globalen Megakrisen – Pandemien und Klimawandel – als gemeinsame Bedrohung unserer Gesundheit erkennt und bekämpft: Beide bedrohen das Leben auf diesem Planeten, beide sind seit Jahren bekannt, beide können vom Menschen gestoppt werden – und dennoch steht die Welt beiden seit Jahrzehnten hilflos und vielfach tatenlos gegenüber. Seit einem halben Jahrhundert ist der Zusammenhang zwischen CO_2-Emissionen und gefährlichem Temperaturanstieg bekannt. Im selben Zeitraum hat es 25 Ausbrüche von Zoonosen gegeben. Und dennoch wurde nichts Wirksames unternommen, um eine Pandemie wie Covid-19 vorbeugend zu verhindern und die Trendwende zu stark sinkenden Emissionen der Treibhausgase zu schaffen.

Die Menschheit hat größte Probleme bei der Bewältigung globaler Krisen, beim Blick über den nationalen Tellerrand, bei konsequentem Umsteuern im globalen Verbund. Die bisherige Klimaschutzpolitik war kein Vorbild für die Bewältigung der

Pandemie. Hätte man gegen das Virus so gehandelt wie bei der längst überfälligen Verringerung der CO_2-Emissionen, dann wären die ersten Jahre der Pandemie mit der Abhaltung unzähliger Weltpandemiekonferenzen und der Erstellung von Pandemieberichten vergeudet worden. Man hätte Ziele für die Begrenzung der Zahl an Neuinfektionen beschlossen und ein ums andere Mal verschärft – aber keine ausreichenden Maßnahmen zur Umsetzung der Ziele gesetzt. In der Zwischenzeit wären unfassbar viele Menschen am Virus verstorben. An der Klimakrise sterben sie auch, *noch aber im Stillen.*

Bei der Bekämpfung von Covid-19 war es anfangs anders: Zumindest zu Beginn der Pandemie haben die Gesellschaften und die Politik gezeigt, was wir imstande sind zu unternehmen. Rasch wurden in großer Einigkeit und mit Unterstützung einer großen Mehrheit der Bevölkerung bisher undenkbare Schutzmaßnahmen umgesetzt, die viele Leben retteten. Diesem Anfangserfolg folgte der ernüchternde Rückschlag: Nationale Alleingänge, keine globale Steuerung und Kooperation, immer schwächere und widersprüchlichere Maßnahmen ohne Strategie führten dazu, dass die Pandemie trotz der schnellen Entwicklung eines Impfstoffs immer stärker wurde.

Aus diesen Fehlern im Pandemiemanagement müssen wir *für die Bekämpfung der Klimakrise* lernen. »Die Welt steht am Abgrund. Wenn nichts geschieht, sind wir dem Untergang geweiht«, rief UN-Generalsekretär António Guterres im September 2021 voller Überzeugung, nachdem die Berechnungen der Uno gezeigt hatten, dass die Welt an ihren selbst gesteckten Klimazielen zu scheitern droht. Keinerlei Konsequenzen, sein Alarmruf verhallte: Die Medien schenkten ihm nicht die notwendige Aufmerksamkeit, die folgende Weltklimakonferenz von Glasgow führte zu keinen wesentlichen Ergebnissen.

Jetzt geht es darum, das fast schon Unmögliche durch eine enorme Kraftanstrengung noch möglich zu machen. Das erfordert rasches, gemeinsames, konsequentes Handeln und schlagkräftige, handlungsfähige, mit Kompetenzen und Ressourcen ausgestattete globale Organisationen. Es erfordert ein Ende der Geduld, ein Ende der Kompromisse, ein Umsteuern und Umdenken auf allen Ebenen – vorrangig auf der politischen, aber auch auf der individuell-persönlichen.

Die Zeit ist reif *für eine große Veränderung*, sie kündigt sich bereits an. Die Jungen setzen sich hörbar, mutig und entschlossen für Klimaschutz ein, die Wahlberechtigten entscheiden sich für den Klimaschutz und engagierte Regierungen, immer mehr Einzelne leben die neue Notwendigkeit als neue Lebensqualität. Die Klimakrise ist zwar das größte Marktversagen, aber sogar die Märkte haben längst verstanden, dass erneuerbare Energie, gesunde Ernährung und klimaverträgliche Mobilität auch ökonomisch vernünftig sind und die explodierenden Kosten der Klimaschäden – in den USA alleine 2021 mehr als 145 Milliarden Dollar[106] – jedes Budget sprengen.

Wenn wir die Pandemie präzise aufarbeiten, werden wir viel für die Bekämpfung der Klimakrise lernen. Denn *die globalen Megakrisen hängen zusammen*.

Das führt zum letzten Punkt. Im Kampf gegen die Pandemie und die Klimakrise sind wir dann stark, wenn ein solidarisches Miteinander gelebt wird, wenn *kollektive Verantwortung zum gemeinsamen Lebensmotto der Menschheit* wird.

Es muss gelingen, gespaltene Gesellschaften wieder zusammenzuführen, uns gegenseitig zu verzeihen, aber jene ins Abseits zu stellen, die die Angst für Veränderung für Pandemieschutz und Klimaschutz für parteipolitischen Profit missbrauchen und damit der Gesundheit vieler schaden. Wir müssen unsere Gesellschaften in Europa zu belastbaren Gemeinschaften in kollektiver Resilienz entwickeln und lernen, *aus Traumatisierungen neue Stärken* zu gewinnen, die positiven Seiten von Krise und Veränderung zu erkennen, die Krisen nicht als vernichtend zu empfinden, sondern posttraumatisches Wachstum anzustoßen. Es geht nicht darum, bessere Menschen aus uns zu machen – das wäre unter dem gegebenen Zeitdruck eine Utopie –, sondern in einem neuen positiven Egoismus zu verstehen, dass es uns dann besser geht, wenn es auch den anderen besser geht; dass wir *nur dann sicher sind, wenn alle sicher sind;* dass wir uns selbst Gutes tun, wenn wir anderen Gutes tun; dass das Miteinander, die Solidarität zueinander nur Sieger kennt. Dass das neue Denken uns selbst hilft.

Das ist der *neue Geist der globalen Schicksalsgemeinschaft.*

Die Bedrohung durch Klimakrise und Pandemie ist so groß, dass wir zusammenrücken und gemeinsam in kollektiver Verantwortung neu handeln müssen. Wie das gehen kann, haben wir in der Pandemie oft und oft gezeigt. Im Großen wenigstens zeitweise durch parteiübergreifende, gesellschaftliche Einigkeit gegenüber der Bedrohung, im Kleinen durch unzählige Projekte wie Nachbarschaftshilfen und gelebte Solidarität. Die Saat dieser Erfahrung wird aufgehen. Wo Gefahr ist, wächst das Rettende auch.

Ein bezauberndes Beispiel für dieses neue Denken hat die ehemalige italienische Gesundheitsministerin Beatrice Lorenzin vor nicht allzu langer Zeit erzählt.[107]

In der kleinen piemontesischen Stadt Novi Ligure, nahe Genua, lebt im Jahr 2017 der Schüler Simone. Er ist wegen Knochenkrebs immunsupprimiert. Als in Italien eine schwere Grippewelle bevorsteht, befindet er sich in einer scheinbar ausweglosen Situation: Wenn er sich mit der Influenza ansteckt, wäre das vermutlich sein Tod. Impfen kann er sich aufgrund seiner Erkrankung aber auch nicht lassen. Bleibt eigentlich nur, sich monatelange im Kinderzimmer von der Außenwelt zu isolieren und auf Unterricht und Schulfreunde zu verzichten. In dieser Notlage haben seine Freunde eine Idee: Alle Mitschülerinnen und Mitschüler, alle Lehrerinnen und Lehrer könnten sich gegen Influenza impfen lassen. Für Simone, damit er trotz der Grippewelle in die Schule gehen, damit er leben und überleben kann. Und für sich selbst, damit auch sie gesund bleiben. Sie haben es tatsächlich alle getan. Sie haben sich alle geschützt und damit auch Simone. Niemand ist sicher, bevor jeder sicher ist. Simone hat überlebt.

Es hat funktioniert. Sie alle waren Sieger.

Es kann funktionieren, dass durch eine neue Form des Verantwortungsbewusstseins alle profitieren und die großen Krisen gelöst werden. Das ist die beste der vielen Lehren der Pandemie.

HANDELNDE PERSONEN

Personen der Zeitgeschichte:
- *Sebastian Kurz,* Bundeskanzler der Republik Österreich von 2017 bis 2019 sowie von 2020 bis Dezember 2021
- *Michael Ludwig,* Bürgermeister von Wien
- *Günther Platter,* Landeshauptmann von Tirol
- *Johanna Mikl-Leitner,* Landeshauptfrau von Niederösterreich
- *Hans Peter Doskozil,* Landeshauptmann des Burgenlands
- *Katharina Reich,* Generaldirektorin für Öffentliche Gesundheit im österreichischen Sozialministerium (Chief Medical Officer)
- *Clemens Martin Auer,* Sonderbeauftragter für internationale Angelegenheiten im österreichischen Gesundheitsministerium
- *Ruperta Lichtenecker,* Kabinettschefin im österreichischen Gesundheitsministerium (2020/21)
- *Ines Stilling,* Generalsekretärin im österreichischen Gesundheitsministerium

Anonymisierte Betroffene und Zeitzeugen:
- *Andrea* und *Miriam,* Long-Covid-Erkrankte
- *Karl,* Covid-Erkrankter
- *Maria,* Covid-Erkrankte
- *Sigi* und *Gerti,* Covid-Erkrankte
- *Theresia* und *Albert,* Covid-Erkrankte

- *Dieter*, Teilnehmer an einer Kappensitzung in Deutschland
- *Rick*, Mitarbeiter eines Pharmakonzerns in den USA
- *Marc*, Pfleger im Elsass
- *Agnes* und *Chiara*, Tourismus-Mitarbeiterinnen in Ischgl
- *Matthias*, Pfleger
- *Lisa*, Impfstoffforscherin
- *Julian*, Bestatter
- *Stefan*, Covid-Erkrankter
- *Jan*, Covid-Erkrankter & *Kirstin*, seine Partnerin
- *Engelbert*, Corona-Leugner
- *Erik*, Covid-Erkrankter

Fiktive Figuren:
- *Kathrin Hinz*, Oberärztin und Leiterin einer Intensivstation
- *Luisa*, Intensivmedizinerin in Mailand
- *Astrid Norton*, Wissenschaftlerin
- *Tina Tassler*, Buchhändlerin, ihre Tochter *Lena*,
  ihr Vater *Hans*

DANKE

Pandemia ist ein erster Schritt für eine Aufarbeitung der größten Krise seit Jahrzehnten, der schwersten Pandemie seit einhundert Jahren. Ich habe dafür nach meinem Ausscheiden aus der Bundesregierung mit Hunderten Betroffenen und Experten Gespräche geführt. Nicht alle können und wollen hier angeführt werden, ihnen allen gilt jedoch mein Dank, jeder und jede Einzelne von ihnen war wichtig für das Entstehen dieses Buches.

Darüber hinaus gilt mein besonderer Dank:
- *Prof. Josef Settele,* Co-Vorsitzender des Weltberichts zum ökologischen Zustand der Erde, für das gewonnene Verständnis für den Zusammenhang der Umweltkrisen mit der Pandemie
- Epidemiologen, Virologen und Mikrobiologen wie *Florian Kramer, Dorothee von Laer, Ulrich Elling* und *Michael Wagner* für Hintergrundinformationen und Zusammenhänge
- *Schwester Barbara* von den Barmherzigen Schwestern des heiligen Vinzenz von Paul in Zams und anderen Seelsorgerinnen für das Detailwissen bei der Begleitung von Schwerkranken bis in den Tod
- Engagierten Medizinern wie *Wolfgang Hagen, Richard Greil* und *Ralf Zwick*

- Intensivmedizinern wie *Walter Hasibeder, Klaus Markstaller, Bernd Lamprecht, Manfred Robausch* und *Thomas Staudinger*
- Pflegerinnen und Pflegern für viele Stunden Hintergrundgespräche, zum Beispiel *Matthias Schlemitz*, Bereichsleiter Intensivpflege
- Mehr als zwanzig Ärzten, Wissenschaftlerinnen und Betroffnenen, die sich mit Long-Covid-Erkrankten beschäftigen
- *Michael Binder* vom Krankenanstaltenverbund Wien
- Kritikerinnen und Kritikern meiner Tätigkeit als Gesundheitsminister, mit denen ich seither Gespräche führen konnte
- Engagierten Ärztinnen und Ärzten, Pflegerinnen und Pflegern auf Twitter wie *Shirley, Traveleve, InViennaVeritas, Intensivdoc*
- Meinen ehemaligen Mitarbeiterinnen im Ministerbüro, besonders *Ruperta Lichtenecker* und *Margit Draxl*
- *Clemens Martin Auer* für seine Expertise in Sachen WHO und Impfstoffbeschaffung
- Dutzenden Erkrankten und Hinterbliebenen für das Teilen ihrer Erfahrungen

- Meiner Partnerin *Petra* für alles

ENDNOTEN

1 Bergamos Bürgermeister bezeichnete das CL-Spiel als Corona-Infektionsherd, kicker.de, 25.3.2020

2 Golineh Atai, Niklas Schrenk, Noch mehr Todesopfer in Norditalien? WDR, 28.5.2020

3 »Superspreader«-Event? Justiz untersucht Spiel zwischen Bergamo und Valencia, kicker.de, 4.12.2020

4 Daniel Gerhards, Coronavirus bei Karnevalsitzung, Quarantäne für Besucher und Akteure der Kappensitzung. In: *Aachener Zeitung*, 27.2.2020

5 Biggi Seybold, Heinsberg-Studie zu Corona. ZDF-heute journal, 16.3.2021

6 Carl Zirnha, One Meeting in Boston Seeded Tens of Thousands of Infections, Study Finals. In: *New York Times*, 26.8.2020

7 Jacob E Lemieux, Phylogenetic analysis of SARS-CoV-2 in Boston highlights the impact of superspreading events. In: *Science*, 5.2.2021

8 Mischa Hauswirth, Warum das Elsass so viele Tote beklagt. In: *Basler Zeitung*, 20.4.2020

9 Alexander Augustin, Der Himmel ist die Grenze. In: *Passauer Neue Presse*, 28.1.2020

10 Gabriel Felbermayr et al., Après-Ski: The Spread of Coronavirus from Ischgl through Germany: Institut für Weltwirtschaft an der Universität Kiel (IfW), 27.5.2020

11 nntranetz.at/corona/zitatschau.pdf, Wien, 2021

12 Wuhan neighbourhood sees infections after 40 000 families gather for potluck. In: *The Star online*, 6.2.2020

13 Liao Yiwu, In Wuhan starb Dr. Li Wenliang – die Wahrheit ist tot. In: *Neue Zürcher Zeitung*, 7.6.2020

14 Lawrence Wright, Plague Year. In: *The New Yorker*, 28.12.2020

15 Wen-Hua Kong u.a., SARS-CoV-2 detection of patients with influenza-like illness. In: *Nature Microbiology*, April 2020

16 Giovanni Apolone et al, Unexpected detection of SARS-CoV-2 antibodies in the prepandemic period in Italy. In: *Sage Journals*, 11.11.2020

17 Verno Yu, If China valued free speech, there would be no coronavirus crisis. In: *The Guardian*, 11.2.2020

18 The risk of a global pandemic is growing – and the world isn't ready, experts say. Jessie Yeung auf CNN am 18.9.2019

19 Zit. nach Jana Heigl, Wir sind nicht bereit für eine Epidemie. In: *Der Tagesspiegel*, 26.3.2020

20 Bericht zur Risikoanalyse im Bevölkerungsschutz 2012. In: Drucksache 17/12051 des Deutschen Bundestages

21 Ed Yong, The Next Plague is coming. Is America Ready? In: *The Atlantic*, 8.7.2018

22 Lawrence Wright, Plague Year. In: *The New Yorker*, 28.12.2020

23 Josef Settele, Die Triple Krise: Artensterben, Klimawandel, Pandemien – Warum wir dringend handeln müssen. Hamburg 2020

24 Forscher rechnen mit Ausbreitung der Tigermücke in Deutschland. In: *welt.de*, 10.4.2017

25 Christian Thiele, Benno Schwinghammer, Es taut: Lauern Krankheiten im ewigen Eis? In: *Apotheken Umschau*, 8.6.2020

26 Hans-Jürgen Moritz, Ära von Pandemien: EU-Subventionen könnten für Dauer-Katastrophe sorgen. In: *Focus*, 3.3.2021

27 Kaspar Staub u.a., Public Health Interventions, Epidemic Growth, a Regional Variation of the 1918 Influenza. In: *Annuals of Internal Medicine*, 9.2.2021

28 Steven Taylor, Die Pandemie als psychologische Herausforderung. Gießen 2019

29 Elie Dolgin, Der Siegeszug der mRNA-Impfstoffe. In: *Spektrum.de*, 7.11.2021

30 Elie Dolgin, The tangled history of mRNA vaccines. In: *Nature*, 14.9.2021

31 Jill Graw et al., Die Geschichte der großen Seuchen und Epidemien – und was wir aus ihr lernen können. In: *Geschichte-lernen.net*, 3.5.2020

32 Stefan Greschik, Edward Jenner, Der Mann, der das Impfen erfand. In: *geo.de* 78/2019

33 Hans Gelderblom, Die Ausrottung der Pocken. In: *Spektrum.de*, 1.6.1996

34 Ronald D. Gerste, Wie Impfungen die Welt verändert haben. In: *Neue Zürcher Zeitung*, 28.12.2020

35 Stefanie Grossmann, Die Geschichte des Impfens und seiner Gegner, NDR, 1.12.2021

36 Klaus Taschwer, Katalin Kariko, Die ungarische »Mutter« der neuen RNA-Impfstoffe. In: *Der Standard*, 26.11.2020

37 SARS – ein weltweit tödlicher Virus, ARD-Tagesschau, 30.1.2020

38 Studien zeigen Wirkung von Corona-Maßnahmen. In: *Forschung & Lehre.de*, 8.6.2020

39 Stella Talic et al., Effectiveness of public health measures in reducing the incidence of covid-19, SARS-CoV-2 transmission, and covid-19 mortality: systematic review and meta-analysis. In: *British Medical Journal*, 18.11.2021

40 Corona: Studie belebt Wirkung von »harten« Lockdown-Maßnahmen. In: *Kurier.at*, 30.3.2021

41 Vernichtendes Corona-Zeugnis für Regierung Johnson. In: *Euronews*, 12.10.2021

42 Sarah Zhang, Doctors Might Have Been Focusing on the Wrong Asthma Triggers. In: *The Atlantic*, 9.7.2021

43 Oona Kroisleitner, Anschober: Maßnahmen zum richtigen Zeitpunkt gesetzt. In: *Der Standard*, 28.5.2020

44 Große Studie soll neue Erkenntnisse zu Long Covid liefern. In: *Berliner Morgenpost*, 20.12.2021

45 Destin Graff et al., Short-term and long-term postacute Rates of SARS-CoV-2-Infection. In: *Jama Network*, 13.10.2021

46 A Fair Health White Paper, A Detailed Study of Patients with Long-Haul Covid – An Analyses of Private Healthcare Claims, 15.6.2021

47 Patrizia Marbini et al., Ultrstructural Evidence of Direct Viral Damage to the Olfactory Complex in Patients Testing. In: *Jama Network*, 13.8.2021

48 Links SARS-CoV-2/Covid-19 infection to brain, Cleveland Clinic. In: *Network Medicine*, 9.6.2021

49 Lihue Huang et al., 1 Year outcomes in hospital survivors with Covid-19. In: *The Lancet*, 28.8.2021

50 Renate Meinhof, Jeder stirbt für sich allein. In: *Süddeutsche Zeitung*, 27.3.2021

51 Tobias Haberl, Wir sollten leben mit dem Tod vor Augen. In: *Süddeutsche Zeitung Magazin*, 29.7.2021

52 Diana Lewis, Long Covid and kids: scientists race to find answers. In: *Nature*, 14.7.2021

53 Helen Thomson, Children with long covid. In: *Elsevier Pubic Health Emergency Collection*, 27.2.2021

54 Neurological manifestations of SARS-Cov-19 in hospitalizes children and in adolescents in the UK. In: *The Lancet*, 14.7.2021

55 Das RKI spricht sich gegen einen Durchseuchungskurs gegenüber Kindern und Schülern aus. *News4teachers.de*, November 2021

56 Jasmin Pospiech, Studie: Viele Covid-Genesene kämpfen noch Monate später mit Gedächtnisproblemen. In: *Frankfurter Neue Presse*, 25.10.2021

57 Julia Koch, Was Covid-19 im Hirn anrichtet. In: *Der Spiegel*, 10.11.2021

58 Veronica Simon, Wie gefährlich ist Long Covid bei Kindern. SWR, 28.5.2021

59 Nils Minkmar, Die neue Normalität. In: *Süddeutsche Zeitung*, 18.6.2021

60 Slavoj Žižek, Pandemie! Covid-19 erschüttert die Welt. Wien 2020

61 Berit Uhlmann, Pandemie lastet auf Kinderseelen. In: *Süddeutsche Zeitung*, 11.8.2021

62 Zadie Smith, Betrachtungen. Köln 2020

63 Apoorva Mandavilli, Is the Coronavirus Getting Better at Airborne Transmission? In: *The New York Times*, 1.10.2021

64 Apoorva Mandavilli, What to Know About Breakthrough Infections and the Delta Variant. In: *The New York Times*, 26.7.2021

65 Is the Delta Variant Making Younger Adults »Sicker, Quicker«? In: *The New York Times*, 4.8.2021

66 Katherine A Twohig et al, Hospital admissions und emergency care attendance for SARS-CoV-2 delta compared with Alpha. In: *The Lancet Infections Diseases*, 27.8.2021

67 Baisheng Li et al., Viral infections and transmissions in a large, welltraced outbreak caused by the SARS-CoV-2 Delta variant. In: *Nature*, 24.1.2021

68 Stephanie Lahrtz, Viren der Delta-Variante vermehren sich schneller – was das für die Eindämmungsmaßnahmen bedeutet. In: *Neue Zürcher Zeitung*, 27.7.2021

69 Simon Carsuell, Doctors warn of »fairly rough winter« ahead due to Covid-19 In: *The Irish Times*, 27.10.2021

70 Jakob Simmank, Die Pandemie hätte verhindert werden können. *Zeit-online*, 13.5.2021

71 RKI, Vorbereitung auf den Herbst/Winter 2021/22, 5.7.2021

72 Führende Wissenschaftler fordern Umdenken in der Corona-Politik, *Deutschlandfunk*, 13.11.2021

73 Nadja Pastega, Dummheit hat Hochkonjunktur, Heidi Kastner im
   Interview. In: *Süddeutsche Zeitung*, 16.11.2021

74 Omikron könnte bis April halb Grossbritannien infizieren, Briefing
   am Morgen. In: *Neue Zürcher Zeitung*, 16.12.2021

75 Berit Uhlmann, Omikron in Europa. In: *Süddeutsche Zeitung*,
   17.12.2021

76 Georg Mascolo, Ronen Steinke, »Kann den mal jemand
   eliminieren«. In: *Süddeutsche Zeitung*, 10.12.2021.

77 Georg Mascolo, Ronen Steinke, Rechtsfreier Raum. In: *Süddeutsche
   Zeitung*, 10.12.2021

78 Matthias Kettemann, Konrad Lachmayer (Hrsg.), Pandemocracy
   in Europa. Power. Parliaments and People in Times of Covid-19.
   London 2021

79 Sebastian Herrmann, Meine eigene Wahrheit. In: *Süddeutsche
   Zeitung*, 2.12.2021

80 Elias Canetti, Masse und Macht. Hamburg 1960

81 Impfgegner – Wer profitiert von der Angst?, Arte, 21.12.2021

82 Patrick Gensing, Ein Virus des Misstrauens. ARD-Tagesschau,
   5.11.2021

83 Katha Thimm, Alfred Weinzierl, »Von 100 Menschen sind etwa 20
   vernünftigen Argumenten spontan zugänglich«. Gespräch mit dem
   Hirnforscher Gerhard Roth. In: *Der Spiegel*, 11.12.2021

84 Systemvertrauen auf Tiefpunkt, Österreichischer Demokratie
   Monitor 2021, Sora-Institut, 14.12.2021

85 Werner Bartens, Pandemie der Ungeimpften. In: *Süddeutsche
   Zeitung*, 30.11.2021

86 Weekly Death Rate, Federal Office of Health, Our World in Data,
   1.1.2022

87 Freda Kreier, Long-COVID symptoms less likely in vaccinated
   people, Israeli data say. In: *Nature*, 25.1.2022

88 Ian Sample, Nocebo effect: two-thirds of Covid jab reactions not
   caused bei vaccine, study suggests. In: *The Guardian*, 18.1.2022

89 *Financial Times*, Grafik Boostershots, 30.11.2021

90 Vaccines won't reach many until 2023. In: *Nature*, T.V.Padma,
   5.7.2021

91 David Beck, Alternativen zur Corona-Impfung mit der Spritze,
   SWR-Wissen, 16.9.2021

92 Berit Uhlmann, Wir brauchen Geschwindigkeit. In: *Süddeutsche
   Zeitung*, 22.11.2021

93 Ed Yong, Hospitals are in serious trouble. In: *The Atlantic*, 7.1.2022

94 David Adam, The pandemic's true death toll: millions more than official counts. In: *Nature*, 18.1.2022

95 Andrew Jacobs, Widespread Coronavirus Infection Found in Iowa Deer, New Study Says. In: *The New York Times*, 2.11.2011

96 Dani Blum, »Worry Burnout« Is Real. In: *The New York Times*, 16.12.2021

97 Thomas Czypionka et al., The benefits, costs and feasibility of a low incidence COVID-19 strategy. In: *Science Direct*, Februar 2022

98 Maria Hofmarcher, Christopher Singhuber, Föderalismus im Gesundheitswesen. Austrian Health Academy 2021

99 Yuval Noah Harari, The world after Coronovirus. In: *Financial Times*, 20.3.2020

100 Petra Ramsauer, Angst. Wien 2020

101 Hilmar Klute, Das Gift der Unvernunft. In: *Süddeutsche Zeitung*, 29.12.2021

102 Slavoj Žižek, Pandemie, a.a.O.

103 Harald Welzer, Nachruf auf mich selbst. Frankfurt/Main 2021

104 Myalgisches Enzephalomyelitis/Chronisches Fatique-Syndrom

105 Matthias Kattemann, Konrad Lachmayr (Hrsg.), Pandemocracy, a.a.O.

106 Rob Waugh, US hit by 20 billion-dollar climate disasters in one year. *Yahoo News*, 11.1.2022

107 Maurizio Jappini, Il ministro Lorenzio andra all'istituto Arnoldi di Novi Ligure per conoscere Simone e la sua classe, *La Stampa*, 8.12.2017, vgl. *Falter*-Morgenpost vom 13.11.2021